杨贵妃传

李旭东

著

山西出版传媒集团　山西人民出版社

图书在版编目（CIP）数据

杨贵妃传 / 李旭东著 . -- 太原：山西人民出版社，2018.10
（2020.6 重印）
ISBN 978-7-203-10414-8

Ⅰ.①杨… Ⅱ.①李… Ⅲ.①传记文学—中国—当代Ⅳ.① I25

中国版本图书馆 CIP 数据核字 (2018) 第 098726 号

杨贵妃传

著　　者：李旭东
责任编辑：贾　娟
复　　审：傅晓红
终　　审：秦继华
装帧设计：仙　境

出 版 者：山西出版传媒集团·山西人民出版社
地　　址：太原市建设南路 21 号
邮　　编：030012
发行营销：0351-4922220　4955996　4956039　4922127（传真）
天猫官网：http://sxrmcbs.tmall.com　电话：0351-4922159
E-m a i l：sxskcb@163.com　发行部
　　　　　sxskcb@126.com　总编室
网　　址：www.sxskcb.com

经 销 者：山西出版传媒集团·山西人民出版社
承 印 厂：凯德印刷（天津）有限公司

开　　本：710mm×1000mm　1/16
印　　张：16.5
字　　数：244 千字
版　　次：2018 年 10 月　第 1 版
印　　次：2020 年 6 月　第 2 次印刷
书　　号：ISBN 978-7-203-10414-8
定　　价：48.00 元

谨以此书献给我的宝贝女儿李瑾萱，
她是上天赐予我最宝贵的礼物。

李旭东
二零一八年六月一日

序

　　关于杨贵妃的历史著作和文艺作品不胜枚举，但李旭东的《杨贵妃传》却别具一格，极具特色。在似水流年的大唐盛世，千古佳人杨贵妃集"三千宠爱在一身"，却终究逃不脱悲剧性的命运。"她在静静地思索，曾经繁华无比的唐帝国如今为何会遭遇前所未有的劫难？到底是谁之非？到底是谁之过？在这硝烟四起的乱世，她这个弱女子又何所依？何所靠？可是天无语，地无言。"

　　《杨贵妃传》遵循历史脉络，从浩如烟海的史籍中挖掘隐在历史深处的杨贵妃。"究天人之际，通古今之变"，历史是凝固的现实，而现实也是流动的历史，其实历史总是在一遍又一遍地重复上演，只不过换了一副面容而已，而这恰恰就是历史独特的魅力和深邃的价值。习近平总书记在《致第二十二届国际历史科学大会的贺信》中说："重视历史、研究历史、借鉴历史，可以给人类带来很多了解昨天、把握今天、开创明天的智慧。"或许只有拥有了历史的豁达，才能在去留无意中闲看庭前花开花落，宠辱不惊中漫随天外云卷云舒。

　　《杨贵妃传》在叙事时融入了小说的写作手法，"大事不虚，小事不拘"，既有真实宏大的历史叙事，也有栩栩如生的人物形象。正史对于历史人物的记载往往过于简略，李旭东却别出心裁地对历史记载的空白之处进行了适可而止的联想和恰如其分的演绎，使得每一个人物真实而又鲜活、丰满而又细腻。书中很多画面都令人难忘，或唯美，或凄凉，或喜庆，或悲伤，特别是杨贵妃离别长安那一幕更是给人带来了心灵的触动。"花溅泪，雨盈浓，细雨蒙蒙中的湖畔长亭再也没有了昔日的灵动，迷雾重重里的烟柳夹堤再也没有了往日的生机。曾经的翠绿，曾经的嫣红，曾经的蔚蓝，如今都变得灰蒙蒙一片。她就这样与这座生活了近二十年的城市痛苦地告别了，长路漫漫却不知何时再重逢！"

杨贵妃最终的人生结局一直是很多专家学者孜孜以求的谜。唐代大诗人白居易创作的诗歌《长恨歌》以及与其同时代的著名文人陈鸿创作的小说《长恨歌传》是最早记述杨玉环与李隆基爱情故事的文献资料。20世纪20年代，红学家俞平伯开始探究《长恨歌》和《长恨歌传》背后的"隐事"，觉得生活在唐代的白居易和陈鸿或许迫于某种政治压力对有些事不敢直接说出来，只得通过曲笔委婉地表达出来。俞平伯通过研究这些隐晦文字背后的秘密做出了一个大胆的推断，其实杨玉环当年在马嵬坡并没有死！

李旭东在本书的最后一章回归学术探究，从严谨的历史角度，探究杨贵妃是否"死而复生"，是否远去东瀛，是否流落风尘，是否隐遁空门，最终揭示她真实的人生结局，引用史料翔实，历史论证严密，探索过程耐人寻味。

《杨贵妃传》以恢弘格局书写动荡风云，以乱世群像勾勒丽人背影，以历史情怀一展唐朝风骨，以独特匠心刻画传奇女子。

野径通荒苑，高槐映远衢。

独吟人不问，清冷自鸣呜。

孙立群

2018 年 6 月 17 日

目录
CONTENTS

第一章
养在深闺人尽识

　　杨玉环丰纤适中，略显丰满，面如芙蓉，细眉如柳，蕴含自然之美；梳着高髻，上饰珠翠，后佩雀翎，鬓插步摇，凸显修饰之美；身穿黄帔，外披紫绡，愈显娇柔之美；举止大方，仪态端庄，彰显雍容之美。

美丽的邂逅

开元二十二年（公元734年）正月，唐帝国皇帝李隆基的到来为正处于一片萧瑟之中的东都洛阳带来了一股浓浓的暖意。虽然呼啸而过的风像刀子一样掠过人们的脸庞，却依旧无法打消人们一睹皇家仪仗风采的热情。

十六岁的杨玉环也夹杂在熙熙攘攘的人群之中。李隆基上一次来洛阳的时候，她不过才刚刚十三岁，虽然那时的她已经开始展现出一种超凡脱俗的美，但毕竟还有些稚嫩，但现在她已经出落得美艳动人、国色天香。

旌旗飘飘，遮天蔽日，禁军将士铠甲耀目，皇家车辇瑰丽华美，浩浩荡荡的皇家车队在杨玉环的眼前缓缓驶过。她看得格外入神，眼前的景象宛若一幅色彩斑斓的画卷，可她却只是个普普通通的画外人；也如同一个亦真亦幻的梦境，当车队在一片烟尘中远去的时候，她才从梦中醒来！

她虽然出身名门，却家道中落。生父杨玄琰在她很小的时候就去世了，而且生前仅仅当过蜀州[1]司户这样从七品下阶的小官。养父杨玄璬虽在繁华的东都任职，但也只是担任着河南府士曹参军这样的七品小官。无论是生父还是养父都不过是庞大的官僚体系中最微不足道的一员。

对于她这样一个名不见经传的小官的女儿而言，至高无上的皇室，就像遥不可及的星空一样只能仰望。可让她始料未及的却是在不久的将来，梦想居然突然间照进了现实，而她人生轨迹的改变却始于一场美艳的比舞大赛。

---

[1] 今四川崇州市。

唐代原本就是一个开放包容的时代，况且连皇帝李隆基都酷爱舞蹈和音乐，一股习舞之风迅速席卷整个洛阳城。杨玉环自幼就痴迷于舞蹈，跟随当时的唐宫第一舞人公孙大娘学舞多年。公孙大娘凭借惊艳的舞姿闻名于世，矫若游龙的剑器挥洒出大唐盛世的万千气象，就连草圣张旭也是因观看了公孙大娘的剑舞而茅塞顿开，才练成了笔走龙蛇的绝世书法。正是在公孙大娘的悉心调教之下，杨玉环的舞技才有了突飞猛进的进步。虽然养父杨玄璬对于她热衷于学舞颇有微词，但也并没有强加拦阻。

开元二十三年（公元735年）初春时节，万象更新，万物复苏。洛阳城中一年一度的舞蹈大会也拉开了帷幕，成为各路舞林高手展示过人才华的机会。杨玉环在师父公孙大娘的鼓励下也报名参赛，虽然她起初还有些紧张，但当她站在舞台中央，音乐渐渐响起的时候，她却彻底地释然了，彻底地忘我了。

在悠扬婉转的乐曲伴奏之下，杨玉环在歌姬们的簇拥下翩翩起舞。杨玉环丰纤适中，略显丰满，面如芙蓉，细眉如柳，蕴含自然之美；梳着高髻，上饰珠翠，后佩雀翎，鬓插步摇，凸显修饰之美；身穿黄帔，外披紫绡，愈显娇柔之美；举止大方，仪态端庄，彰显雍容之美。玉环如仙子，衣裙如浮云，慢拍中犹如芙蓉慢慢出水来，快拍中似鸾凤匆匆飞腾去，令人如痴如醉。

曲终人散之际，香汗淋漓的杨玉环从舞台中央缓缓地退去，但她美丽的倩影却永远地留在了一个人的心中。这个人就是太子李瑛[1]。虽然出身高贵的李瑛时常会引来别人艳羡的目光，可只有他自己知道出身皇家在带给他无上荣耀的同时，也给他带来了无尽的烦恼。

李瑛的母亲赵丽妃早在李隆基还是藩王的时候就服侍在他的身旁。李隆基是一位艺术造诣很高的皇帝，晓音律，善歌舞，自然对歌女出身的赵丽妃情有独钟。由于王皇后一直都没有子嗣，李隆基便册立赵丽妃之子李瑛为皇太子，可武惠妃的出现却使得李隆基对赵丽妃的宠爱日衰。

---

[1]　当时叫李鸿，开元二十五年七月改名为李瑛。

在偌大的皇宫之中，得宠的妃子总是凤毛麟角，而那些被冷落一旁的妃子只得独自咀嚼着失落的滋味，变得越来越没有存在感。赵丽妃就是在这种悲凉中带着无尽的悔恨离开了这个现实而又残酷的世界。失去母亲庇护的李瑛感到越来越孤独，越来越无助，越来越惶恐，跟随父亲来到洛阳之后，心情也没有丝毫的好转。

见到李瑛终日闷闷不乐，鄂王李瑶和光王李琚看在眼里急在心上。两人与李瑛一向颇为要好，不仅仅因为年龄相近、脾气相投，而且李瑶的母亲皇甫德仪、李琚的母亲刘才人跟李瑛的母亲赵丽妃很早就熟识了，早在李隆基还是临淄王的时候就一同伺候在他的身旁，但后来却都失宠了，唯一的不同就是此前受恩宠的程度不一样：李瑛的母亲是地位显赫的丽妃，在宫中仅次于惠妃；李瑶的母亲则是地位次一等的六仪之一德仪；李琚的母亲却仅仅是个才人。

鄂王李瑶和光王李琚强拉着李瑛来看今年的舞蹈大会。其实李瑛原本对歌舞并不是太感兴趣，可是在两个弟弟的一再恳求之下还是决定来这里散散心。

突然间，一个有着妙曼身姿的女子映入了他的眼帘，一股和煦的暖风也吹进了他尘封已久的心扉。

舞蹈大会结束的时候，一场骤然而至的春雨浸湿了整个洛阳城，如丝的细雨将深灰色的天宇描摹成一片朦胧的梦境，一帘烟雨，一卷闲情。

杨玉环走出来的时候才发觉来的时候太过匆忙并没有带伞。当纷乱的雨点向她袭来的时候，她竟然一时间不知所措。就在这时，一把华美的油纸伞突然出现在她的头顶，为她遮挡着来袭的风雨。她急忙转过身，发现为她撑伞的是一个长相俊朗而又衣着华贵的公子，但不知为何他的脸上却挂着一丝淡淡的忧伤。当两人的目光碰撞到一起的那一刹那，她的心不由自主地怦怦地剧烈跳动起来，脸上甚至掠过一丝绯红。

"如果姑娘不嫌弃，在下可否送姑娘回家？"

杨玉环一时间竟然不知如何是好，因为她担心被家教甚严的养父看到后自己会被斥责，可她一时间又难以拒绝人家的好意。她只得嫣然一笑，然后迈着优雅而又从容的步子走向烟雨蒙蒙的远方。李瑛会意地撑着伞与她并排在雨中漫步。

杨玉环还是第一次与一个陌生的男子靠得如此之近，飞驰的思绪随着清风伴着细雨不知不觉间一直飘向氤氲的云水之巅。

在这个春雨飘洒的季节，两人走在那把多情的油纸伞之下，缠绵的柔情细雨从李瑁的指尖划过，却温润了杨玉环那颗寂寞的心。他们一起走过芳草如织的小巷，一起倾听古老的石桥边流水的昵语。柳湮石桥，满城风絮，浓浓的甜蜜在两人的心中默默地流淌。

李瑁与杨玉环一路上相谈甚欢，从秦王破阵舞谈到了胡旋舞，从琵琶谈到了玉箫。此时一阵清风掠过她的脸庞，吹起她一肩的长发，李瑁痴痴地看着她，发觉她美得嫣然如画，美得一见倾心。他的心湖之中顿时涌起一阵暖流，悠悠地漫成一点儿相思红。

两人不知不觉间已经来到了杨府门外。杨玉环停下了脚步，轻轻扬起下颌，微翘着嘴角，故作恬淡地看着他说："谢谢公子相送！"

李瑁脸上的那抹忧愁顿时被会心的微笑驱赶得无影无踪，说："姑娘太客气了，但愿有缘还能再相见！"

杨玉环顿时羞涩得不知该如何接话，于是朝着府门快速地走去，就在即将跨进杨府大门的那一刹那，她突然间停下了脚步，内心产生了一股强烈的冲动，想要回头再仔细端详一下这位送自己回府的英俊公子，但她却始终没有回头的勇气，停顿了片刻，便又径直走进府去，留给李瑁的是一个令人回味深长的婀娜背影。

随着"咣当"一声响，杨府的大门被重重地关上了。刚刚还并肩而行的两个人被硬生生地分隔在了两个世界。一股惆怅不禁爬上了李瑁的脸庞，不知这场美丽的邂逅是否只是一个擦肩而过的偶然。

就在李瑁与心仪的女子在雨中漫步的时候，鄂王李瑶和光王李琚一直尾随在他们的身后，刻意保持着不远不近的距离。见杨玉环已经回府了，李瑶快步走到李瑁身边，低声说："二哥莫非是对那个女子动了情？"

李瑁却并没有回答，仍旧沉浸在刚才的美好回忆之中，鼻畔似乎还残留着她的香味。

李瑶继续说："二哥切不可被一时的冲动所左右！"

李瑶的这句话让李瑛一下子就清醒了许多。早在十年前，李瑛就迎娶了太常少卿薛缪之女为妃，不过那却是一桩典型的政治婚姻，两人之间并没有什么真感情，但那却是父亲李隆基为他精心挑选的太子妃。大婚时，李隆基特地下令特赦京城的罪犯，可见他对这位儿媳的满意，只是他从未听听儿子内心的真实感受。

不知为什么，也不知从什么时候开始，关于李瑛好色的传闻竟然不胫而走，因为李瑛一口气生了六个儿子。这些传闻令李瑛愤懑不已，也惶恐不安，因为这一招当年太平公主也曾用过，那时还是太子的李隆基也像李瑛一样惶惶不可终日，甚至为了保住自己岌岌可危的位子不惜想要将自己的儿子扼杀在摇篮中。

一个好色的人怎么能治理好国家？如果父亲真的听信了那些传闻，恐怕他的太子之位就不保了。在如此敏感的时候，他必须洁身自好，清心寡欲，自然也就只能与那位令他心驰神往的女子失之交臂了。

大嗓门的李琚毫不顾忌地喊道："等二哥当了皇帝，什么样的女人得不到，何必为了……"

没等李琚说完，李瑶就急忙打断了他，因为在街上如此毫无顾忌，如此口无遮拦，不仅会泄露自己的身份，甚至还会招惹不必要的麻烦。李琚也觉得自己有些失言了，乖乖地闭上了自己的嘴巴。

李瑛见过的美女不计其数，可不知为什么唯独对这位萍水相逢的女子念念不忘，欲罢不能，可他为了自己的前程却不得不将这份情愫深埋在心底。或许这就是命运的捉弄，大婚时，他在正确的时间、正确的地点，却没有遇到合适的人；如今虽然遇到了合适的人，却是在错误的时间、错误的地点。

命运的转折

杨玉环回到自己的闺房之中，默默地坐在初春的光晕里，直到夜色阑珊……

　　她轻轻地关上窗子，试图将所有的喧嚣都阻隔在窗外，可真正的波澜却来自于她的内心深处。百无聊赖的她触动着琴弦，将内心深藏的情愫融入瑶琴之中，奏出一曲纯净的天籁之音，惊艳了时光，却弹不尽心中的雪月风花。

　　缠绵的弦音使得她的思绪犹如脱缰的烈马一般纵横驰骋而去。她不禁又沉浸在甜蜜的回忆之中。细雨空蒙，烟柳夹堤，刚刚逝去的那段时光是如此美妙，也是如此动人，只可惜却是如此短暂。那位送自己回家的英俊公子会不会只是她生命中的一个匆匆过客？有的人近在咫尺，有的人远在天涯，因为有缘，天涯也是咫尺；因为无缘，咫尺便是天涯。有人因为一次偶遇便一直同行，有人一路同行却因为一个意外而各奔东西。

　　淅淅沥沥的雨水撩起了春天的衣襟，顺着绿叶清晰的脉络缓缓地滴落在庭院之中，涤荡着树叶上的尘埃，却冲不走她繁乱的思绪。这个宁静的夜被春雨淋成一片无垠的海洋，这是思念的海洋。

　　她不禁又打开了直棂窗，风儿迈着轻灵的步伐掠过她的心底，雨滴迈着轻盈的舞步打湿了她的心扉。

　　经过雨水的滋润，叶子变得更绿了，花蕊变得更红了。扑面而来的春的气息使得她身体里突然生出一种蠢蠢欲动的感觉，那是一种从未有过的冲动。她多么渴望能够和那位英俊的公子一直在雨中走下去，走到天荒地老，走到天涯海角，可惜雨总有停的时候，人也总有累的时候。

　　微微的清风吹拂着她如丝的秀发，几点雨滴溅落到她白皙的面颊上，而频频蹙眉的她却全然不知，仍旧沉浸在甜蜜的回味之中，痴痴地看着窗外。窗外阑珊的灯火究竟为谁而点亮，窗外如水的月光究竟为谁而皎洁，她不去管灯火是否兀自明灭，却在想今夜的明月又将去装饰谁的梦境，他的梦中是否会出现她的身影。

　　她自然知道人总有许许多多的夙愿难以实现，总有许许多多的梦想终究只是空想。有些情缘就像风儿一样匆匆掠过，却又在一刹那消失得无影无踪。无论你接受也好，感伤也罢，却在你的世界里真实地上演着。

　　唯有静静地坐在时光的角落里，才能细细品味出岁月的滋味。岁月就如同这场春雨，给大地带来了生机和新意，却也会吹落在枝头绽放的花蕊。零落的花瓣散发着淡淡的幽香，仿佛映出了那个翩翩公子俊俏的模样。

这注定是一个不眠之夜，辗转反侧的杨玉环久久未能入睡，当一缕阳光透过窗子洒在她脸上的时候，她意识到新的一天开始了，一切都已过去了！

杨玉环突然想起韦婉华今日约她到洛河之上去赏春。韦婉华出身名门，受"生于苏杭，葬于北邙"社会思潮的影响，她的父亲在兖州刺史任上致仕后并没有告老还乡，而是选择在洛阳安度晚年。

杨玉环急忙起床更衣，匆匆地吃过早饭后就开始梳妆打扮。青春靓丽的她顿时就变得顾盼生姿，香气逼人。

在两个丫鬟的簇拥之下，杨玉环乘坐辇车来到洛河之上的码头。只见码头上泊着一艘装饰精美的大船，站在船头的韦婉华向杨玉环挥挥手，韦婉华上身穿紫色对襟弧领襦，下身穿红色间色裙，肩披白色披帛，透着说不尽的雍容；她唇若红樱，眉如墨画，神似秋水，有着诉不完的柔媚。杨玉环急忙向她挥手致意，快步向大船走去。

"玉环参见王妃娘娘！"杨玉环故意调侃道。

"死丫头，故意拿我打趣是不是？"韦婉华笑着说。

"岂敢，岂敢，只是民女没见过什么世面，生怕怠慢了王妃！"

"死丫头，你要是再这样，看我怎么撕烂你这张嘴。"韦婉华假意做出一副要撕她的嘴的架势，机敏的杨玉环迅速躲到贴身丫鬟的身后，求饶道："好姐姐，你就饶了我这一回吧！"

"行了，别闹了，暂且饶过你！"韦婉华故作无奈地说。

"都说宰相肚里能撑船，我看王妃肚里也能撑船。"杨玉环转而关切地问，"姐姐，这些年过得如何？肯定是风光无限吧！"

韦婉华叹了口气，说："虽然在外人眼里很是风光，可酸甜苦辣却只有自己知道。好了，不说这些了，免得辜负了这醉人的春景。"

这艘船穿行在水天一色的洛河之上，清风白云相和，蓝天碧水相望。河岸的美景如同水墨画般秀美。杨玉环和韦婉华并排站立在船头的甲板之上。船夫们卖力地划着船桨，船头与水面碰撞后激起无数的浪花，溅在杨玉环所穿的白色齐胸襦裙上，但她却全然不知。她感觉洛河之上的层层涟漪就像一缕缕愁思，如墨般向远方漫延开来，如梦般在她的眼前层层展开。

"小娘子！美人！"一阵嘈杂之声惊扰了杨玉环的梦。她猛然发现一艘快船正向她们所乘的这艘船快速地逼近。那艘船的甲板上站着七八个年轻男子，看上去痞气十足，不时地喊着一些污言秽语。

"快点划！快点划！"韦婉华急促地命令道。尽管船夫们使出了浑身的力气，仍旧无法摆脱那艘企图靠近的快船，两者的距离越来越近。

从未经历过什么风雨的杨玉环显然被这突如其来的一幕吓坏了，惊恐地看着韦婉华，无助地问："姐姐，咱们该怎么办？要是落到他们手里可就完蛋了！"

"妹妹不要怕，光天化日之下，谅他们也不敢撒野！"韦婉华故作镇静地说，但杨玉环却能感受到她貌似铿锵有力的话语中带着一丝颤抖。

眼见两艘船就要挨上了，韦婉华大声喊道："赶紧靠岸！"船刚刚靠近河岸，韦婉华就紧紧拉着杨玉环的手跳上了岸，夺路而逃。杨玉环带来的那两个丫鬟因为惊恐过度摔倒在地上。韦婉华带来的四个侍女还算见过大世面，有的捡起树枝，有的拿着烛台，有的拎着首饰盒，准备在关键时刻与那帮地痞周旋一番，保护自己的主子。

虽然韦婉华和杨玉环拼尽了全力，却终究跑不过那帮已追上岸的地痞。韦婉华见逃跑无望，索性停下了脚步，平复了一下自己急促的呼吸，转过身对那帮穷追不舍的地痞厉声说道："尔等休得无礼！我乃大唐忠王妃。"

其他人显然被韦婉华的气势震慑住了，但领头的却不以为然。领头的是个光头，在普遍蓄发的唐代，他这个秃瓢自然显得格外引人关注。"光头"长得五大三粗，满脸横肉，色眯眯地说："老子才不管什么狗屁王妃！"话音未落，他就发出一阵令杨玉环瑟瑟发抖的坏笑。

"住手！"随着一声断喝，一个眉清目秀的年轻男子横亘在两人和那帮地痞之间。此人正是李隆基的第十八个儿子寿王李瑁。

"光头"咬着牙说："你小子是不是想找死啊！快滚，少管闲事！"

面对咄咄逼人的"光头"，李瑁却并没有丝毫的胆怯，高声说："这回你的麻烦恐怕是惹大了，你父亲崔隐甫估计也保不了你！"

崔隐甫堪称一代能臣，刚正不阿，特别是在御史大夫任上干得风生水起，政绩卓著，但他却因卷入与中书令张说的政治斗争而几经沉浮。更令他烦恼的则是一直膝下无子，年近不惑时才有了"光头"这么一个儿子，自然对他呵护备至，百般溺爱。他早年曾经担任洛阳县令，后来又两度出任河南府尹，还曾一度身兼东都留守，可谓在洛阳经营多年，门生故吏众多，根基甚深。"光头"凭借着父亲的威望和权势在东都洛阳横行乡里，欺男霸女。

"光头"见对方竟然知道自己的底细，不免心生胆怯，但面对眼前这两个令他垂涎欲滴的美女，"光头"心中的欲望之火不禁再次熊熊燃烧起来。他挥挥手，对手下的弟兄们说："给我上！狠狠地教训教训这个不识时务的臭小子！"

那个英俊男子的身后站着两个身材魁梧的中年男人，是寿王府内的队正[1]，都是武举人出身，身手敏捷，武艺高强，对付那帮乌合之众简直是不费吹灰之力，三拳两脚就将那帮气焰嚣张的小混混儿们打翻在地。

李瑁走到倒地痛苦呻吟的"光头"面前，狠狠地踹了他一脚，仍旧不解气地说："真想不出崔使君居然会有你这么个败类儿子，他一世英名恐怕将会毁于一旦！"

李瑁后来将此事上奏李隆基。龙颜大怒的李隆基随即让李适之接替崔隐甫出任河南尹，而崔隐甫最终郁郁而终。

韦婉华急忙走过去，称谢道："多谢十八郎出手相救！"

李瑁笑笑说："三嫂，都是自家人，何必如此客气！"就在两人交谈之际，李瑁的目光却一直停留在长相俊俏的杨玉环身上。无意间的惊鸿一瞥，他的眼神就不由自主地被杨玉环深深地吸引住了。她黛眉清秀，樱唇淡薄，墨发飞扬，浅笑如兰，他又怎能安之若素，于是向韦婉华问道："这位姑娘是？"

韦婉华将刻意缩在自己身后的杨玉环一把就推到李瑁面前，笑着说："这是我的邻家妹妹杨玉环，可谓国色天香，风华绝代！"

---

[1] 队正：专门负责侍从藩王的武官，从八品下阶。

杨玉环有些羞赧地说："休听姐姐胡说！民女见过寿王！"

李瑁急忙还礼说："姑娘言重了！"

这次美好的对视永远地定格在李瑁的心中。由于李瑁已经到了适婚年龄，父母一直都在为他物色王妃人选，但他却一直都没能找到中意之人，而杨玉环这个贸然闯入自己世界的美丽女子却突然撩动了他的心弦。

虽然皇子的婚姻往往都会带有浓重的政治色彩，可他却不愿父亲把他的婚姻也当成权力交易的砝码，于是入宫去找自己的母亲武惠妃。在三十个皇子之中，他之所以能够得到父亲李隆基的格外赏识就是因为他有一个好母亲。

武惠妃是恒安王武攸止的女儿，武攸止是武则天堂兄的儿子，因此武则天也就是武惠妃的姑祖母。武则天的黯然退位使得曾经煊赫一时的武家风光不再，更不幸的是父亲在武惠妃很小的时候就去世了。无依无靠的武惠妃童年生活是在威严而又有些阴森的皇宫中度过的，那时的她不过是数千后宫佳丽中很不起眼的一个。她整日谨言慎行，终日提心吊胆，有了忧愁没有人倾诉，有了欢笑也没有人分享。

虽然宫中的生活是枯燥而又乏味的，可她却并没有放弃对美好生活的憧憬和渴望，盼着有朝一日梦想能够照进现实，像自己的姑祖母那样得到皇帝的宠爱，进而通过征服皇帝来征服天下。

由于她一直都在为此而努力着，而机遇又总是偏爱有准备的人，她最终如愿以偿地用自己的美貌和聪慧征服了帝国最高统治者李隆基。

武惠妃知道自己的容颜终有老去的那一天，对于韶华不再的她，拥有三千佳丽的李隆基或许终会厌倦。她要想在宫中一直都能呼风唤雨，必须要生个儿子，这样在她失宠的时候才会凭借"母以子贵"延续曾经的荣耀。

李隆基是一个生育能力很强的皇帝，总共生了三十个儿子和二十九个女儿。得到这样一位"高产"皇帝的宠幸，生儿育女还不是顺理成章的事，可让她始料未及的是生育之路却坎坷异常。

在武惠妃的殷切期盼中，儿子李一、李敏和女儿上仙公主纷纷来到了这个世界。谁承想她苦苦期盼的孩子却都成了这个世界中的匆匆过客，还没来得及好好享受父皇和母后带给他们的无上荣耀就永远地闭上了双眼，甚至还来不及看清父皇和母后洋溢着幸福和喜悦的脸庞。

三个孩子的相继夭折使得武惠妃倍受打击，不知上天究竟为何要如此折磨自己。不仅是她，李隆基也沉浸在巨大的悲痛之中，因为他太希望能和这个心爱的女人拥有一个属于他们自己的孩子。

李敏夭折的时候，李瑁刚刚半岁。望着襁褓之中的李瑁，无尽的忧愁爬上了李隆基的脸庞，因为他担心硕果仅存的李瑁也会步哥哥的后尘，永远地离他们而去。

这可怎么办？李隆基最终心一横，决定将李瑁送出宫去，让这个小生命彻底地远离这座表面上富丽堂皇但实际上却暗流涌动的皇宫。

李瑁被送到了李隆基的大哥宁王李宪的府上。直到李瑁七岁的时候，他才得以入宫与亲生父母一起生活。尽管李瑁此时还很年幼，见到哥哥们尚且有些腼腆，可拜见兄长之礼却做得一丝不苟、有模有样，就连站在一旁的李隆基都感到很是惊讶。

武惠妃一直将这个唯一的儿子视若珍宝，总是对他言听计从。

"母亲，妹妹马上就要大婚了，而我却仍旧孤身一人。如今孩儿看上了一位姑娘，还望母亲设法成全！"李瑁一边为母亲捶着背一边说。

武惠妃突然转过身，厉声说："如果你要纳妾，母亲自然不会过多地干涉，但你若是要娶妻，那可就由不得你任性了！你应该知道你父亲对王妃的人选可谓慎之又慎！"

其实武惠妃一直都在悄无声息地进行着政治布局。她心中最合适的王妃人选无疑是宰相裴耀卿的女儿。如果想要将李瑁推上太子之位，必然要取得宰相们的支持。在三名宰相之中，老学究张九龄肯定会反对太子位易主，而她一手扶持的李林甫自然会坚定地支持她，但李林甫无论是资历还是地位均要逊于张九龄，因此只有得到裴耀卿的支持才能彻底地改变朝中力量的对比！

武惠妃曾经就此试探过李隆基，但李隆基却说："裴耀卿的女儿年龄尚幼，还是暂且等等吧！"裴耀卿的女儿虽然要比李瑁小三岁，却已经十四岁了。李隆基曾经发布过诏令："男年十五、女年十三以上，听婚嫁。"裴耀卿的女儿其实已经到了婚配之年，因此年龄小不过是李隆基一个冠冕堂皇的借口而已。

李隆基之所以不支持这门亲事是因为此举破坏了他在为皇子们选妃时所秉承的一个只可意会不可言传的原则——那就是拥有一个好出身却又不出自权势显赫的家族。这个原则一直被他的儿孙们所坚持着。

从李隆基的继任者开始直至唐帝国灭亡，两唐书中立传的后妃共有二十一人，其中只有肃宗张皇后、肃宗韦妃、顺宗王皇后和宪宗郭贵妃四人有着显赫的家世，其余十七位要么是没落贵族，要么出身卑微。这与唐朝前期的情形截然相反，那时的李唐皇室想方设法地与世族大家通婚，皇子们娶的，公主们嫁的，无不出身于令人艳羡的名门望族。唐帝国皇帝们的态度之所以会出现如此之大的转变既是因为担心皇子夺权，也是担心外戚专权。

"母亲，难道您就忍心看着孩儿娶一个根本就不爱的人，过着并不幸福的生活吗？"

在李瑁的柔情攻势之下，武惠妃的立场逐渐软化了，吩咐道："你让陈闳把你心仪的那个女子给为娘描绘出来。为娘倒要看看到底是何等女子竟然迷得我们家的瑁儿如此神魂颠倒。"

翰林画待诏陈闳擅长画人物，仅仅凭借别人的描述就可以画出素不相识者的肖像，而且总能活灵活现、栩栩如生。

"母亲见了肯定也会喜欢的！"李瑁自信满满地说。

数日之后，李瑁兴冲冲地将陈闳所画的杨玉环的肖像画递给母亲。望着这幅惟妙惟肖的画像，阅人无数的武惠妃也不禁感叹，果然是个倾国倾城的绝色美女！

"怎么样？没有让母亲失望吧？"李瑁的言语中带着一丝自信和骄傲。

"这是谁家的姑娘？"

"她叫杨玉环，出身于弘农杨氏，父亲是河南府士曹参军杨玄璬。"见母亲的态度有些松动，他随即用撒娇的口吻说，"好母亲，你就应允了这门婚事吧！"

武惠妃沉默了一会儿，故作严肃地说："终身大事岂是儿戏，为娘还要和你的父亲仔细商议。"

虽然武惠妃并没有答应，但她的内心却发生了微妙的变化。除了因为杨玉环的美丽，更为重要的则是因为她的出身。虽然杨玉环的生父和养父都不过只是个小小的七品官，在帝国官僚体系中显得有些微不足道，但弘农杨氏却是仅次于"五姓七望"[1] 的首屈一指的望族。

武惠妃对素昧平生的杨玉环渐渐生出了一种亲近感，因为武家与弘农杨氏早就有联姻的传统。武则天的父亲武士彟就迎娶了隋代宰相杨士达的女儿。武则天掌权后更是制定了"我家及外氏常一人为宰相"[2] 的基本方针。在宰相中，武则天要求武氏和杨氏至少各有一个人。武惠妃为女儿咸宜公主挑选的驸马杨洄同样出自弘农杨氏，可见她对弘农杨氏的偏爱！

华丽的转身

一个月后的一个普通夜晚，杨府迎来了一位特殊的客人，他就是侍御史杨慎矜。杨慎矜的父亲杨崇礼在太府寺任职二十多年，正是因为他的勤勤恳恳和兢兢业业才使得国库逐渐充裕起来。杨崇礼一直干到九十多岁，最终以户部尚书（正三品）的身份退休。

李隆基专门派人从他的儿子中寻找能够子承父业之人。才华横溢的杨慎矜最终进入了李隆基的视野之中。正是因为得到帝国皇帝的特殊眷顾，杨慎矜才在仕途上一直顺风顺水。

杨慎矜还有一个特殊的身份，那就是隋炀帝杨广的玄孙。虽然隋王朝和唐王朝前后相继，但两个王朝的皇族却并没有什么血海深仇。李渊不仅与杨广是表兄弟，而且他在建立唐帝国的过程中一直打着"尊隋"的旗帜，因此

---

[1] 五姓即博陵崔氏、清河崔氏、范阳卢氏、陇西李氏、赵郡李氏、荥阳郑氏和太原王氏。其中李氏与崔氏各分为两支，因此称之为"五姓七望"。

[2] 《新唐书·杨恭仁传》卷一百。

隋朝皇室在唐代一直受到优待。谁承想十二年后正是因为这个特殊身份给杨慎矜招致杀身大祸！

杨玄璬在京城任职时曾与杨慎矜有过交往，由于两人都自称是后汉太尉杨震之后，因此两人走得自然要比其他同僚更近一些，但自恃清高的杨玄璬一直秉持着"君子之交淡如水"的信念，与同僚之间都会保持适当的距离。自从他调任洛阳之后，两人便再也没有了往来。

虽然杨慎矜担任的侍御史的官阶并不高，只是从六品下阶，却因为权力大、地位高、升迁快而得到世人的青睐，远非杨玄璬这样的地方官所能比拟的，因此政治红人杨慎矜的突然造访着实让杨玄璬感到很是意外。

"小弟深夜前来是特地给兄长道喜的！"满面笑容的杨慎矜的话语中透着亲切，也带着喜悦。

"愚兄何喜之有啊？"

"寿王相中了令爱！"

"寿王何时见过我家小女？"

"这恐怕还要问令爱吧！寿王在诸皇子中最受当今圣上的宠爱，如果与寿王结亲，兄长日后肯定会飞黄腾达！"

自幼就饱读诗书的杨玄璬从骨子里透着清高，其实他内心深处并不愿攀龙附凤，只希望自己的女儿能够找个平常人家，安安静静地过寻常日子，因此他并没有流露出太多的欢喜，而是平静地说："多谢贤弟美意，不过愚兄还要与小女商议后再做定夺。"

"既然如此，在下就先行告退了。如果商议好了，告诉在下一声，在下也好回禀惠妃娘娘。"

"有劳贤弟费心了。"

杨慎矜走后，杨玄璬当即将养女杨玉环叫到自己的房中，劈头盖脸地问道："你什么时候私会过寿王？"

杨玉环以为自己捅了什么大娄子，诚惶诚恐地说："前些日子，女儿与婉华姐姐踏春之时曾与寿王见过一面。不知出什么事了？"

"如今寿王派人来提亲了！"

"什么？提亲？！"虽然杨玉环已经十七岁了，但玩性十足的她还只是情窦初开，并没有过多地想过婚配之事。

"这是你自己的终身大事，大主意由你拿！时间已经不早了，你先回去休息吧！"

月洒窗棂，更漏低沉，草虫聒噪，这一夜，心烦意乱的杨玉环又失眠了。她不知谁人能解她心中的愁绪，索性起身来到几案前抚动琴弦，将心中的思绪都寄托在温婉而又绵长的琴声之中。窗前零落的花瓣散发着淡淡的幽香，映着她清丽而又略显忧郁的模样，一曲悠扬道不尽相思语，一段丝竹说不尽未了情。

那个在雨天送自己回家的英俊男子难道注定只是擦肩而过？那个在危难之际英雄救美的寿王，两人相遇看似是不经意，难道却是早已安排好的天意？这两个难分伯仲的男人令她一时间难以取舍，第一个男人撩动了她的心弦，第二个男人惊艳了她的目光。她不知道最美丽的情愫到底是一生相守，还是相知相惜？

其实她内心的天平原本稍稍偏向素昧平生的第一个男人，因为她不像其他女子那样看重门第，看重物质，最为看重的却是感觉。初次心动的美妙感觉让她久久难以忘怀，但第一个男人或许只是一场短暂的梦，第二个男人才是活生生的现实。游走在梦与现实之间的杨玉环充满了纠结，既渴望梦想有朝一日能够照进现实，但又担心稍微一犹豫现实就会破灭成为梦幻。

次日一大早，韦婉华就来找杨玉环，兴冲冲地说："玉环，寿王是不是相中你了？也不枉姐姐为你费的一番口舌！"

杨玉环皱着眉说："寿王的确派人来过，不过玉环还没有想好。"

韦婉华有些着急地说："哎呀，玉环，你可不要身在福中不知福，如今洛阳城中不知有多少女子就连做梦都想着能够嫁给寿王，要不是那日寿王与你偶然相遇，要不是姐姐竭尽所能地撮合，这等好事怎会突然落到你的头上！"

"可是……玉环如今实在是心乱如麻。"

"难道妹妹心中已经有人了？"

杨玉环既没有肯定，也没有否定，只得默默地低下了头，腮边泛起浅浅的红晕。

"你心仪的那个男子难道能比得上寿王？"

"爱并不是比较而是发自内心的感受！"

"你真是很傻，很天真！姐姐最后劝你一句，无论是哪个女人和寿王在一起的时间长了都会爱上他，错过了他将会成为你一辈子的遗憾！"

开元二十三年（公元735年）十二月二十四日，杨府内一时间高朋满座，亲戚云集，张灯结彩，喜气洋洋。杨玄璬静静地等待着册封队伍的到来。皇家的婚礼既烦琐又复杂，此前已经进行了"纳采""问名""纳吉""纳征""请期"五个环节，接下来要进行的将是极为重要的"册妃"礼。这也将意味着他的养女杨玉环即将得到帝国皇帝的认可。

此时杨玄璬的心中充斥着喜悦，但也怀有一丝忐忑。他之所以会喜悦是因为养女终于嫁了个好人家，之所以忐忑是因为他的亲家可是威严的皇帝，女婿可是尊贵的寿王，前来册封的人则是大权在握的宰相李林甫。

杨玄璬这个七品小官对于即将到来的这一切还缺乏心理准备，犹如梦中，恍如隔世，更让他始料未及的是养女即将拥有一段让他意想不到的人生！

宰相李林甫和黄门侍郎陈希烈分别担任此次册妃的正使和副使。李林甫在上一年的五月才刚刚拜相，在三位宰相中资历最浅、地位最低，但他之后却一直身居相位达十九年之久，在唐帝国的历史上留下了深深的烙印。

李林甫宣读册书："尔河南府士曹参军杨玄璬长女，公辅之门，清白流庆，诞钟粹美，含章秀出。固能徽范凤成，柔明自远，修明内湛，淑问外昭。是以选极名家，俪兹藩国，式光典册，俾叶龟谋。"

李林甫一边将册书交给杨玄璬一边笑着说："恭喜杨参军了！"

陈希烈也附和道："杨参军生了这么个好女儿，真是可喜可贺啊！"

杨玄璬向二人深施一礼，说："有劳李相国、陈阁老了，下官和小女感激不尽！"

李林甫用亲切的口吻说："你我二人同朝为官，日后还当多亲多近，何必如此客套呢？"

杨玄璬自然知道李林甫今日为何会如此平易近人，人家并不是给他面子，而是给女儿面子、给寿王面子，更是给武惠妃面子！

几日后，在华丽的仪仗簇拥之下，李瑁骑着高头大马将自己的意中人"亲迎"到了自己的府邸。洛阳宫城的核心是皇帝和嫔妃们居住的洛城，洛城以西有一片狭长的区域称之为"西夹城"，诸位皇子们在洛阳的府邸就位于那里。

李瑁痴痴地望着梦中情人。杨玉环身着青色花钗翟衣，显得清新而又脱俗。翟衣上所绣的翟鸟花纹精致典雅，头戴的花钗摇曳生辉。

"同牢时刻到！"一个宫人大声喊道。

在宫人的引领之下，两人携手来到餐桌前一同用餐。这个仪式寄托着两人从此之后同甘共苦的美好寓意。

"听三嫂说，当初你对这门婚事还有些犹豫？"李瑁一边咀嚼着一边关切地问。

杨玉环对于韦婉华这种两面讨好的做法有些不悦，于是撒谎道："其实玉环一直在等候一双温柔的手，幸福地来牵我。"

李瑁的脸上顿时洋溢着幸福的笑容，说："我定不会负你！"

夜幕悄然降临，喧嚣远去，恢复了往日的平静，剩下的时间只属于他们两个人了。

静静地躺在床上的杨玉环如花之美，如雪之白。李瑁早已按捺不住，用自己修长俊美的手指勾起杨玉环的一抹秀发，轻轻地嗅着，一股沁人心脾的清香在他的身体内迅速地弥漫开来。

"玉环，早些休息吧！明日是'妃朝见'，还会有很多繁文缛节的礼仪。"

杨玉环点点头，虽然闭上了眼，但心却是清醒的。她不断地问自己，这究竟是不是自己想要的幸福？

声势浩大的"妃朝见"在洛阳宫宣政殿举行，李瑁和杨玉环向端坐在大殿中央的李隆基和武惠妃行大礼。这是杨玉环第一次如此近距离地审视唐帝国的皇帝和惠妃。

李隆基头戴通天冠，加金博山，附蝉 [1] 十二首，施珠翠、黑介帻 [2]；身

---

[1] 金质蝉形冠饰。

[2] 包裹鬓发、遮掩发髻的巾帕。

穿绛纱袍，白纱中单，帛练裙襦，绛纱蔽膝；佩戴白玉双珮，玄组双绶；腰挎鹿卢玉具剑；足穿白袜，脚蹬黑舄[1]，威严中透着亲切，和蔼又不失尊贵。此时的杨玉环还不曾想到就是眼前的这个男人将会成为她生命之中最为重要的男人，重要性甚至超过了自己的夫君李瑁。

武惠妃身着钿钗礼衣，头上熠熠生辉的十二把钿钗既衬托出她的雍容华贵，又表明其"礼秩比皇后[2]"的特殊身份。

李瑁将诸位皇子一一介绍给杨玉环。杨玉环居然从中发现了一个熟悉的身影。直到此时她才知道原来那日送自己回家的英俊公子居然会是太子李瑛。她的心剧烈地颤抖着，因为那次唯美的邂逅，那段擦肩的缘分，心头总会莫名地泛起淡淡的忧伤。在风轻云淡的笑容掩饰之下，她却早已心潮澎湃了。

看到站在李瑛身旁的是太子妃薛氏，杨玉环开始庆幸自己当初的选择，没有被莫名的心动耽误了自己的一生，她暗暗发誓一定要将这段朦胧的情愫深深地埋葬在那段懵懂的岁月之中。

李瑛脸上的笑容充满了苦涩和无奈。他痛恨自己的懦弱和迟疑，如果要是自己能够再果决一点儿，那么最终抱得美人归的将会是他，而不是李瑁！虽然太子妃的位置早已有了人，但太子良娣[3]却始终空缺着。可事到如今一切都晚了，他只得独自体味画地为牢的悲凉。

在外人的眼里，李瑛无疑是风光无限的，他此前也曾天真地认为自己能够操控自己的命运，能够掌控自己的生活，后来他却渐渐意识到自己错了。在冰冷而又残酷的现实面前，他发现很多事无能为力，很多人可遇不可求，他貌似至高无上，其实却是那样卑微、那样渺小。

自从那个烟雨蒙蒙的日子之后，杨玉环如花的笑靥就深深地印刻在他的心中。思念如洪水般泛滥于每一个静默的夜晚。她的倩影常常携一缕春风装

---

[1]　重木底鞋。

[2]　《新唐书·后妃上》卷八十九。

[3]　太子妃之下设太子良娣二员，正三品；良媛六员，正四品；承徽十员，正六品；昭训十六员，正七品；奉仪二十四员，正九品。

饰着他的半帘幽梦。他苦等着能够与温婉美丽的她再次见面，却未曾想再次见面之日却是他绝望心碎之时。从此之后，那个令他魂牵梦绕的女子只能默默地倚在他思绪的深处。或许这就是他的宿命，注定无法逃脱上天早已为他布下的劫缘。

李瑁不断地宽慰自己，生命中，有一个人可以去思念，也是一种幸福；同时那个人也在挂念着自己，更是一种幸福。或许杨玉环因为没能最终跟他走到一起，反而会更加幸福！

以前爱一个人，总是希望能够形影不离，厮守一生；现在爱一个人，会放在心里，默默地，偷偷地。他觉得那些美好的时光虽然让人不舍，却经不住遗忘；那些悲伤的往事虽然让人痛苦，却未必抵得过时间的冲刷。

或许爱情很美，但大部分的爱情却经不住现实的折磨，最终无奈地输给了生活，输给了岁月，只能永远地封存在记忆深处。

爱如烟花，即使再绚烂，也只是在瞬间绽放。熄了，灭了，留下的只是黑暗而又寂静的夜空。虽然对烟花绽放的那一刻难舍难分，但那却已经成了过去，就像一阵风曾经在你的世界里掠过，除了记忆什么都不会留下。

"妃朝见"之后，李瑁和杨玉环还要经历"婚会""妇人礼会""飨丈夫送者"和"飨妇人送者"四个环节，这场举世瞩目而又环节繁多的婚礼才彻底地宣告结束。杨玉环与李瑁这对新人终于可以自由自在地生活在一起了。

开元二十四年（公元 736 年）的新年很快就到了。春节的喜庆气氛弥漫在整个洛阳城之中，到处是张灯结彩，到处是爆竹声声，到处是欢乐的人群，到处是祝福的声音。

从梦中醒来，李瑁闻到枕畔残留的淡淡清香，深深地醉了。杨玉环的脸上也洋溢着幸福的笑容，李瑁虽出身高贵，却没有一丝纨绔之气，举手投足间透着儒雅，为人处事时带着谦逊。他对杨玉环一往情深，杨玉环则对他关怀备至。情投意合的两个人从此过上了如漆似胶的生活。

在那个明媚的春天，杨玉环带着李瑁走遍了洛阳附近的山山水水，那山，那水，那人，都定格为无数个美好的画面中。

远处青山如黛、云淡风轻，近处碧草连连、鲜花烂漫，他们纵横驰骋着，尽情嬉戏着，仿佛整个世界就只剩下他们两个人！

春暖花开，桃花朵朵，芳香四溢，当清风从李瑁的脸庞掠过的时候，李瑁忽然感到暖暖的清风是何等的醉人！

望着眼前的姹紫嫣红，看着身边国色天香的玉环，他多想将自己的年华永远地融入她如花的美貌之中，不因花落而寂寞，只因太过幽香而沉迷。

杨玉环也感慨自己的幸运，不曾跋涉千山万水寻找，却找到了属于自己的幸福。不用在碧水间思念，也不用在岁月里搁浅，只需将头轻轻地靠在他的臂膀，就会感到幸福带给她的阵阵温暖。

一阵秋雨，一阵秋风，繁花尽落，树叶飘零，将萧瑟的秋景在杨玉环的内心迅速铺展开来。一片落叶在空中尽情地飞舞，最终落在了一池碧波之中，激起了层层涟漪。曾经风姿绰约的荷塘如今却只剩下残枝败叶。原来花开花落，只在弹指一瞬间。她的心头不禁被淡淡的忧伤所笼罩。

李瑁看出了她的心事，急忙说："春去春还会再来，花落花还会再开！"

虽然年年岁岁花相似，但却岁岁年年人不同。杨玉环似乎预感到了什么，但她却不知是上天有意在暗示，还是自己太过杞人忧天了！

李瑁却仍旧沉浸在甜蜜的爱情之中，没有想到一场猛烈的政治暴风雨正在向他们袭来，不仅打乱了他们的生活，更打碎了他们的幸福！

第二章
山雨欲来风满楼

杨玉环第一次真切地感到这个世界其实并没有她原本想象的那般美好，而是有着太多太多的阴暗面。随着时间的推移，她将对政治的肮脏有着更为深入的认识。政治舞台上，没有对与错，只有弱与强，弱者的肉必然会被强者食用，不管弱者是否真的做错了什么，李瑛是这样，而她自己也将是这样！

心结永难解

开元二十四年（公元 736 年）十月，李隆基和武惠妃不知不觉间在洛阳已经度过了两年半的时光。他们原本还想在洛阳多待一段时间，打算在次年二月二龙抬头的时候再返回长安，可洛阳宫殿之中屡屡闪现的魅影以及惊心动魄的闹鬼传闻却令李隆基和武惠妃坐卧不安，于是想着早日离开那座一到夜幕降临时就显得格外阴森可怖的宫殿。

李隆基和武惠妃这一走便再也没有回来。或许正是从这时开始，一颗恐怖的种子已经在武惠妃的心中播下，等待合适的机会一到便会生根发芽。

十八岁的杨玉环跟随夫君李瑁离开了熟悉的洛阳城，前往有些陌生却令人心驰神往的长安。藩王们居住的"十六王宅"位于长安城的东北角，坐拥长安最繁华的地段，北面是大明宫，西面是太极宫，南面是兴庆宫，那里的一砖一瓦无不透着浓厚的政治气息。

李隆基的儿子们年幼时都养在后宫之中，后来陆续封王，又大都遥领着节度大使、大都督等职，于是相继在安国寺东侧修建王府。这里最早的一批主人是包括忠王李玙、鄂王李瑶、光王李琚在内的十位藩王，后来寿王李瑁等六位藩王也相继将府邸建在这里，史称"十六王宅"。"十六王宅"可谓是李隆基对藩王进行政治操控的产物，既让诸王集中居住便于控制，又严格禁止诸王与群臣交往。

寿王府终于迎来了这位雍容华贵的女主人。府中的四百位宫人都在翘首以待，渴望一睹这位风华绝代的女主人的芳容。在接下来近四年的时光里，她将在这座气势恢宏的府邸里纵情地歌舞、尽情地嬉戏，享受着只属于她和李瑁的美好生活。

按照礼制，像寿王李瑁这样位居正一品的亲王，除了王妃之外，还可以再拥有两名孺人（视同正五品）和十名媵（视同正六品），可是对杨玉环情有独钟的李瑁却一直没有纳偏室。他曾在杨玉环面前郑重地发誓，此生此世只爱一人，执子之手，与子偕老。

杨玉环感动得紧紧地抱着他，感觉他的怀抱是这个世界上最温暖的地方。此时的杨玉环仍旧沉浸在新婚的幸福之中，殊不知两人要携手走过一生一世是何其艰难！

李瑁的两个妹妹咸宜公主和太华公主经常到府上来找杨玉环玩儿。三个人互诉衷肠，成了无话不谈的闺蜜；三人一起出游，成了如影随形的死党。殊不知无情的命运将会让曾经亲密无间的三个人心生隔阂，让曾经形影不离的三个人分道扬镳。

专门服侍杨玉环的侍女玲珑可谓是八面玲珑、聪明伶俐，无论是说话还是办事都颇为得体，将杨玉环照顾得无微不至。两人虽是主仆，但杨玉环的心底里却将她看作自己的姐姐。自从父亲去世后，杨玉环就被送到洛阳过继给了一直没有孩子的叔父杨玄璬，直到多年以后叔父才有了自己的儿子杨鉴。自从年幼时那一别，她便再也没有见到过自己的三个亲姐姐，因此她的内心深处极度渴望自己的身边能有一个疼她、爱她的姐姐。玲珑的出现恰恰填补了她内心的情感空白。

可就当她憧憬着美好未来的时候，她的婆婆武惠妃却将他们的幸福生活打得粉碎。

武惠妃是一个很有野心的不安分女人，渴望着能够像姑祖母武则天那样成为权倾后宫的皇后，可皇后之位却早已被人占去。六宫之主王皇后早在李隆基还是临淄王的时候就是他的王妃。这对患难夫妻在政治的风风雨雨之中一路走来，可谓休戚与共，同甘共苦。

可随着那些艰难岁月的远去，随着王皇后容颜的老去，随着身边的女人越来越多，李隆基对这位曾经与自己共患难的皇后的情感渐渐地淡漠了，最关键的是王皇后始终都没能给他生个儿子，她的手中自然也就丧失了维系彼此感情的重要砝码。

当王皇后在李隆基心中的地位一落千丈的时候，年轻漂亮而又能言善辩的武惠妃却越来越讨李隆基的欢心。武惠妃能够在如此长的时间里得到李隆基始终如一的宠爱，说明她俘获皇帝的心靠的不仅仅是自己的美貌，还有自己的智慧。

那时的武惠妃还没有获得"惠妃"的封号，地位远没有后来那般显赫，可郁郁寡欢的王皇后还是深深地感到了威胁的存在，但她不仅没有竭尽所能地弥合自己与李隆基之间已经存在的情感裂痕，反而被不满的情绪所左右，时不时流露出对武惠妃甚至对李隆基的不满。

早在开元十年（公元 722 年），李隆基就曾动过废掉皇后的念头，但他也深知皇后的地位非同一般，一旦处理不好便会引起难以预料的政治动荡。之前只有一意孤行的高宗李治曾废过皇后，李隆基之后的唐帝国历代皇帝再也没有干过废皇后的事情。

李隆基暗中找秘书监姜皎商议此事，打算以皇后无子为由将其废黜。谁知姜皎却走漏了风声，而且偏偏被王皇后的妹夫嗣濮王李峤知道了。这个消息犹如一枚重磅炸弹在朝野上下炸响了。就是因为姜皎的嘴不牢靠，李隆基才被迅速推到了舆论的风口浪尖。

皇帝很生气，后果肯定会很严重。宰相张嘉贞秉承李隆基的旨意，以"妄谈休咎"的罪名将姜皎处以杖刑，并流放钦州。他之所以使用"妄谈"这个词无非是想要刻意漂白李隆基，阴谋废掉皇后并不是皇帝的意思，而是姜皎一个人胡说八道！

倒霉的姜皎在流放钦州[1]途中莫名死去，死因不详。姜皎的亲戚朋友要么被处死，要么被流放，可见一句话足以毁掉一个人，足以毁掉一个家！

废后的事情就此搁置下来，但这件事却在王皇后的心中留下了深深的阴

---

[1] 今广西钦州市。

影，总有一种朝不保夕的感觉。好在王皇后平时人缘很好，没有人趁机兴风作浪，而李隆基也需要时间来平息朝野上下的议论之声。

其实此时的王皇后只要措施得体、方法得当，或许能够顺利渡过这场政治危机，可她却在最不该犯错的时候犯下了一个天大的错误！

险些被废的王皇后愈加真切地感觉到了生儿子的重要性和迫切性。此时方寸大乱的她颇有些病急乱投医的意味。她的哥哥王守一指使僧人明悟为她祭拜北斗七星和南斗六星，并剖开霹雳木，在上面写下"天地"二字和李隆基的名字，然后将两半合在一起，让皇后佩戴在身上。明悟还煞有介事地说："佩戴上这个东西，便会像则天皇后那样生儿子！"

可王皇后戴上之后不仅没能给她带来儿子，反而给她带来了一场灭顶之灾。李隆基正愁没有理由废掉这个早就看着不顺眼的皇后，如今有人揭发王皇后笃信巫术，祸乱后宫。龙颜大怒的李隆基随即颁布了《废王皇后制》：

> 皇后王氏，天命不佑，华而不实，居上畜虎狼之心，御下甚鹰鹯之迹。造起狱讼，朋扇朝廷，见无将之端，有可讳之恶，焉得敬承宗庙，母仪天下？可废为庶人，就别院安置。

开元十二年（公元724年）七月二十二日，被废为庶人的王皇后从权力巅峰瞬间便跌落到了谷底。在没有一丝生机的冷宫里，她感到彻骨的寒意，直刺她脆弱的内心，尽管此时仍是炎炎的夏日，可她却感受不到一丝的温暖。她委屈、悔恨、愤怒、绝望，不过此时已经没有人再关注她这位身处冷宫的已经被废的皇后的喜怒哀乐了。

在唐帝国的皇帝之中，只有高宗李治和玄宗李隆基两个人曾经有过废后的行为，而且两位不幸被废的皇后都姓王，而将她们推入痛苦深渊的人则都姓武。或许遇到善于狐媚惑主的对手并被阴险狡诈的对手算计就是这两位王皇后的宿命！

仅仅三个月之后，在凄风苦雨之中苦苦挣扎的王皇后就走完了自己坎坷的一生，眼泪成了她唯一的陪葬。曾经雍容华贵、母仪天下的她居然以如此凄惨的方式谢幕，不能不叫人怜悯，但这就是残酷的现实，荣耀只属于胜利者，政治从来都不相信眼泪！

皇后的位置终于腾出来了，武妃又向着心中的目标迈出了关键性的一步，似乎近在咫尺的皇后宝座唾手可得，谁知咫尺却是天涯！

当时李隆基的确曾经动过册立武妃为皇后的念头，不过却遭到强大的阻力。有的大臣指出，如今的太子并不是武妃的亲生儿子，而武妃又有自己的亲生儿子，一旦将武妃立为皇后，势必动摇储君之位，进而引发一系列难以预料的政治动荡；更多的大臣则将矛头直指她的特殊身份，她的姑祖母就是历史上第一个也是唯一一个女皇帝武则天。群臣们担心武则天篡权的那一幕将会再次上演，而武则天篡夺李唐江山并大肆屠杀李唐宗室的政治伤痕此时依旧在隐隐作痛。

面对一浪高过一浪的反对之声，李隆基动摇了，因为他内心深处那段埋藏许久的痛苦记忆再次袭上了心头。

那天是长寿二年（公元 693 年）正月初二，他的母亲窦氏来不及再多看一眼还不到九岁的儿子就急匆匆进宫朝见女皇武则天。谁知这次分别竟然成了永别！

无辜惨死的窦氏最终连尸骨都没能找到，而窦氏懦弱的丈夫李旦此时就像一个冷漠的路人，眼睁睁地看着妻子一步步地离他远去，似乎眼前发生的一切跟他没有一丝的关系。或许这就是政治的残酷性，一个人为了自保居然可以冷酷到绝情和麻木的地步。

可怜年幼的李隆基再也感受不到母亲的温暖了。很快，李隆基就由楚王降为临淄郡王，并且在随后六年多的时间里以"随例却入阁"的名义被幽禁在深宫之中。那时年幼的李隆基会时常凝望着厚厚的宫墙，畅想着外面的世界。在这座气势恢宏的宫殿里，他感到的只有冰冷和阴森，似乎盎然的春意都被锁在了宫外，或许只有落红能够挣脱宫墙的重重阻隔飘到宫外。

武妃最终没能如愿成为皇后还有另外一层原因。王皇后的黯然离世使得宫中很多人都自发地去缅怀这位不幸的皇后。这种伤感的情绪自然也感染到了李隆基。他与王皇后曾经的点点滴滴不自觉地又涌上了心头，那些记忆的碎片一下子就触碰到了他内心最柔软的地方。他开始反思自己这样对待王皇后是不是有些太过绝情了。不管怎样，这个错永远都无法弥补了，而他唯一的救赎方式或许就是将那个仿佛还留有王皇后余温的皇后座位暂时空着，以示对她不幸逝去的深切缅怀。

李隆基册封武妃为"惠妃"。正一品的"惠妃"在宫中的地位仅次于皇后，虽然她成了实际上的后宫之主，可她却终其一生都没能登上魂牵梦绕的皇后之位，这也成为她心中一个永远都无法解开的心结。她直到去世以后才被安慰性地追赠为"贞顺皇后"。

惨烈初交锋

虽然与皇后之位擦肩而过，但聪明的武惠妃在李隆基面前却没有流露出一丝的不满和不悦，其实她的内心深处却充满了失落。既然皇后之位变得可望而不可得，那时不过才二十六岁的她似乎一下子就看到了人生的尽头。

随着皇后梦的破碎，一种莫名的危机感在她的心头油然而生，她时常记起汉武帝的宠妃李夫人曾经说过的一句话："夫以色事人者，色衰而爱弛，爱弛则恩绝[1]。"随着她容颜的老去，或许终将有一天她会被另有新欢的李隆基彻底地抛弃，永远地遗忘。她要想永远地保有如今的恩宠，唯有将自己的儿子扶上太子之位，她才能借助儿子的力量长保富贵，甚至得到她想要却始终都未曾得到的荣耀。

可李瑛早在十年前就已经被册立为太子，武惠妃知道这又注定是一条异常坎坷的路，可她却执意要沿着这条路走下去，不管将会为之付出怎样的代价。

虽然她早就下定了决心，不过却并没有急于动手。此时她的地位还需要时间去稳固，而她的儿子李瑁此时不过才刚刚七岁，因此她需要等待，就像

---

[1] 《汉书·外戚传》卷九十七。

一匹隐藏在黑暗深处的狼，默默地注视着眼前的猎物，一旦时机成熟便会毫不犹豫地冲上去，迅速咬断对方的脖子。她不仅遗传了姑祖母武则天的美丽和聪慧，也继承了她的野心与狠毒。

谁知这一等就是十二年，似乎又是一个轮回。

历史在开元二十四年（公元 736 年）冬天似乎突然间放慢了脚步，因为这个寒冷的冬天注定将深深地影响着唐帝国未来的走向。

这是一个普通的寒冷冬日。呼啸的狂风席卷整个长安城。李瑛居住的东宫显得格外萧瑟。太子李瑛、鄂王李瑶、光王李琚又聚在了一起。李瑛刚刚走过的二十二年的太子生涯可谓波澜不惊，可让他没有想到的是他即将面临人生中最为猛烈的一场暴风雨，而惹祸的根源仅仅是几句牢骚。

在摇曳的烛光中，李瑛沉默不语，一杯接一杯地喝着酒，颇有几分借酒消愁的意味。每每看到杨玉环与李瑁出双入对、卿卿我我，他的心就像被针扎似的。他痛恨自己当初为何没有勇气义无反顾地将那位绝世女子揽入怀中，更痛恨将自己推入好色的泥潭之中而难以自拔的武惠妃，当然更让他感到郁闷的则是自己在父亲心目中的地位一落千丈。

见李瑛只是一味地喝闷酒，李瑶劝慰道："二哥，不必为那些琐事劳心费神。你是天命所归，谁也撼动不了你的太子之位。"

李琚随即附和道："五哥所言极是，李瑁那副文文弱弱的样子怎么能够治国呢？不过是仗着母亲得宠而招摇过市罢了！"

几杯酒下肚，李琚已经微微有些醉意了，那些在内心深处堆积的不满在酒精的刺激下充分地发酵，他情绪激动地说："父亲真是老糊涂了，竟然如此宠信妖媚的武惠妃！要是她再一味地苦苦相逼，咱们干脆就清君侧！"

"清君侧"三个字一出，李瑛的酒顿时就醒了，而且还吓出了一身冷汗。历史无数次地证明"清君侧"不过是"清君"的借口，虽然打着清除皇帝身边人的幌子，可一旦皇帝身边人真的被清除了，皇帝就会成为下一个被清除的目标，因此"清君侧"在皇帝的眼里就是谋逆，就是造反！

李瑶见状急忙说："八弟，为兄说过你多少次了，出言一定要谨慎，祸从口出啊！"

其实李瑶自己也觉得有些失言了，但又不甘心服软，嘴上仍旧假装强硬地说："五哥多虑了。难道我还怕了她不成！"

李瑛终于打破了沉默，语气严厉地说："天色已晚，还是各自回府吧。刚才说的话万万不可对外泄露出去。"

他们不会想到窗外始终有一双阴森可怖的眼睛正密切注视着他们的一举一动。这个人就是东宫左内率府千牛王占鳌。他在夜色的掩映之下急匆匆来到驸马都尉杨洄的府上，将当天晚上三人谈话的详细内容都一一告诉了杨洄。杨洄的脸上顿时就露出了如获至宝般的喜悦神情，说："干得好！这是五十两金子，暂且拿去。切记不可走漏半点风声！"

王占鳌毕恭毕敬地接过杨洄递过来的沉甸甸的金子，颇有几分不堪重负的感觉。他知道这将是一场性命攸关的赌博，可如今的他却已别无选择了。

虽然欣喜若狂的杨洄急于去找武惠妃邀功，但他却并没有贸然连夜进宫。李隆基对驸马都尉的管制一向颇为严厉，因为在此前的宫闱政变中总会出现驸马都尉的身影。杨洄不得不按捺住内心的激动，让妻子咸宜公主第二天以探视母亲的名义进宫，邀武惠妃在宫外一见，不过他却并没有告诉妻子自己要见武惠妃的真实目的。

唐代皇帝对于宠妃还是颇为宽容的，准许她们在宫外建有私宅。武惠妃也不例外，但因为得到李隆基的专宠，整日服侍在皇帝身边，很少有机会光顾自己的私宅，但很多密不告人的事都是在那里谋划完成的。

当杨洄将自己探听到的绝密消息告诉武惠妃的时候，武惠妃的内心再也无法平静了，因为她这些年来苦苦等待的机会终于到了。此时的她可谓占尽了优势，得到了皇帝的宠信，得到了宰相李林甫的支持，昔日稚嫩的李瑁如今已经长大成人，还刚刚大婚，李隆基对李瑁也是赏识有加！

"你很会办事，日后必成大器！"武惠妃对这位办事卖力的女婿毫不吝惜溢美之词。

"小婿甘愿为惠妃娘娘肝脑涂地，在所不辞！"杨洄仿佛看到了一条金光大道正在他的脚下铺就，试想如果成功地废掉太子李瑛，拥戴寿王李瑁，那么他便是第一功臣，等到那时，功名利禄岂不是唾手可得！

武惠妃急匆匆返回皇宫，跪在李隆基的面前，痛哭流涕地说："太子李瑛见陛下宠爱瑁儿，心生不满，于是勾结鄂王李瑶、光王李琚企图谋害我们母子，居然还对陛下横加指责。请陛下为我们做主啊！"

在宠妃的哭声中，李隆基心中的怒火顿时就熊熊燃烧起来，但他很快又清醒了，问道："爱妃是如何得知的呢？"

"昨夜，太子李瑛与鄂王李瑶、光王李琚在东宫密谋不轨之事，恰巧被东宫左内率府千牛王占鳌偷听到。王占鳌素来胸怀忠义，不忍看到他们的诡计得逞，便悄悄来到咸宜公主的府上将李瑛等人的阴谋和盘托出。妾身一听真是胆战心惊，不知哪里得罪了太子，居然惹得太子要对我们下此毒手！"

"这个王占鳌现在何处？"

"为了不惊动太子，他又回东宫当差了。妾身所言句句皆是事实，不敢有半点欺瞒，请三郎明断！"

李隆基将泪流满面的武惠妃搀扶起来，关切地说："爱妃不必惊慌，朕自会为你主持公道。如果那个逆子果真图谋不轨，朕绝不会轻饶了他！"

李隆基随即让高力士去办两件要事，一件是让大理寺即刻派人去传王占鳌问话，另一件就是即刻向东宫、鄂王府和光王府当晚值宿的禁军侍卫核实，鄂王和光王当晚去没去过东宫，如果去过，何时去的、何时离开，然后再查一查三人之间近期的来往是否频繁。

高力士领命离开了，但他的内心却掀起了巨大的波澜。其实他早就预感到这场政治暴风雨迟早会来，但他却没有想到来得如此之猛烈。

李隆基即位之前，政变频繁，政治动荡。有鉴于此，李隆基上台后加强了对诸王的控制，并曾在开元十年（公元 722 年）九月特地重申："自今以后，诸王、公主、驸马、外戚家，除非至亲以外，不得出入门庭，妄说言语……贵戚懿亲，宜书座右。"[1]

李隆基不仅严禁诸王结交朝臣，还严格限制皇亲国戚之间的来往。太子

---

[1] 《全唐文·诚宗属制》卷二十二。

李瑛、鄂王李瑶、光王李琚属于"同父异母"的至亲，虽并不在禁止的范围之内，但他们之间的频繁来往怎能不引起李隆基的警觉呢？

高力士太了解李隆基了。一旦李隆基将三人的行为定性为"结党"，那么后果将会不堪设想，因为太子"结党"给皇帝带来的潜在威胁可想而知，而经历了无数政治风雨洗礼的李隆基对潜在威胁有着一种近乎神经质般的敏感。

从神龙元年（公元 705 年）武则天退位到先天二年（公元 713 年）七月李隆基诛杀太平公主，在短短七年半的时间里竟然发生了七起政变。除了太平公主发动的那场叛乱因为疑点重重而难辨真伪之外，其他六起政变都将矛头直指皇位。李隆基要么是旁观者，要么是亲历者，真切而又强烈地感受到无数的人都在觊觎着他屁股底下的皇位，他能不感到胆战心惊吗？能不感到心有余悸吗？

很多政治宠儿就因为早生了那么几年甚至几天就顺理成章地被册立为太子，继而登基称帝，一切都顺风顺水，可李隆基的每一步都走得那么惊心动魄，当藩王如此，成为太子后也是如此，当了皇帝后也是如此。他时刻感受到来自四面八方的威胁，有的是真实的，也有很多是臆想的，为此，他曾经猜忌过功臣，猜忌过兄弟，晚年又将猜忌的矛头指向自己的儿子。

其实皇帝与太子早就不是简单的父子关系，难免相互猜忌着、相互防范着，看似血浓于水的父子亲情其实早就变得脆弱不堪，早已被权力异化了。

高力士知道，其实不管王占鳌所说的到底是真是假，恐怕李瑛的太子之位都堪忧！

八面玲珑的高力士此前一直游走在武惠妃和太子李瑛之间，但此时此刻他内心的天平却开始偏向太子一方，因为他担心由此引发的政治动荡会让唐帝国不堪重负。

目前唯一能够挽救太子于水火的人或许只有宰相张九龄了，但他在如此敏感的时候又不便亲自去见张九龄，于是派了一个亲信宦官秘密前往张府，将太子即将被废的消息告诉了张九龄。张九龄顿感事关重大，但又不便独自前往，随即约上另外两位宰相裴耀卿和李林甫一同入宫请求面见天子。

李隆基和武惠妃都没有想到张九龄等人居然会来得如此之快。其实废立太子这等大事肯定要与宰相进行商议，但李隆基原本想等一切都布置停当之后再召见宰相。如今宰相却不召自来，着实令他有些措手不及，但他又不得不见。

"不知三位爱卿匆忙赶来见朕所为何故啊？"李隆基来到勤政务本楼之后开门见山地问。

张九龄说："启禀陛下，臣等听闻陛下意欲废太子及鄂王和光王。不知传言是否属实？"

李隆基说："太子与鄂王和光王密谋结党，图谋不轨，实在辜负朕对他们的良苦用心。"

张九龄说："陛下登基近三十年，太子诸王一步都不敢离开深宫，日夜接受圣训的教诲，天下之人都庆幸陛下享国久长，子孙蕃昌。如今三位皇子都已长大成人，并没有什么大的过失，陛下怎么能仅仅根据片面之词就要将他们废掉呢？太子为天下之本，不可轻动。想当初晋献公听信骊姬的谗言，擅杀申生，三世大乱；汉武帝受到江充的蛊惑，重责太子，京城流血；晋惠帝偏听贾皇后的诋毁，废愍怀太子，中原涂炭；隋文帝听信独孤皇后之言，罢黜太子杨勇，失去天下。由此观之，废立太子之事乃是关乎江山社稷的大事啊！"

一副老学究模样的宰相张九龄引用了轻易废弃太子而招致国家动荡的种种典故。他言辞恳切的规劝让李隆基渐渐恢复了理智，不得不重新审视这个对帝国而言具有重大政治影响的决定。

张九龄来之前，武惠妃能够隐约感觉到李隆基的内心深处似乎已经升腾起废黜太子以及鄂王和光王的念头，但当他议事回来的时候，李隆基却似乎平静了许多。武惠妃寄希望于李林甫能够力挽狂澜，但他却始终都一言不发，因为他行事的原则并不是武惠妃的利益最大化而是他自己的利益最大化，况且此时的李林甫还不具备与张九龄正面交锋的资本。

虽然李林甫表面上不动声色，但私底下却小动作频频。他特地让高力士给皇帝带个话："这是圣上的家事，何必要听外人的意见呢？"

望着迟迟未能下定决心的夫君，武惠妃开始变得焦躁不安。她不甘心看着这个宝贵的机会就这样在自己的眼前悄悄地溜走，于是派遣亲信宦官牛贵儿前去劝说宰相张九龄，试图挽回局势。武惠妃让牛贵儿捎去一句话："有废必有立，如果张相公能够从中助一臂之力，就可以长久地做宰相。"这无疑是一项赤裸裸的政治交易，得宠的武惠妃的政治力量自然不容小觑，但正直的张九龄却断然拒绝了武惠妃主动抛过来的橄榄枝。在张九龄的斥责声中，贸然造访的牛贵儿灰头土脸地回宫了。

张九龄还将此事禀告了李隆基。后妃干预朝政可是要受到重重责罚的，但李隆基却摆摆手，轻描淡写地说："此事就到此为止吧！"李隆基名义上是说李瑛之事到此为止，实际上却是指武惠妃干政之事到此为止，他显然是在有意袒护武惠妃，张九龄也只得识趣地适可而止了。

碰了一鼻子灰的武惠妃只得选择忍气吞声，从长计议。她暗暗下定决心一定要除去张九龄，而这也正是李林甫所希望的。

开元二十四年（公元 736 年）那个寒冬，她终于做到了。惨遭构陷的张九龄背上了"结党"的罪名，先是被罢相，后被贬出京，改任荆州长史。他带着无限的遗憾和悲怆走了，而且这一走便再也没有回来。

唐帝国的历史轨迹发生了偏转。张九龄的黯然离去成为唐帝国政治由清明转向黑暗、经济由强盛转向衰败的转折点。虽然经济仍在继续发展，可是社会贫富分化却日益加剧，以至于"朱门酒肉臭，路有冻死骨"。虽然文化仍旧继续昌盛，可是明哲保身和阿谀奉承的实用主义却逐渐成为主流思潮。

惊澜风乍起

张九龄走后，惶恐不安的太子李瑛顿时觉得危险似乎就在眼前。虽然冬季的冷酷早已被明媚的阳光一扫而尽，可是太子李瑛却感受不到一丝的温暖，因为从此之后，他将不得不独自面对险恶的政治风云。

虽然此时的京城颇有几分"黑云压城城欲摧"的意味，但杨玉环却对此毫无察觉，依旧过着属于自己的快乐生活，唯一让她感到有些失落的就是父亲的离开。杨玄璬因张九龄被罢相一怒之下向朝廷恳请告老还乡，不过却并未被批准，但他离京的要求还是得到了满足。李隆基并没有免去他的国子司业的职务，不过在他担任的官职后面加上了"分司东都"这四个字，实际上就是让他到东都洛阳养老去了。

开元二十五年（公元 737 年）初春时节，长安城一片欣欣向荣。每到鹅黄翠绿的时候，长安总是美得惊心动魄，美得让人窒息，花香弥漫，柳絮飞烟，携一缕馨香，在空中漫天飞舞。

杨玉环在侍女玲珑的陪同下到西市去游玩。唐代开国之初，贵妇外出经常头戴幂篱，也就是一种宽檐的帽子，帽檐上垂下长长的罩纱将整个身体全都遮住。高宗时代，贵妇外出逐渐摒弃幂篱，改戴帷帽，罩纱大为缩短，只能遮住脸。玄宗时代，贵妇们外出连面纱都省去了。路人经常能够看到身着华服并且浓妆艳抹的贵妇骑着马从身边疾驰而过。

唐长安城遵循"市坊"分离的原则，市民居住的坊内只有一些卖生活必需品的小店铺，因此要想感受都城的繁华就得去商铺林立的东市和西市，那里不仅有女人们喜欢的绸缎庄、首饰行和胭脂店，也有男人们喜欢的骡马行、刀枪库和鞍辔店。

中午时分，市署击鼓三百下，大小店铺相继开张营业，日落前七刻，市署敲锣三百下，大小店铺陆续关张停业。在隆隆的鼓声中，杨玉环徜徉在西市的店铺中，一会儿看看花粉，一会儿又看看绸缎，一会儿看看杂技，一会儿瞅瞅百戏，一会儿又在拉琴卖唱的人跟前驻足，俨然一个涉世未深的小姑娘。

那时男人出行喜欢骑马，女子出行则喜欢坐车，而且普遍乘坐牛车而非马车。这与汉代截然相反，汉时"诸侯贫者或乘牛车[1]"，到了晋代，乘坐舒适的牛车在士人阶层蔚然成风，直到隋唐时期这股风潮仍旧不减。

杨玉环乘坐的这辆车高贵而又华美，车厢前有木质栏杆，栏杆之上饰以

---

[1] 《史记·五宗世家》。

半圆形横额彩画，车厢的后吊帘几乎垂到了地上，特别是深色拱形车篷两檐微翘。这辆颇为抢眼的车吸引了无数行人关注的目光。

在玲珑的搀扶下，杨玉环走上车，还未坐定，一个陌生的男子就突然拉开了后吊帘，对杨玉环低声说："参见寿王妃！"玲珑见状急忙将身子横亘在两人之间。这个突然现身的陌生男人着实让杨玉环吃了一惊，使得她不禁仔细打量着这个不速之客。他虽已到中年，但岁月的侵蚀却难掩他曾经的俊俏，唯一美中不足的就是没有胡须。杨玉环已经多少猜出了他的身份。

见杨玉环还没有彻底地从惊慌中挣脱出来，他急忙谢罪道："老奴罪该万死，惊扰了王妃，不过老奴贸然前来是有绝密要事禀告，请王妃屏退左右。"话音未落，他就拿出一个造型精美并且熠熠放光的玉鱼符。

杨玉环一眼便认出了那是太子李瑛的随身鱼符。随身鱼符用于"明贵贱，应征召[1]"，一看鱼符和鱼袋就知道身份的贵贱。一个完整的鱼符分为左鱼和右鱼，如果皇帝征召谁就会颁下左鱼，与该人身上佩戴的右鱼进行勘合，如果比对成功则证明确系皇帝征召，必须应召入内。如此重要的鱼符李瑛通常是不会离身的，李瑛之所以让这个男人带着鱼符来见她，既是出于对他的信任，更是为了证明他的身份。杨玉环知道李瑛这么做肯定有要事要和自己谈，可她自从与李瑁完婚之后便再也没有与李瑛来往过，李瑛如此神神秘秘地要见自己到底是因为什么事呢？

"太子殿下恳请王妃移驾他处，殿下有要紧之事要与王妃相商！"

杨玉环却并没有轻易表态，而是反问道："想必你是太子内坊的吧！"

"正是，老奴是太子内坊典内。"

杨玉环心想："难怪李瑛会放心地将如此重要的鱼符交给他，他原来是太子内坊的头儿，想必李瑛对他定是信任有加。"东宫官员的设置仿照皇宫，只是规模要小很多，级别也要低一些。内坊的职能类似于皇宫中的内侍省，管理着大大小小的宦官们。从五品下阶的典内是内坊的头儿，职责类似于内侍省的长官内侍，只不过级别要比从四品上阶的内侍低一个档次。

---

[1]　《唐六典·符宝郎》。

见杨玉环迟疑不定，那个典内急忙说："来之前，太子殿下特地吩咐老奴，事情万分火急，务必恳请王妃移驾！"

"不知太子殿下所为何事啊？"

"这个殿下并没有告诉老奴，不过王妃去了便知道了！"

"既然如此，你就在前面带路吧！"

"老奴有一事相求，太子殿下特地吩咐老奴，只请王妃一人前去。您的那些随从还是暂且留在此处等您吧！"

玲珑没等杨玉环表态就抢白道："那怎么行！要是王妃万一有个什么闪失，奴婢可是吃罪不起！"

杨玉环说："她是我的贴身侍女，一直跟我形影不离。"

那个典内妥协道："既然如此，那就请这位姑娘陪同王妃一同前往吧！"

那个典内将杨玉环和玲珑扶上早就准备好的马车。典内飞身上马在前面带路。马车紧紧跟随在他的身后。马车虽然不如牛车稳当，但行驶速度却要比牛车快很多。

当马车停下的时候，杨玉环才发觉自己已经来到了荐福寺，不过却并不是熙熙攘攘的前门而是很少开启的后门。虽然荐福寺的前殿香火缭绕，人声鼎沸，后院却是出奇幽静。杨玉环被领进了一间单檐歇山顶的大殿，面阔进深各三间，规模虽不大，但斗拱雄大疏朗，梁架结构简练精湛，给人一种雍容大度、气度不凡的感觉。

在这间大殿里，杨玉环见到了久未谋面的太子李瑛，而玲珑却被那个典内挡在了殿外。仅仅数月不见，李瑛却仿佛脱胎换骨般变成了另外一个人，面容憔悴、眼窝深陷、目光呆滞，再也没有了往日的英俊和飘逸。杨玉环不知道这段时间他到底经历了什么，竟然将他变成现在这般模样。

"玉环，你终于来了，能够最后见你一面，我也就知足了！"李瑛哽咽道。

"殿下，您说这话是什么意思啊？"

"玉环，目前唯一能够救我的人恐怕只有你了！"

"您贵为大唐太子，谁还敢加害于您呢？况且玉环乃一介小女子，又怎能救得了您呢？"

李瑛并没有正面回答，而是无奈地苦笑了两声，突然问："十八郎还好吧！"

杨玉环不知道李瑛突然话锋一转到底用意何在，只是简单地回答"好"。

"他是不是做梦都想着能登上太子之位？"

杨玉环的心中不禁"咯噔"一声，难道要谋害太子的人会是自己的郎君李瑁？不可能！万万不可能！他整日与自己花前月下、琴瑟和鸣，也从未流露出对太子之位的渴望，更不会因此而谋害李瑛！

"太子殿下恐怕是多虑了，十八郎绝无僭越之心！"

"即使十八郎无此心，武惠妃也会有此心的！你回去告诉十八郎，如果他真的想要寡人的太子之位，寡人可以让出来，不劳武惠妃如此处心积虑、费尽心机地来取！玉环，请你把这封信也一并转交十八郎。"

李瑛从来没有在杨玉环面前自称过"寡人"，这是第一次，也是最后一次！或许只有自称"寡人"才能暂时掩盖他内心的虚弱，因为他已经愈加强烈地感到自己的地位已经摇摇欲坠了。

杨玉环接过李瑛递过来的这封信，内心掀起了巨大的波澜。她最不希望看到的就是这两个曾经令她动过心的男人正面交锋，如今这个担忧却变为了现实，可她却又无可奈何。

"玉环，今后要多保重。我一直悔恨当初没能将你娶进门，如今看来这却是你的福分。现在我连自己都保护不了，何谈给你幸福呢？"

李瑛的话语中带着一种不祥的诀别意味，让杨玉环的心里泛起一阵酸涩。虽然命运没能让他们最终走到一起，而她却找了一个好的归宿，但那次恍如昨日的初见在他的心中却永远都未曾褪色。

杨玉环在返回寿王府的路上迫不及待地打开了李瑛让她转交李瑁的那封信。信笺上清秀的字迹犹如李瑛曾经俊秀的脸庞，上面写的是曹植的七步诗：

煮豆持作羹，漉菽以为汁。

萁在釜下燃，豆在釜中泣。

本自同根生，相煎何太急。

杨玉环回府后并没有立即将那封信交给李瑁，而是坐在寝床上回味着刚才发生的那一幕。她觉得自己需要找一个合适的理由来解释她和李瑛的这次会面，可就当她为此而冥思苦想的时候，气呼呼的李瑁却大步流星地走了进来。

"你今天去哪里了？"李瑁劈头盖脸地质问道。

"我和玲珑去西市逛了逛，散散心。"杨玉环的话语带着怯生生的意味。

"就只是散心这么简单，难道就没有见什么人？"一向有谦谦君子之风的李瑁今日却显得咄咄逼人。

"瑁儿，你说这话什么意思？"

"我是什么意思，你心里应该明白！母亲一直告诫我既要看得清，又要看得透，可是有些事，看清了，令人心痛；有些人，看透了，令人心碎！"

"瑁儿，其实很多事并不是你想象的那样。不知道你到底听到了些什么，如此动怒，但玉环一直是清清白白做人，坦坦荡荡做事，对你不敢有丝毫的隐瞒和欺骗！"

李瑁冷笑了两声，说："哼，既然这样，你就说说，今天到底是与谁私会去了？"

"玉环郑重地告诉你，我没有与任何人私会，只是在西市偶遇太子殿下，太子殿下还让玉环给你带回一封信！"

"偶遇？你去逛西市怎么会在荐福寺偶遇太子！"

杨玉环的心顿时"咯噔"一声。她不曾想到李瑁竟然会对她的行踪如此了如指掌，对此毫无心理准备的杨玉环一时间无言以对，因为荐福寺位于安仁坊内，与西市隔着三坊之地，如果说成是路过恐怕难以令人相信，因为返回寿王府要向北走，而去荐福寺却要向南走。此时的杨玉环发觉自己已经百口莫辩了。

"玉环，说话呀！刚才不还信誓旦旦吗，怎么一下子就哑口无言了？"

杨玉环情急之下拿起几案上的剪刀。前些日子，不知为什么杨洄总是在深夜时分来找李瑁，经常一谈就是一两个时辰。百无聊赖的杨玉环便尝试着刺绣，如今刺绣用的剪刀却成为她表决心的工具。

"瑁儿，玉环始终对你忠贞不渝，不想今日却受到无端猜忌，玉环决意以死表明心迹！"话音未落，杨玉环手中那把闪着寒光的剪刀便扎向自己的胸口。

李瑁起初还以为她不过是吓吓自己，直到殷红的鲜血顺着锐利而又冰冷的剪刀流出来的时候，他才意识到杨玉环是来真的。他紧紧抱住自己最心爱的女人，牢牢攥住她的手，泣不成声地说："瑁儿错怪你了。你这是何苦啊！"李瑁眼眶中流出来的眼泪滴落在了杨玉环惨白的脸庞之上，但此时的杨玉环已经渐渐失去了知觉，彻底瘫软在李瑁的怀中。

"来人哪！来人哪！"李瑁歇斯底里地呼喊着。十几个闻讯赶来的宫人不知到底发生了什么事，让一贯性情儒雅的李瑁如此焦急和狂躁。李瑁见有人来了，急忙高声吩咐道："快，速速请刘医佐赶来为王妃诊治。"

刘医佐急匆匆跑过来。唐代负责为皇室看病的并非太医署，而是殿中省下属的尚药局。四名司医（正八品下阶）和八名医佐（正九品下阶）负责为嫔妃、诸王和公主看病，由于皇室规模庞大，这十二个人经常是忙得团团转，但就是在医师如此紧张的情况下，李隆基特地恩准一名医佐常驻寿王府，足见李隆基对李瑁的偏爱。

刘医佐立即为杨玉环包扎止血，然后将她扶到寝床上休息。忙得满头大汗的刘医佐对李瑁说："王妃应该并无大碍，只是一些皮肉伤，但如果不是大王及时命臣来止血，恐怕后果也将会不堪设想！"

"刘医佐，幸亏有你在身边，孤不胜感激，你先退下歇息去吧。"

刘医佐走后，李瑁拉着杨玉环的手说："玉环，你真是个傻姑娘，你的性子怎会如此刚烈啊！你忘了我们当初的诺言，执子之手，与子偕老吗？"

此时杨玉环其实已经苏醒了，她之所以会晕厥过去主要是因为见到殷红的鲜血后惊吓过度所致，但她却并不想说话，只是默默地躺着，默默地想着……

这个消息很快就传到了宫中。在武惠妃的恳求之下，李隆基特地恩准尚药局奉御前去为寿王妃诊治伤情。即使是嫔妃和皇子，也很难有机会让奉御亲自为其看病疗伤。奉御不仅随时要根据皇帝的健康状况开方子、找对策，还要管理整个尚药局，平时忙得很！

奉御隔着帷帐为杨玉环号了号脉，向李瑁和刘医佐简单了解了一下她的伤情。在获得李瑁的恩准后，奉御隔着一层白纱远窥了一下杨玉环的伤口，说了一声"王妃并无大碍"，然后拿起笔来写了几味药材，叮嘱李瑁定期敷在王妃伤口即可。

这些天，李瑁一直寸步不离地守候在杨玉环的身边，但杨玉环却始终缄默不语。杨玉环疼在身上，更痛在心里。她始终不解李瑁为什么会对她的行踪如此了解。到底是谁泄露了她的行踪？难道是她？但她很快就否定了自己的猜测，可那又会是谁呢？

狠辣毒阴谋

一个月的时光就这样悄然逝去了。杨玉环心底的伤痕随着时间的流逝渐渐愈合，不过却并不是真的忘记了，而是因为习惯了，因为有的痛永远也不会忘！

杨玉环痴痴地望着窗外的紫藤花，一串挨着一串，藤蔓缠结，影影绰绰，在春夏之交的光晕里静静地绽放，自顾自地美丽着，自顾自地盛开着，全然不顾云卷云舒。既然该来的总会来，该去的总会去，又何必为此而担忧苦恼呢？不管未来将会经历怎样的风雨，那些花此时此刻仍旧会尽情地展示自己独特的风韵。

自从嫁入寿王府，曾经天真烂漫的杨玉环开始渐渐读懂了人情世故，习惯了繁文缛节。皇帝让尚药局奉御亲自来为自己诊治可是莫大的恩宠，因此她觉得有必要入宫谢恩。她本来想同夫君李瑁一起去，可偏偏这两天，武惠妃命亲信宦官牛贵儿陪李瑁到终南山打猎去了，这一走就是好几天。

善于察言观色的武惠妃能够感觉到李隆基对李瑁最不满意的地方就是他似乎缺少了一股英武之气，因此她做梦都盼着自己的儿子能够像光王李琚那样勇猛彪悍、精于骑射，可李瑁却偏偏对打猎没有兴趣，而且还心生恐惧。五岁时，李瑁曾经不慎从马背上重重地摔下来，从此之后他的内心深处便对骑马有了深深的恐惧。每当坐在马背之上，他总有一种摇摇欲坠之感，更何况骑着马在草地上飞奔。可他又不敢公然违抗母亲的旨意。

既然李瑁不在身边，杨玉环只得硬着头皮自己进宫。可她来到宫门的时候，却听门口的侍卫说武惠妃一早就出宫了，可能是到宫外的私邸去了。杨玉环觉得独自一人觐见皇帝有些不妥，也有些胆怯，思索了片刻决定还是先去拜见武惠妃。

武惠妃的私邸位于崇仁坊，距离皇宫并不远，很多皇亲贵戚都喜欢将家安在那里。杨玉环让侍女轻轻地叩打府门，开门的阍者认出了杨玉环，急忙将杨玉环迎进府内，却并没有先行进府通禀。崇尚自由的杨玉环不喜欢别人前呼后拥，无论是她带来的侍女还是府内的婢女只得停下了跟随的脚步。

杨玉环径直来到了中堂，她听出了屋内谈话之人应该是武惠妃和杨洄。正当她想要叩门进去的时候，"李瑛"这个名字却突然传入了她的耳中，紧接着听到的内容让她感到有些毛骨悚然。她的呼吸不由自主地变得急促起来，就是这个微小的气息变化引起了屋内谈话之人的警觉。

屋门突然打开，杨玉环急促跳动的心险些要跳出胸腔了。武惠妃锐利的目光就像两把刀子似的狠狠地扎向杨玉环。杨玉环的身子不禁剧烈地颤抖了一下。武惠妃厉声喝道："玉环，你站在门外意欲何为啊？"

"回禀娘娘，玉环受伤之事承蒙娘娘挂牵，恳请皇上命尚药局奉御亲自前来为玉环疗伤，玉环感激涕零，特地来向娘娘谢恩！"

武惠妃阴沉着脸说："如今你已贵为王妃，不再是什么任性的小姑娘了，以后做事要三思而后行，不要总是意气用事，让瑁儿为你劳心费神！"

"玉环谨遵娘娘教诲！"

"玉环，刚才你在门外到底听到了什么？"

"什么也没有！"杨玉环竭力否认，但她的眼神中却露出了一丝慌乱，被老辣的武惠妃捕捉到了。

"不管你听到什么，还是没听到什么，都应该知道自己该怎么做！"武惠妃恐吓道。

杨洄见气氛有些紧张，急忙说："王妃并不是外人，娘娘自然也就无须多虑！"杨洄主动为杨玉环解围无非是想要借机巴结她，因为一旦李瑁成为新太子，那么她可就是万众瞩目的太子妃了。

武惠妃见杨洄既然这么说，也就不好再为难杨玉环，但无尽的愤懑却依旧淤积在她的心头。这下可就害惨了她手下的那帮奴婢们。武惠妃一向办事严谨，就在她和杨洄在屋内密谋的时候，专门安排了心腹女婢琥珀在距离屋门一丈的地方值守，可偏偏就在杨玉环来的时候，她因内急去茅厕了。她因擅离职守而被拖下去杖责三十，还有那个为杨玉环开门的阍者因为没有事先通禀也被杖责二十。

琥珀的惨叫之声强烈地刺激着杨玉环的耳膜，一股令她不寒而栗的恐惧爬满了她的心头。打完之后，四个宦官拖着早已被打得皮开肉绽的琥珀特地从杨玉环的身边经过。杨玉环的身子不由自主地剧烈颤抖着。刚刚还花枝招展的花季女子瞬间便被摧残得面目全非，真是人心险恶啊！

这一切都是武惠妃故意做给杨玉环看的，目的无非是为了威胁和恐吓她。杨玉环的内心的确充满了恐惧，但她更为牵挂的却是太子李瑛的安危。此时的她才真正理解了上次见面时李瑛的话语之中为何会带着诀别的语气。

此时她的内心充满了纠结，如果她将偷听到的秘密永远地埋藏在心底，那么遭遇暗算的李瑛很可能会凶多吉少，可如果她将消息故意泄露出去，那么她必然会遭到武惠妃的记恨，那么她离厄运恐怕也就不远了！

怎么办？怎么办？究竟是明哲保身还是舍己为人？

杨玉环回府后在屋内来回地踱着步，一时间不知道该何去何从。那个难忘的初见，那次美丽的邂逅，不禁再次涌上心头，撩拨着她的心弦。一股莫名的勇气突然充斥着她的全身，不管这次一意孤行将会给自己带来什么，她都会毅然决然地承受。

她走到几案前，铺就一纸素笺，纸醉芳华，梦回往昔，心事在静静地流淌。一抹笔笺甚至上面的一字一句都透着浓烈的忧愁和挂念。伴着浓浓的墨香，她不知不觉泪落指尖，滴墨成伤。她拭去眼角的泪痕，写道：

太子殿下：

　　近来乃多事之秋，凡事三思而后行，切勿轻信他人之言，切勿轻易授人以柄，尤以披甲带兵入宫为大忌，无论是何等缘由，无论何人所述，万万不可轻举妄动，切记，切记！

　　望好自珍重！

如何将这封信送出去又成为困扰她的新问题。武惠妃那双刀子般的眼睛最近时常让她从梦中惊醒，因此她不敢有丝毫的掉以轻心。她的担忧绝非杞人忧天，虽然武惠妃觉得杨玉环并没有胆量跟她对抗，但还是暗中授意杨洄密切关注着杨玉环的一举一动。

思来想去，杨玉环最终还是将这个艰巨的任务交给了贴身婢女玲珑。她并没有提及信中的内容，只是说让她务必将这封信亲手交给太子李瑛。当然杨玉环也知道面见当朝太子谈何容易，玲珑却欣然领命，没有多问一句话，也没有多说一个字。

趁着茫茫的夜色，玲珑悄然离开了，并没有从大门走，而是利用绳索从墙上翻了出去。她早年迫于生计曾经练过百戏，否则也不会有如此之好的身手。

玲珑走后，杨玉环却久久难以入睡。皎洁的月光好似如雪的寂寞，也好似满地的忧伤。舞动的清风如同一缕缕情丝，揉碎了夜的宁静。那段其实从未开始过就戛然而止的莫名情缘，如同梦中的烟花，忽明忽暗，但一抹浓烈的相思却浸染着那段斑驳的岁月。

她披上衣服在庭院里踱着步，抬眼望天际璀璨，银汉迢迢，却叹云深不知路；俯身看着满地的落花，映出她日渐消瘦的容颜。

她担心犯了夜禁的玲珑会被巡夜的武侯发现，担心玲珑会被东宫的侍卫拒之门外，担心自己意气用事所做的这一切会被武惠妃发现。直到晨曦透过窗棂洒在她身上的时候，她才昏昏沉沉地睡去，一直睡到辰时[1]玲珑回府。

"那封信可曾交与太子了？"杨玉环迫不及待地问。

"我去的时候，太子已经睡下了，不过奴婢亲手将信交给了那天我们在西市遇到的那个典内。"

"那就好！赶紧下去休息吧。"杨玉环一直悬着的心也终于落了下来。既然李瑛敢于将自己的随身鱼符交给那个典内，说明他必是李瑛极为信赖之人，因此交给他也就无异于交给了太子。她不再为李瑛担忧，转而开始为自己担心了，因为她不知道自己所做的这一切会不会被武惠妃发现，如果被发现了，她将会怎样处置自己！

四月二十日，风尘仆仆的李瑁终于回来了。

经过这次小别，杨玉环与李瑁身体内都积聚了太多的情感需要宣泄，需要释放。那天夜里，两人在床榻之上缠绵许久，直到双方都筋疲力尽之后才昏昏沉沉地睡去。殊不知就在这个漆黑的夜里，却发生了一件震惊朝野的大事！

次日天刚蒙蒙亮，相拥着睡去的李瑁和杨玉环就被一阵凄厉的喊声和心碎的哭声惊醒。李瑁揉揉惺忪的睡眼，对着门外不悦地喊道："刚才是何人在府内大声喧哗？"

一个侍女诚惶诚恐地回禀道："启禀大王，太子妃来了，非说要见您和王妃，奴婢们拦都拦不住！"

李瑁的心随即"咯噔"了一声，心想她怎么来了？自从他在"十六王宅"开府以来，太子妃还从未来过。如今她贸然前来究竟所为何事呢？

杨玉环听说太子妃来了，顿时睡意全无。两人急忙穿戴整齐，刚刚走出屋门就迎面撞见了太子妃薛氏，薛氏不顾侍卫们的阻拦正要向里面闯。薛氏见到他们后，竟然"扑通"一声跪在了他们的面前，高声呼喊："救救太子吧！救救太子吧！"

---

[1] 上午七点至九点。

堂堂太子妃居然当众跪倒在地，成何体统！杨玉环急忙将她搀扶起来，迎入屋中，询问缘由。

薛氏哭哭啼啼地说："昨天夜里太子应召入宫抓贼，竟然一夜未归，今天一早听人说，太子带兵入宫，意在谋反。明明是去抓贼，怎么可能是谋反呢？肯定是一场误会。目前唯一能救太子的恐怕只有十八郎了。"

杨玉环的心剧烈地颤抖了几下，自己最担心的事情最终还是发生了。李瑛见到自己写给他的信后，为什么还要一意孤行入宫呢？为什么明知是陷阱还非要往里面跳呢？

其实杨玉环内心的疑问还不止这一个，那日她无意中偷听到武惠妃和杨洄意欲设计陷害太子，但其中很多关键细节她却并没能听到。李瑛时时刻刻都在提防着武惠妃的暗算，怎么会如此轻易地就掉进武惠妃精心设计的陷阱之中呢？顶盔挂甲带兵入宫可是政治大忌，李瑛对此不可能不知道，可他为什么还要一意孤行呢？他不仅自己去，居然还叫上鄂王李瑶、光王李琚一同前往！这些疑问直到十九年后才得以彻底地解开。

"嫂嫂，不要太过焦虑，免得伤了自己的身子。你暂且回府休息，我即刻入宫面见父亲，问清其中的缘由，如果太子确系被冤枉，父亲想必会还太子一个公道！"

让李琚始料未及的是此时的李隆基早已被无边的怒火吞噬了理智，因为一个名叫孙殿奎的人一番怯生生的话语触动了他最为敏感的那根神经。

孙殿奎是东宫左千牛率府的千牛。为了彻底根除政变的土壤，李隆基严格限制诸王的行动，特别是不让他们领兵，唯独太子是个特例。东宫设有左右卫率、左右司御率、左右监门率、左右清道率、左右监门率和左右千牛率共计十个军府，而其中的左、右千牛率则专门负责宿卫太子。

"太子说要逼迫圣上让位，让圣上成为下一个太上皇！"孙殿奎始终低着头，不敢直视李隆基因愤怒而变得扭曲的脸庞。

高力士知道李瑛这次恐怕是凶多吉少了，但他还是决定尽自己最后的一点儿绵薄之力，但李瑛最终的命运究竟如何还要看他的造化了。高力士低声说："废立太子之事事关国本，恳请大家[1]召集诸位相公慎重商议此事！"

虽然此时的李隆基已经被愤怒冲昏了头脑，但他也觉得高力士说得有道理，不过此时宰相之中却再也没有那个性情耿直的张九龄了，首相如今已经换成了口蜜腹剑的李林甫。

狡猾的李林甫并没有直接表态，而是非常巧妙地说："这是陛下的家事，臣不便表态！"

其实老辣的李林甫早已从李隆基愤怒的表情中猜出了他将会如何处置这三个身陷叛逆泥潭的儿子。他不表态实际上就是在推波助澜。

当然李林甫不表态也是为了保护自己，如果李隆基哪一天后悔了，也不至于因此而埋怨他。他之所以将这件事定位为"家事"，表面上看是不希望让三司介入，以免皇室家丑外扬，实际上却是担心一旦刑部、御史台和大理寺介入，难免会让那些精于断案的官员们查到什么蛛丝马迹，到那时局面可就难以控制了。

牛仙客自从担任宰相以来一直就对李林甫言听计从，因为他知道如果不是李林甫扳倒了张九龄，别说位列宰相，就是进京当个尚书恐怕都会很困难。牛仙客见状急忙附和道："李阁老所言极是，此乃陛下家事，臣等不便妄加评论！"

宦官袁思艺带着李隆基的制书一步步走向掖庭宫。此时他的内心充满了纠结，既希望快点结束这种痛苦的煎熬，也害怕面对太子李瑛。

看到袁思艺，李瑛仿佛看到了希望，高声喊道："袁公公，快快救救我等！"

袁思艺却并不理会李瑛声嘶力竭的呐喊，而是高声宣读着制书，废李瑛、李瑶与李琚三人为庶民。宣读完毕后，袁思艺就迫不及待地转身离开，将拼命呼号的三个人远远地抛在了身后。

李瑁匆忙进宫的时候，太子被废的大局已定，但此时的他对此还一无所知。

---

[1] 唐代皇帝身边的近臣对皇帝的特定称谓。

"母亲，太子到底出什么事了？太子妃一大早就跑到孩儿的府邸恳求孩儿救救太子！"

"李瑛昨夜阴谋作乱已经被废，如今天下已经没有什么太子了！"

李瑁一脸惊讶地望着武惠妃，简直不敢相信这个令他震惊不已的消息竟然会是真的！

"傻孩子，你应该高兴才是！"

就在这时，李隆基来到了武惠妃的寝宫。李瑁急忙起身行礼拜见父亲。

李隆基示意他免礼，道："瑁儿已经很久都没有进宫了吧，可不要娶了媳妇忘了娘啊！"

"瑁儿这段时间正在苦练骑射本领，前些日子还到终南山打猎去了。"武惠妃轻描淡写般的话语中其实藏有深意。

"是吗？不过瑁儿看上去气色有些不佳啊！"

武惠妃随即换了另外一副嘴脸，哭诉道："今儿一早，太子妃就跑到寿王府威胁瑁儿，让他入宫来设法营救太子，还说瑁儿如果不肯，就跟他同归于尽。瑁儿赶紧入宫找妾身想法子，可妾身深知太子身陷谋逆重罪，不敢在三郎面前求情啊！"

"瑁儿，果真有此事？"

李瑁虽然极不情愿干这种落井下石的勾当，但也不好公然与母亲唱对台戏，只得微微地点点头。

"这个逆子，真是罪该万死！"李隆基的眼中流露出浓浓的杀机。

在京城东面一个普通得不能再普通的驿站里，李瑛望着眼前的白绫，一时间百感交集，愤怒、委屈、痛苦、悲凉一起涌上了心头。他最后看了一眼这个残酷而又血腥的世界，无奈地踏上了黄泉路，与他结伴而行的是他最为亲近的两个弟弟李瑶与李琚。他们至死都不明白自己到底做错了什么，父亲为什么会如此绝情、如此冷酷！

随着李瑛的离去，太子宝座突然间出现了空缺，一轮激烈的争夺战也就不可避免地随之拉开了序幕。

武惠妃所生的寿王李瑁成为最热门的太子人选，因为他是最得宠的皇妃与最得势的宰相联手推荐的太子人选。武惠妃一时间按捺不住内心的狂喜，想了好久、盼了好久，终于等到了今日。虽然她是一个操控能力很强的女人，但事态的发展却渐渐偏离了她预想的轨道。

母子起争执

初夏的热葬送了春天的魂。一轮明月，瘦而清绝，杨玉环透过窗子隐隐约约地望着这轮残缺不全的月，她对李瑛的悼念就如同这皎洁如水的月光，一阵清风掠过，如流苏般倾泻到地上，落满了心窗。

有个人，还来不及说再见，就再也见不到。有些话，来不及说出口，就再也无法说。有段情，还来不及开始，就戛然而止。

杨玉环不时地发出一阵阵猛烈的咳嗽声。惊闻李瑛的死讯之后，急火攻心的杨玉环就一病不起。

那个曾经为她撑伞的男人，那个世人仰望的太子就以这样悲惨的方式永远地离开了这个世界。她无法理解世界为何会如此残酷，一个太子究竟做错了什么，居然会落得如今这般悲惨下场！

杨玉环第一次真切地感到这个世界其实并没有她原本想象的那般美好，而是有着太多太多的阴暗面。随着时间的推移，她将对政治的肮脏有着更为深入的认识。政治舞台上，没有对与错，只有弱与强，弱者的肉必然会被强者食用，不管弱者是否真的做错了什么，李瑛是这样，而她自己也将是这样！

杨玉环的心头始终隐藏着一个巨大的疑惑，李瑛见到自己所写的那张纸条之后为何还执意要去？那明明是一个足以令他粉身碎骨的陷阱啊！到底是什么让他如此义无反顾？

凝望着病榻之上的杨玉环，李瑁心如刀割。自己最心爱的女子再也没有了往日的笑颜，再也没有了昔日的风采，有的只是无尽的伤感和对这个世界的绝望。

三个正值花样年华的哥哥就这样被父亲硬生生地推上了黄泉路，而他居然是推波助澜者，想到这些，他的心就更痛了。虽然母辈的争宠让李瑛等人一直对他心生芥蒂，始终对他不冷不热、不远不近，但李瑁的心中对他们却仍旧有着浓浓的手足深情，谁承想三个哥哥却与他永远地阴阳两隔了。

难道权力真的可以让人冷酷到令人发指的地步吗？他不解父亲为什么会对自己的亲生儿子下此毒手，历史上还鲜有皇帝像父亲这样残忍到"一日杀三子"的地步。他不解母亲是否真如坊间传闻那样是酿成这场人间悲剧的罪魁祸首。

就在两人深陷痛苦的旋涡之中而无法自拔的时候，武惠妃却频繁地往来于皇宫和寿王府，告诉李瑁面见父亲时该如何说、该如何做。他在父亲面前的一举一动，甚至一言一行都是武惠妃精雕细琢过的，使得李瑁渐渐觉得自己仿佛就是母亲手中的一个木偶。

特别是在打猎这件事上，李瑁早就对母亲心存不满。打猎早已成为李隆基生活中不可分割的一部分，即使后来到了古稀之年，他仍旧喜欢在纵横驰骋中追逐猎物的感觉。武惠妃一直渴望着李瑁可以跟随父亲在大森林里尽情地追逐猎物，将自己最为男子汉的一面淋漓尽致地展现在父亲的面前，李隆基一高兴或许就会将空置的太子之位给了李瑁。可骑马射箭却偏偏是李瑁最大的软肋，而且李瑁的内心对此又充满了恐惧和抵触，此前母亲的一再催促和逼迫早已让李瑁不堪重负。

今日武惠妃来的目的就是再给李瑁介绍一位练习骑射的师傅。面对母亲的苦苦相逼，一向恭敬的李瑁彻底地爆发了，不满地大声吼道："母亲，孩儿一直以来都是为您而活着，活得很不真实，也很不快乐！我不过是母亲大人手中的一个傀儡，任凭您的摆布！孩儿再也不想这样过了，再也不想这样活了！"

武惠妃没有想到一向听话懂事的儿子居然会说出如此大逆不道的话。自己不遗余力地帮他，如今他不仅不领情，反而埋怨起自己来了。她不明白乖巧的儿子为什么会突然变得如此叛逆，于是狠狠地瞪了一眼李瑁身边病快快的杨玉环。她的眼神如同刀子般锐利，杨玉环不禁打了一个冷战。

"为娘做的这一切可都是为了你呀！"武惠妃规劝道。

李瑁冷笑了两声，说："母亲恐怕是为了你自己吧！你当不了皇后就想当太后。那么多人都成为您可怕野心的牺牲品！"

武惠妃做梦也不会想到一向温文尔雅的李瑁居然会变得如此咄咄逼人，而且还深深地刺痛了她心底的最痛处。一股强烈的怒火在她的心中顿时熊熊燃烧起来，烧得她突然间丧失了理智。她扬起自己的手，给了李瑁一记重重的耳光，其实打在儿子的脸上，却疼在她自己的心里。

余怒未消的武惠妃怒斥道："你这个不成器的东西！真是后悔将你养在宁王家里，没有一点儿男儿的血性！"

宁王李宪是李隆基的大哥，原名李成器，可他却未能成大器。其实他原本是有机会的，因为在他的父亲李旦第一次登基的时候，他就曾被立为太子，可那时他的父亲也不过是他祖母武则天手中的一个政治玩偶。虽然李旦第一次皇帝生涯长达六年多的时间，可实际上却一天真皇帝都没当过。

随着李旦的哥哥李显成功复位，皇位似乎已经与李旦渐行渐远了。谁承想野心勃勃的韦皇后居然毒死了自己的丈夫李显，李隆基乘机发动政变将父亲再次推上了皇位。

这时"立长"还是"立功"成为摆在李旦面前的一道难解的政治谜题。就在他为了太子人选而左右为难的时候，李宪却出人意料地主动退出了这场激烈的政治角逐。他跟父亲李旦说了这样一番话："太子乃天下之公器，太平岁月自然要'立长'，可如今国难未平却需要'立功'。如果不是这样，恐怕会令海内失望，绝非社稷之福。儿臣以死恳请父皇早做决断！"就这样，立下大功的李隆基如愿以偿地登上了太子之位。

虽然李隆基对外故意做出"疼兄爱弟"政治姿态，但其实他心底深处依旧对自己的哥哥和弟弟们心存猜忌，索性将他们全都赶到外地担任刺史，不仅彻底地远离了政治中心，而且即使在外地也仅仅是挂名不管事而已，直到他的地位彻底稳固之后，李隆基才陆续将哥哥弟弟们从外地召回京城。猜忌归猜忌，不过他始终都未曾忘却哥哥李宪主动让位的这份情谊，因此李隆基特地将李瑁交给大哥李宪抚养。

李瑁直到七岁时才离开仍旧有些恋恋不舍的宁王府，入宫与自己的亲生父母团聚，但他却永远都忘不了在宁王府时度过的童年。宁王妃元氏在李瑁的心中就是温暖和慈爱的化身，而宁王李宪在李瑁的心中就是一座伟岸的高山，可如今母亲却如此诋毁辛辛苦苦将他养育成人的宁王！

李瑁心底深处蛰伏已久的男人血性彻底地爆发了，根本顾不上脸上火辣辣的疼痛，高声说："母亲，宁王虚怀若谷，生性谦和，就连父亲都对他钦佩不已。母亲为何如此出言不逊？"

武惠妃没有想到儿子今日居然敢屡屡跟自己顶嘴，不禁再次扬起了手臂。杨玉环见状急忙跪在武惠妃面前，成为横亘在两人之间的一道屏障。

"请娘娘息怒！"杨玉环苦苦哀求道。

"玉环，之所以将你娶进门是让你相夫教子的，如今教子无从谈起，就连相夫难道也不会吗？真是令本宫失望啊！"

跪在地上的杨玉环不由自主地微微颤抖，不敢再抬头，也不敢再说话。

见到心爱的女人在母亲的淫威之下竟然变得如此惊恐无助，李瑁毅然决然地出面为杨玉环解围，高声说："不关玉环的事！是孩儿不想踏着别人血淋淋的尸体去当什么太子！即使当了太子又能怎样？高祖朝的太子李建成、太宗朝的太子李承乾、高宗朝的太子李弘和李贤、中宗朝的太子李重俊，哪一个有好下场？孩儿就想和玉环踏踏实实地过日子，不想抢什么位子！"

武惠妃彻底地失望了。这个仅存的宝贝儿子居然一点儿都不像自己，更不像他的父亲。身处波诡云谲的政治风云之中，如果不争当命运的强者，就会沦为任人宰割的牛羊。谁要是想独善其身，只会无处藏身！

"记住为娘的这句话，成功地跨过去就是通往另外一种人生的门，跨不过去就会成为你这辈子的坎儿。有了权力，你就可以得到你想要的；没有权力，你就保不住你想要的！"

直到若干年以后，他才真正领悟到母亲这句话的真谛。他不谙政治，却错生在帝王家，成为他这辈子最大的悲哀；他曾经找到了最心爱的女人，却又眼睁睁地失去，成为他这辈子最大的痛苦！

如意小盘算

"一兔走街，百人逐之，积兔于市，过者不顾。"[1]一旦名分归属确定，人们在欲望面前就不得不止步，如今太子宝座却突然出现了空缺，自然会使得很多别有用心之人变得蠢蠢欲动。

当很多人以为太子的桂冠会顺理成章地落在李瑁头上的时候，武惠妃却突然觉得这件自然而然的事情竟然变得不那么自然了，一场围绕太子宝座的暗战也就此拉开了帷幕！

李隆基的长子李琮的母亲刘华妃虽然母以子贵身居妃位，但李隆基却始终对她不冷不热，若即若离。李琮在打猎时又不慎被猎兽抓伤了脸，这个被毁容的皇子实际上已退出了太子的竞争行列。由于次子李瑛已经被赐死。三皇子李玙便成为太子候选人中最年长的皇子，因此他那颗蛰伏已久的心开始变得躁动不安。

其实李玙能够活在这个世界上就堪称一个奇迹。他的母亲杨氏早在李隆基还是太子的时候就被召入东宫成为太子良媛，可她却没能跟着李隆基过几天舒心的日子，因为李隆基的太子生涯可谓险象环生、步步惊心。

随着与性格强势的姑姑太平公主的关系迅速恶化，李隆基的生存环境也变得越来越艰难。太平公主的势力可谓无所不在、无孔不入，自然对李隆基的一言一行、一举一动都了如指掌。这让李隆基强烈地感到自己无时无刻不如履薄冰、如临深渊。

当时太平公主正大肆散播太子好色的言论，事实上性欲旺盛的李隆基也的确如此。就在李隆基为那些政治流言而苦恼不堪的时候，杨良媛却在这个关键时刻突然怀孕了。这个消息带给李隆基的并不是喜悦，而是惶恐不安，因为这个孩子来得太不是时候了！如果此时生下这个孩子，岂不是证实了民

---

[1] 《慎子》。

间关于他好色的种种言论，那样父亲李旦会怎样看待他呢？

经过一番痛苦的内心挣扎，李隆基终于下定决心，不惜牺牲这个无辜的小生命来保全自己的政治前途，毕竟此时他已经有了两个儿子。

李隆基让亲信张说暗中携带堕胎药前来东宫。唐代皇室是不允许私自堕胎的，因此这一切都是在暗中进行的。

张说走后，李隆基偷偷地来到一间异常隐蔽的密室之中，将堕胎药放入药锅里，然后怀着复杂的心情点上了火，静静地等待着，等待着药熬好，等待着亲手将这个孩子扼杀在腹中。

就在痛苦等待的时候，他居然鬼使神差地睡着了，或许是这些日子他太过疲惫了。睡梦中的他做了一个奇怪的梦，梦见一个身穿盔甲、手持长戈的人绕着一个大鼎转了三圈。鼎里面的水早就煮沸了，滚滚的热气扑面而来。可就在此时，那只笨重的大鼎却突然间倒了，那个人急忙将鼎扶了起来，可那个鼎却很快又倒下了，那个人急忙又扶了起来，但那个鼎却再次倒下了……

李隆基从梦中惊醒后，急忙将这个奇怪的梦告诉了亲信张说。张说若有所思地说："此乃天意啊！"

李隆基没有再说些什么，只是会意地点了点头。

经过这番波折，李玙才得以幸运地来到这个世界，虽然他的父亲李隆基很快就当上了皇帝，他的母亲也摇身一变成为贵嫔，可他的厄运却并没有就此结束。

一个占卜的术士对李隆基说出了三个令他胆战心惊的字："不宜养！"李隆基思虑再三将襁褓之中的李玙交给一直都没有儿子的王皇后来抚养。从此之后，这个小生命再无法享受亲生母亲的呵护和照料了，不过他的到来却给王皇后带来了好运。王皇后怀孕了，不过却只是一个女孩。

王皇后被废之后郁郁而终，那一年李玙刚刚十四岁，在宫中失去了依靠。那时他的生母杨贵嫔还健在，但他却渐渐发觉自己与生母之间很是生分。五年后，生母也永远地离他而去了。父亲李隆基整日忙于政事，而且子女众多，自然对他疏于照料。在他的记忆中，反而是高力士成为给予他温暖最多的一个人，因此他每每见到高力士总会毕恭毕敬地叫一声"二兄"。

高力士之所以对无依无靠的李玙关怀备至是因为自己有着与他类似的不幸童年。与绝大多数宦官出身贫寒不同，高力士出身名门，地位高贵。他祖先冯弘还曾经是十六国时期北燕帝国的皇帝，后来整个家族迁往岭南并成为当地显赫的大家族，可这个家族却在武则天时期遭遇了一场空前的灾难。

长寿二年（公元 693 年），监察御史万国俊到广州诬告岭南流人谋反。此时冯盎之孙，也就是高力士的父亲潘州刺史冯君衡也被牵连入狱。此前锦衣玉食的高力士就此沦为阶下囚，并受阉割之刑。此时的高力士还是个未满十岁的孩子。原本衣来伸手、饭来张口等着别人伺候的少爷刹那间便沦落为伺候皇帝的奴才。

武则天知道他的身世之后，有意栽培他。高力士成为为数不多的文武双全的宦官，因为受过良好的教育，在文化水平普遍较低的宦官群体中绝对是佼佼者，更难能可贵的是他也是可以领兵打仗的将帅之才。李隆基曾经充满赞赏地说：“（高）力士当上，我寝乃安。”

开元二十五年（公元 737 年）初夏的一个深夜，李玙悄悄来到高力士位于翊善坊的府邸，很多大宦官都将自己在宫外的家安在翊善坊。李玙已经是高府的常客了，因此看门的阍者直接领着他前去拜见刚刚才回府的高力士。

“二兄，近来可好！”

“原来是忠王！不知深夜前来有何贵干啊？”

“给二兄带来了一样好东西，兽首玛瑙杯！这可是大康国进贡的无价之宝，通体用红色玛瑙雕琢而成，将纹理竖直的较粗的一端雕琢成杯口，将较小的一端雕琢成惟妙惟肖的兽头，巧妙地使用俏色技巧，将兽眼刻画得黑白分明，惟妙惟肖，实在是不可多得的珍品啊！”

望着这只几乎可以令所有人动心的兽首玛瑙杯，高力士却心如止水，说：“的确是个好物件，不过君子不夺人所爱，还是请忠王自己留着用吧！”

“这只兽首玛瑙杯到了二兄手中或许才是它最好的归宿！”

“万事万物都挣脱不了它的宿命。有话请直说吧！”

“如今太子之位悬而未决，不知二兄认为何人会继任皇储啊？”

高力士觉得他未免有些太过心急了，说：“这恐怕不是你我该考虑的问题吧！"

"你我之间私下聊聊又有何妨呢？"

"忠王，切记，切记，祸从口出啊！李瑛上次就是因为出言不慎才会授人以柄。类似的教训不可谓不惨痛，忠王一定要谨言慎行。好了，天色已经不早了，忠王还是早些回府休息吧！"

"谨遵二兄教诲，不过还有赖二兄在父亲面前多多美言几句！"

"那是自然！不过老奴还是奉劝忠王，欲速则不达，盲动不如不动！"高力士的话显然是有所指。其实高力士今晚并没有打算回府，只是因为他的夫人突然病了，他这才匆匆回府来探望。

高力士的妻子是吕玄晤之女，生得如花似玉、美貌动人。虽然高力士与她不能像正常的夫妻那样行鱼水之欢，却也可以从她的身上得到心灵慰藉。高力士总感觉亏欠人家，因此竭尽所能地在物质上满足她，在生活上关爱她。

今晚高力士前脚刚进府，忠王后脚就来了，这说明他的身边肯定有忠王的眼线。忠王的眼线或许不仅仅只有这一处，说不定皇上身边也有他的眼线，可一旦要是被皇上察觉了，不仅李玙的太子梦会彻底破灭，恐怕自身也将难保！

李玙悻悻地离开了，心中充斥着对高力士的不满。他始终认为太子之位等不来，只能夺过来，李世民如此，李隆基更是如此！

阴谋局中局

秋天来了，南下的雁群不时地发出凄厉的啼叫声，在秋风中久久地回荡。兴庆宫内武惠妃的寝宫咸宁殿前那颗古树虬枝盘根，却显露出几许颓败的气息。

红尘几度落花红，几度秋风凉，武惠妃在无尽的等待之中饱受着煎熬。她不明白目标明明近在咫尺，却为何又远在天涯！

咸宁殿闹鬼的传闻不胫而走。每当夜深人静的时候，空旷而又昏暗的咸宁殿都会让武惠妃感到无限的惊恐，因为每一个黑暗的角落里似乎都隐藏着让她瑟瑟发抖的魅影。太子李瑛、鄂王李瑶、光王李琚三副血淋淋的面容时常会出现在她的噩梦之中。接连不断的噩梦将武惠妃无情地击倒了，那个曾经叱咤风云的政治女强人如今却只能在病榻之上痛苦地呻吟着、嗟叹着。

得知母亲病倒了，李瑁急忙带着杨玉环前来探视。他的心中满是愧疚，觉得自己不应该那样对待含辛茹苦的母亲，因为母亲所做的这一切都是为了他能够出人头地！

李瑁和杨玉环毕恭毕敬地跪在武惠妃的床榻前，齐声向病榻之上的武惠妃问安。杨玉环的心头不禁一惊，这才几天的光景，那个曾经雍容华贵而又趾高气扬的武惠妃，如今却变得面容憔悴，形同枯骨。

武惠妃艰难地睁开双眼，看了看他们，但很快又闭上了。

"孩儿特地来向母亲谢罪，前些日子因为太过任性，顶撞了母亲，孩儿罪该万死！"李瑁一边说着一边向母亲稽首，但武惠妃却始终紧闭着双眼，似乎没有听见。

杨玉环见状急忙说："大王这些日子一直在练习骑射，如今都能拉开一百斤的弓了！"

武惠妃无奈地摇摇头，满是伤感地说："但愿玉环说的都是真的。不管怎样，以后的路恐怕你要自己走了，为娘只能送你到这里了！"

李瑁的眼前顿时变得一片迷茫，泪水顺着脸颊淌到了地上，他泣不成声地说："母亲怎么能说如此不吉利的话！孩儿以后再也不会意气用事了，再也不会让母亲劳心费神了，只求母亲能够一直陪在孩儿的身边！"

杨玉环见此情此景也不禁流下了伤心的泪水，默默地在一旁低声抽泣。

武惠妃想要坐起来，虽然她使出了全身的力气，但她僵硬的身体也只是稍稍地挪动了一下。她的贴身侍女茉莉见状急忙跑过来将武惠妃扶坐起来。武惠妃拿起茉莉递过来的手帕轻轻地拭去儿子脸颊上的泪水，说："哭什么，为娘还没有死！男儿有泪不轻弹，你最缺乏的就是男子汉的气概！"

武惠妃转而对一直低头垂泪的杨玉环说："玉环，本宫以前对你是有些严厉，可都是为了你好，你不要怪罪本宫。瑁儿对你用情至深，你以后要好好地照顾他，切勿辜负了他对你的这一番深情厚谊！"

杨玉环急忙点头称是，但武惠妃却似乎看出了她有些走神。其实她从进殿的那一刻起就隐隐觉察到殿内有股怪怪的味道。她终于按捺不住问道："娘娘，殿内用的是何种香料啊？"

武惠妃觉得杨玉环真是稚气未脱，否则怎会在这个场合突然问起这个，殊不知杨玉环正在一步步地接近一个天大的阴谋。

"好像是产自波斯的一种什么香料。茉莉，这种香料叫什么名字来着？"曾经过目不忘的武惠妃愈发感觉到自己的记忆力已经大不如前了。

"回禀娘娘、王妃，这是产自波斯的瑞龙脑！"

"对，本宫想起来了，瑞龙脑！瑞龙脑！茉莉此前已经跟我说过好几次了！"

瑞龙脑直到天宝年间才开始被人们所熟识，此时人们对瑞龙脑还是颇为陌生的，但杨玉环却并不陌生，因为早在她七岁时就曾接触过当时还犹如凤毛麟角的瑞龙脑。那时她的生父杨元琰还健在，生父的一位来自西域的商人朋友曾经将这种罕见香料送给她和她的三个姐姐，虽然十几年过去了，她对瑞龙脑那种特殊的香味至今都还记忆犹新，可如今大殿之中弥漫的这种香气显然与瑞龙脑的香味有着明显的差别。或许并不是纯正的瑞龙脑，或许其中掺杂着其他的东西。

此时的杨玉环对人心的险恶还缺乏足够的认识，根本就没想过竟然会有人胆敢谋害武惠妃，不过她还是敏锐地意识到那个始终纠缠着武惠妃的噩梦会不会与这种散发着怪怪味道的香料有关，因为此前有过太多因误用香料而使得自身受损的教训。经过这段时间的洗礼，杨玉环成熟了许多，并没有急于声张，而是凝视着不远处一个并不起眼的角落，一个香气缭绕的熏炉就默默矗立在那个角落里，四条兽足显得厚重大气，腰部的四个吊环为其平添了几多灵动之感，炉盖上镂空的祥云状孔洞更是透着低调的奢华。

李瑁也渐渐从悲伤的情绪中挣脱出来，问道："外界纷纷传言咸宁殿闹鬼，不知是否真有此事？"

武惠妃故意装作不以为然地说："纯属无稽之谈！前日两个宫女胡说什么在殿外见到三个男鬼，恰巧被茉莉听到了，本宫已将那两个胡说八道的宫女发配到掖庭去罚做苦役了！"·

"既然咸宁殿不安宁，母亲何不暂且迁居大明宫！"

武惠妃望着略显稚嫩的李瑁，心想，你怎么这么幼稚啊？在如此关键的时刻，为娘怎么能够离开你的父亲而独自前往大明宫呢？如果真是那样，太子之位恐怕就真的要花落他人家了，不管怎样，为娘都要硬撑下去，撑到你登上太子之位的那一天，也不枉费为娘的这一番良苦用心。

"为娘有些累了，你们先回去吧！"武惠妃示意茉莉扶她躺下。李瑁和杨玉环也急忙起身告退。

在离开时，杨玉环趁人不注意用宽大的袖子做掩护，迅速拿起香薰炉上的盖子，偷偷地取走了一小块香料。她以为这个小动作瞒过了在场的所有人，其实却被目光敏锐的茉莉发现了。虽然茉莉表面上不动声色，但内心之中却充满了惊恐，因为她隐隐感到这个天大的阴谋即将被杨玉环戳穿。

杨玉环回府后，玲珑热情地迎过来，问这问那，问东问西。杨玉环觉得她好像有些反常，仿佛要从自己的嘴里探听到什么。杨玉环又转念一想，莫非是自己多心了。

杨玉环将自己偷偷拿走的那块香料放进了用来专门放置金银细软的隐秘夹层之中。她此时还不想让包括李瑁在内的任何人知道此事。她想要找个机会去见一见亲哥哥杨铦，由于她已经被过继给叔父杨玄璬，因此当着外人的面反而要称呼杨铦为"从兄"。

韦婉华的哥哥韦兰在将作监担任二把手将作少匠（从四品下阶）。在韦兰的帮助下，杨铦得以在将作监谋了个差事。虽然终日负责土木工程的将作监并非处于权力中枢地位，但杨铦却可以借此在偌大的长安城中立足。后来殿中监为了巴结武惠妃和寿王，主动要求将杨铦调到殿中省，殿中省负责皇帝的衣食住行，地位自然要比将作监重要许多。

杨铦去殿中省任职后比之前要忙碌了许多，兄妹见面的机会自然也就少了许多，但今天杨玉环却突然想起了哥哥，因为杨铦自幼就对香料情有独钟，对于香料散发的香气有着异乎寻常的敏感。

次日清晨，杨玉环悄悄取出香料带在身上，准备动身去找杨铦。就在此时，玲珑突然走进来，递给她一封信，说："这封信是被人从门缝里塞进来的，信笺上写着寿王妃亲启，奴婢就赶紧给您送过来了！"

杨玉环既感到惊讶，又感到诧异，急忙拆开信笺，发现里面装有一张残页。她仔细打量着残页上的字迹，是何等的熟悉。她看着看着不禁大惊失色，这正是前些日子她写给李瑛的那封密信，只不过信的上半部分已经被人剪去了，只留下最后那一句"望好自珍重"。那封密信的残余部分肯定还在送信人的手中。如果要是让李瑁或者武惠妃知道了此事，自己恐怕就……

她不敢再往下想下去了。

"你先退下吧！此事不要告诉任何人！"杨玉环故作镇静地说。

"奴婢明白！"

其实信笺之中不仅装有那张残页，还有另外一张信纸，上写："寿王妃如若想解除心中疑惑，请于明日巳时三刻到景龙观一见。"

景龙观位于宫城与胜业坊之间。胜业坊是李隆基为安置自己的兄弟们而亲自挑选的风水宝地。毗邻胜业坊的景龙观则是长安城中为数不多的"闹中取静"的绝妙去处。杨玉环想要前去一探究竟，可又担心那将会是一个陷阱。经过一番激烈的内心挣扎，她还是决定去，而且带着玲珑一起去。此时的她仍旧觉得玲珑是自己身边最值得信赖的人。

杨玉环冥思苦想着那个神秘的寄信人究竟会是谁，可当她真的见到那个人的时候还是大吃了一惊，原来那个人竟然是她再熟悉不过的忠王妃韦婉华。

"怎么会是你？"杨玉环不曾想到昔日的邻家姐姐竟然就是那个令她时时刻刻都在诅咒的邪恶阴谋家。

"其实自从嫁入皇家之后，你就会发现很多事都会超乎你的预料，不是你太过单纯而是这世上原本就太过复杂！"

"不是世界复杂而是人心险恶！咱们就开门见山吧！你约我来这里，到底想要干什么？"

"寿王妃，你也太沉不住气了！很多时候，你要懂得矜持。既然你如此迫不及待，那么姐姐也就跟你直说吧！你是冲着那封信来的，而我也是为了一样东西！"

"什么东西？"

"你是真糊涂还是装糊涂，当然是那件你拿走的不该拿走的东西了！"

杨玉环心头不禁一惊，看来沉香之中定然隐藏着什么不可告人的秘密，而且这个秘密跟武惠妃频频被噩梦纠缠有关。既然这样，她自然不愿轻易交出去，于是说："原来你是冲着它来的，可你为什么不早说？我来得匆忙并没有带在身上。"

韦婉华冷笑了两声，说："这个恐怕就不劳寿王妃费神了。你只需说出将那块沉香究竟放到何处了，我自会让玲珑去取！"

杨玉环的身子不由自主地一颤，原来玲珑居然是她安排在自己身边的奸细。她也曾怀疑过玲珑，但她很快就否定了自己的怀疑，因为她觉得自己待玲珑如同亲姐妹，玲珑没有理由背叛自己，但背叛其实是不需要理由的。

今日玲珑一直试图从杨玉环的口中探听到那块沉香的下落，却没能得逞，因此她的主子再也坐不住了！

就在那一刹那，很多原本解不开的困惑瞬间就全都解开了。那日她偶遇太子李瑛之事之所以如此之快就被李瑁得知了，肯定是玲珑告密并且还添油加醋地渲染一番，才会使得李瑁如此动怒。

其实当时自感危机将至的李瑛对一向宽厚仁慈的李瑁原本还抱有最后一丝希望，想借杨玉环之手传书，同时也希望杨玉环能够规劝李瑁念及兄弟之情，劝阻武惠妃就此收手。正是由于玲珑的告密使得李瑁误会了杨玉环，自然也就在无形之中粉碎了李瑛自保的计划。

杨玉环无意之中探听到武惠妃的阴谋之后，曾经修书一封并让玲珑亲手交给李瑛，或许玲珑并没有去东宫，而是直接去了忠王府。其实就在武惠妃无所不用其极地想要废掉太子李瑛的时候，忠王李玙一直都在坐山观虎斗，企图借机坐收渔翁之利。

见杨玉环始终无动于衷，韦婉华示意身后的两个侍女拔出了腰间的短剑，闪着慑人的寒光。从未见识过此番阵势的杨玉环，内心的惊恐已经达到了极点。她感觉孤立无援的自己如今已经彻底地沦为任人宰割的羔羊。

杨玉环只得将放置沉香的那个夹层的准确位置告诉了玲珑。玲珑很快就从寿王府找到了那块她们急切希望得到的香料，然后又迅速返回了景龙观。韦婉华将那块香料牢牢地攥在手中，得意扬扬地说："寿王妃，姐姐奉劝你千万不要在我们面前耍小聪明！"

杨玉环不知道她口中的"我们"究竟还包括哪些人，但此时的杨玉环已经没有心思去琢磨那些了，此时她最关心的则是那封令她牵肠挂肚的密信，急忙问道："那封信呢？"

"在我手中呀！不过本王妃可从来都没有说过要拿那封信换这块香料！"

"你……你不要欺人太甚！"

"恐怕你的手中并没有掌握着跟我讨价还价的砝码吧！玲珑，快送你的主子回府吧！"

杨玉环却并没有离开的意思，而是高声喊道："你们蓄意谋害武惠妃难道就不怕被皇上知道吗？"

"谁说我们要谋害武惠妃了？证据呢？你可不要信口雌黄！"韦婉华凌厉地反唇相讥。

杨玉环知道再这样继续争吵下去也没有什么意义，况且一旦激怒了她，反而会危及自己的生命，只得有些不情愿地转身离开，不过从转身的那一刻起，她仿佛一下子就长大了许多，将这件事默默地埋藏在心底。

次日，杨玉环洗漱的时候发现玲珑已经不见了踪影，谁也不知道她去了哪里。只有杨玉环知道她应该是去了她原本就该去的地方。

虽然李隆基聘请天下名医为武惠妃诊治，可她的病情却没有丝毫好转，而这正是忠王李玙所希望看到的，当然也是他一手策划的。他暗中唆使武惠妃的贴身侍女茉莉在香料瑞龙脑之中添加了一种名叫断魂草的叶子。这种来自波斯的神秘叶子能够让人噩梦连连。武惠妃的病虽然发端于忠王，但她之所以会病入膏肓，却源于她内心蛰伏已久的强烈不安和恐慌。

开元二十五年（公元 737 年）十月初一，李隆基颁布制书说，从今以后，他每年都会亲自去东郊祭祀春神，以迎接春天的到来，可病榻之上的武惠妃却愈发觉得自己恐怕再也看不到春天的脚步了。自感时日不多的武惠妃，却仍旧在不遗余力地想要将李瑁推上太子之位。

当天晚上，李隆基来到了咸宁殿。他来这里的次数越来越少了。见到李隆基来了，武惠妃一阵剧烈的咳嗽之后，勉强坐了起来，有气无力地说："妾服侍三郎已经有二十五个年头了吧！"

"是啊，时间过得真快！朕初识爱妃时，你不过才十四岁，如今我们的瑁儿都十九了！"

"妾把最美好的时光都奉献给了三郎，也得到了三郎长久不衰的宠爱。这是妾的无上荣幸！如今上天留给妾的时间恐怕不多了。妾最放心不下的就是我们的瑁儿。如今坊间都在盛传，瑁儿将会被册立为太子，一旦太子另立他人，恐怕将很难容得下瑁儿。太子之位一日不定，妾死不瞑目啊！"

这段时间，李隆基一直都在刻意地回避这个问题。面对宠妃的追问，他依旧在巧妙地回避，说："爱妃，不要担忧，瑁儿不会有事的！"

"我们做父母的能保护得了他一时，怎能保护得了他一世，最重要的是让他有自己保护自己的能力！"

李隆基沉默不语，痴痴地望着眼前这个已经陪伴自己走过了二十五年风风雨雨的女人，想着他和这个女人所生的那个眉清目秀、为人谦和、待人和蔼的儿子，他再也按捺不住内心的冲动，高声喊道："来人哪！传翰林文待诏！"

太极宫、兴庆宫和大明宫内均设有翰林院，太极宫设在显福门内，兴庆宫设在金明门内，大明宫设在右银台门以北，即使是洛阳的宫殿和骊山的华清宫内也都为翰林院设置了专门场地。唐代皇帝无论在哪座宫殿居住或听政，翰林待诏和翰林供奉均会随时跟随在皇帝左右，其中有起草诏书的、有下棋对弈的、有精通五行的、有医术精湛的，甚至还有和尚老道，可谓鱼龙混杂。为凸显对文辞之士的重视，李隆基后来单独设立了翰林学士院，翰林学士渐渐成为唐朝政治舞台上举足轻重的关键角色。

一个小宦官领命后急匆匆向着金明门方向跑去，恰巧遇到了高力士。高力士当即就猜出了李隆基深夜传召翰林文待诏的用意，于是急忙问道："今夜何人在翰林院当值？"

"回禀内侍，今夜张垍和刘光谦当值。"

"圣上有没有说要传召哪位翰林文待诏？"

"圣上并没有明示！"

"既然如此，那就传召张垍吧！"高力士的话语中带着不容置疑的命令口吻。老辣的高力士不经意间的一招妙棋便使得胜利在望的武惠妃顿时就陷入了满盘皆输的不利境地。

张垍的父亲张说不仅是前任宰相，更是当时的文坛领袖。李隆基对出身名门的张垍格外器重，于是将女儿宁亲公主嫁给他。宁亲公主是忠王李玙同父同母的亲妹妹，这些年来，两兄妹一直相依为命，相互关爱，而张垍对忠王李玙这个大舅哥又一向颇为敬重，因此在事关李玙前途命运的关键时刻，他断然不会袖手旁观。

即使抛开个人感情，张垍或许也会出面反对。此时的张垍还是个愤世嫉俗的"愤青"。他的父亲张说在世的时候极为推崇曾在武则天时期为相的刘祎之的一句名言："不经凤阁鸾台何名为敕。"[1]

即使是帝国皇帝要想将个人意图上升到朝廷诏令也要经过必要的法定程序，也就是要经由中书省（即凤阁）拟旨和门下省（即鸾台）审议。喜欢独断专行的李隆基却时常挣脱这些制度上的束缚，时常在夜色的掩映下授意在皇宫内宿值的官员秉烛草拟制书，任命张嘉贞为宰相的制书是如此，任命苏颋为宰相的制书也是如此。他之所以这么做是为了排除不必要的阻力，等到第二天群臣得知此事时已经成了既成事实。

见到款款走来的张垍，李隆基命令道："速速草拟册书，册封寿王李瑁为太子！"

张垍却并没有领命，依旧跪在地上，因为他知道李隆基又想要故伎重演，竟然未经商议就如此草率、如此武断地做出如此重大的决定，而且这个决定

---

[1]　《资治通鉴》。

又将深深地影响帝国未来的走向，因此他决定奋不顾身地阻止。

"难道还用朕说第二遍吗？"李隆基恼怒地说。

"陛下，臣斗胆进言，太子乃国家之根本、社稷之未来，万万不可草率。恳请陛下与诸位大臣商议后再做定夺。"张垍不卑不亢地说。

李隆基怒吼道："朕该怎么做，难道还用你来教吗？"

张垍伏地叩头说："臣罪该万死，但臣刚才所说句句是肺腑之言。臣死不足惜！"

李隆基咬着牙冷冷地说："好一个死不足惜，朕今日就成全你！"

正在此时，高力士急忙从殿外走了进来，对着张垍义正词严地指责道："你想流芳百世，却将圣上陷入不仁不义的境地，你是何居心？你对得起令尊的在天之灵吗？"

李隆基心中熊熊燃烧的怒火渐次熄灭了。立志做千古圣君的他渴望着自己能够青史留名，可如果他重重地惩处敢于直言进谏的张垍，恐怕将会有损于自己的盛名，况且张垍的父亲张说又是缔造开元盛世的大功臣。高力士的一席话让原本被愤怒冲昏头脑的李隆基渐渐恢复了理智。

善于察言观色的高力士捕捉到了李隆基内心的变化，于是对张垍说："还不赶紧退下，省得让圣上看到你不悦！"

张垍识趣地起身离开，一边走一边用衣襟擦拭着额头上不断滚落的汗滴，暗自惊呼，今夜真是命悬一线，差一点就再也见不到明日的朝阳了！

张垍走后，高力士对李隆基说："虽然张垍出言不逊，罪该万死，但他的话倒是颇有几分道理。册立太子事关重大，圣上最好还是明日早朝与朝臣们商议之后再做定夺！"高力士的话说得很巧妙，其中却暗藏玄机。如果是与宰相商议，无论是李林甫还是牛仙客恐怕都会赞成；可如果要是与朝臣商议，那么肯定又会是另外一番景象。不同的路径其实通往不同的目的地。

一直躺在病榻之上沉默不语的武惠妃自然听出了高力士的弦外之音。或许今夜诸多的偶然背后都隐藏着高力士的影子。怒不可遏的武惠妃用尽全身力气近乎歇斯底里地吼道："高力士，我家一向待你不薄，你为何会做出如此忘恩负义之举？"

高力士说："惠妃娘娘，虽然武家对老奴不薄，可圣上对老奴更是不薄，老奴实在不敢因私废公！"

虽然武则天曾经给予幼年不幸的高力士诸多特殊的眷顾，可如果不是因为武则天任用酷吏，高力士怎会家破人亡？怎会被阉入宫？高力士一直将仇恨默默地深埋在心底。

"你……"武惠妃原本想要反唇相讥，却被一阵剧烈的咳嗽声纠缠着，无法还击。

李隆基见状急忙挥挥手，示意高力士速速退下。高力士走后，李隆基对武惠妃好言安慰一番，便转身离开了，到韦贤妃所住的长乐殿就寝，因为他觉得自己需要冷静一下，为了儿子们的前途，更为了帝国的命运。

一夜未眠的武惠妃发觉空床难独守，但她却咬牙坚持着，因为对明日的早朝充满了期待。

她自然知道李瑁要想成为太子肯定会遭遇到巨大的阻力，因为册立太子一直奉行"有嫡立嫡，无嫡立长"的原则，由于王皇后并没有生育子嗣，李隆基也就没有真正意义上的嫡子。在李隆基三十个儿子中，其中有的人的母亲只是个干杂活的普通宫女，后来凭借母以子贵才被册封为美人或者才人，而李瑁的母亲却是"秩比皇后"的惠妃。虽然生母身份的巨大差异自然而然地将皇子们划分为三六九等，可他们的身份却并没有本质性的差异，都是李隆基的"庶子"。既然大家都在同一个起跑线上，那么谁生得早，谁无疑就拥有了天然的优势，在诸皇子中排在第十八位的李瑁要想在这场近乎惨烈的太子争夺战中胜出可谓异常艰难。

尽管如此，武惠妃还是抱有一线希望，因为她竭力提携的李林甫如今已成为一人之下、万人之上的"首相"，可李林甫之所以能够位居宰相之位长达十九年就是因为他绝不会逆潮流而动，识时务，懂进退，因此他绝对不会为了谁而强出头！

经过这次朝议，李隆基清醒了许多，也理智了许多，不再感情用事，不再一意孤行。他决定继续让太子之位虚位以待，尽管这样做很伤武惠妃的心。

这次巨大的打击使得武惠妃的病情迅速恶化，有时甚至会长时间地昏迷不醒。李瑁和杨玉环不分昼夜地服侍在武惠妃的身边，虽然李隆基仍旧隔三岔五地来咸宁殿探视武惠妃，但他停留的时间却越来越短。慑于皇帝的威严，杨玉环总是默默地站在李瑁的身后，而李隆基的目光也只是在她俊俏的脸上一扫而过。

杨玉环的生活因为武惠妃的突然病倒而被彻底打乱了，从前那种随心所欲而又自由自在的生活已经彻底地离她而去了。日渐消瘦的她期盼着武惠妃能够尽快好起来，期盼着自己能早日结束这种煎熬的日子，不过却事与愿违。

对于武惠妃的病，殿中省尚药局的侍御医们已经束手无策了。李隆基看在眼里，急在心上，只得吩咐尚药局咒禁师来咸宁殿为她祈福消灾。四名咒禁师同时现身咸宁殿，两个人将用朱笔所写的符箓贴在咸宁殿内的各个角落，两个人手持宝剑在大殿内挥舞着，一副降妖除魔的架势，然后四个人齐声诵读《破地狱咒》，可道家的符咒最终却并没能将恶鬼从武惠妃的世界里彻底地驱赶走。

其实真正的鬼并非在武惠妃的眼前，而是在她的心中。当年武则天设计逼死王皇后和萧淑妃之后也曾遭受过类似噩梦的纠缠，不过她却凭借坚定的意志和坚强的神经成功地驱除了心魔的纠缠，但武惠妃的内心却并没有姑祖母那般强大。

开元二十五年（公元 737 年）十二月初七，天地间一片萧瑟，一片凄凉。三十八岁的武惠妃在病榻之上苦苦挣扎着，生命永远地定格在了这个寒冷的冬日。她走的时候并不安详，是在惶恐不安中结束了自己短暂的一生。此时距离李瑛等人被赐死仅仅有短短的八个月时间，这或许就是佛说的因果。

她的聪慧为她赢得了李隆基长达二十五年的宠爱，但她最终却聪明反被聪明误，只得在惊恐不安中离开了这个她并不忍离去的世界。

其实那些聪明反被聪明误的人却并不是真的被聪明所误，而是被欲望所误。他们难以忍受平淡的生活，要么成为博弈的胜者，要么成为欲望的牺牲品。很多聪明人慨叹不如意，其实并不是因为得到的少，而是因为想要得到的太多；很多人感觉不幸福，其实并不是真的不幸福，而是总是想着要比别人幸福，这或许就是造成他们悲剧人生的根源。

花落他人家

武惠妃过世后，皇长子庆王李琮专门请示李隆基是否所有子女都要为武惠妃服丧。李隆基却摇摇头，因为那是只有皇后才能享有的丧仪。武惠妃只能沿用妃嫔的丧仪，只有她的亲生子女才为其服丧，虽然他很爱武惠妃，却不愿意随意僭越礼制。

李隆基总是感觉自己亏欠这位宠妃太多太多，生前并没有被立为皇后，他们的儿子也没有被立为太子，于是追赠她为"贞顺皇后"。

这段时间，李瑁与杨玉环一直为武惠妃的葬礼而奔波忙碌着。杨玉环再次深深地感到了命运的无常和世事的无奈，但愿生前惶恐不安的武惠妃死后能够入土为安。

杨玉环不禁感叹，月之阴晴圆缺，人之悲欢离合，不过都是一场犹如水中花、镜中月的梦，当梦醒时分，苦苦追逐的名与利最终都将是一场空！

失去至亲的巨大悲痛让李瑁变得神情沮丧、沉默寡言，虽然杨玉环想尽各种办法试图使夫君从痛苦的深渊中挣脱出来，却都无济于事，或许只有时间才能慢慢弥合他内心的巨大伤痛。

葬礼结束之后，疲惫不堪的杨玉环挽着李瑁的手上了车。她以为生活又可以恢复到之前的轨道，殊不知她的生活即将发生翻天覆地的变化，变化幅度之巨大、变化速度之迅猛都远远超乎了她的预料。

她命运的改变始于玉真公主的突然造访。"玉真"其实是她的道号，她正式的封号是"隆昌公主"，由于她的道号更为深入人心，所以世人渐渐称呼她为"玉真公主"。她是李隆基最小的妹妹，睿宗李旦在位时，她和姐姐西城公主为了替祖母武则天追福而出家为道。玉真公主从此远离了世俗的喧嚣，专心学道修行，因此她的突然到来就显得颇为耐人寻味了。

"不知姑姑光临寒舍所为何事啊？"李瑁开门见山地问道。

"难道没事就不能登你这三宝殿了？"玉真公主笑着说。

"怎么会呢？姑姑大驾光临，我们求之不得呢！"杨玉环急忙插话道。

玉真公主拉着杨玉环的手，亲切地说："还是玉环这个孩子会说话，不仅生了一副俏模样，还长了一张伶俐嘴，听着就让人那么舒心。"

李瑁面带笑意地说："既然姑姑如此喜欢玉环，那你可要常来哟！不过万一要是耽误了姑姑修行，可不要怪罪我们啊！"

玉真公主爽朗地笑了，说："怎么会呢？修行重要，亲情也重要。或许是自己上了年纪吧，总是感觉道观里空荡荡的，自己的心里也是空落落的。我这次来是想让玉环到观里陪我说说话，我还约了庆王妃，大家一起热闹热闹！"

"既然这样，玉环就赶紧收拾收拾动身吧！"李瑁不会想到这将成为他们夫妻命运的转折点。

杨玉环跟随玉真公主来到了玉真观，可临近中午时，庆王妃却仍旧迟迟没有现身。就在这时，一个小道童却进来回禀道："庆王妃临时有事不来了！"

玉真公主点点头，说了一声"知道了，退下吧"，转而对杨玉环说："既然庆王妃不来了，咱们也就不等了，开饭吧！"

玉真公主虽身处道观，却对世事知之甚多，总能与杨玉环找到共同话题。两人一边吃饭一边热络地聊着，从道家谈到了皇家，从朝堂谈到了市井，又从乐曲谈到了舞蹈，一谈到音乐，杨玉环不禁笑逐颜开，眉飞色舞。

就在两人相谈甚欢之际，李隆基却不知为何突然来了。这让杨玉环感到很是惊讶，虽然她此前已经与李隆基见过很多次了，但每次都有很多人在场，她总会刻意躲在别人的身后，与李隆基始终保持着一定的距离。正是这种距离感给她带来了安全感，如今距离没有了，她自然也就变得局促不安起来。

身着常服的李隆基并没有仪式上俯瞰一切的气势，也没有了朝堂上不怒自威的威严，特别是他脸上的微笑渐渐驱散了笼罩在杨玉环心头的惶恐。杨玉环不禁暗想，原来高高在上的皇帝居然也会如此平易近人！

"寿王妃，赶紧坐，这里并不是宫廷，不必拘泥于礼数！"李隆基的话语中透着和蔼，也带着亲切。

杨玉环诚惶诚恐地坐下，却再也没有了刚才浓烈的谈话兴致。

见气氛有些尴尬，玉真公主说："寿王妃精通乐理，尤其是对西域传来的婆罗门曲有着颇为独到的见解。"

杨玉环却急忙否认道："我只学了一些皮毛，根本谈不上精通！"

"玉环何必过谦呢？"玉真公主转而对李隆基说，"皇兄不是一直觉得婆罗门曲有着诸多不适合中原乐理的地方吗？何不借机跟玉环探讨探讨！"

李隆基也忽然来了兴致，说："那自然是极好的！"

玉真公主急忙命人拿来一把玉笛，亲手递给李隆基。李隆基接过笛子开始试音，神情也变得严肃起来。婆罗门曲虽起源于印度，却在流传过程中掺杂了诸多西域元素。随着李隆基的手指在笛孔间有节奏地跳跃，一首婉转悠扬的乐曲在杨玉环的耳边响起。她仿佛一下子就被带到了边关大漠，似乎看到了大河奔腾的气势、高山耸立的壮观、长河落日的壮美，还有戍卒思乡的伤感。

杨玉环渐渐听得入迷了，居然忘记了尊卑，也忘记了场合，开口说："陛下怎么突然从南昌转入了变宫？"

"寿王妃果然好耳力。这支曲子被我改过了。既然你对婆罗门曲如此熟悉，何不照着原谱再吹一遍，也好比较一下两者的优劣！"李隆基顺手将自己刚刚吹过的笛子递给杨玉环，但杨玉环却不敢接，因为这似乎并不符合皇家礼仪。

玉真公主见状急忙说："这里是道观，玉环大可不必瞻前顾后！"

杨玉环小心翼翼地接过李隆基手中的笛子，上面似乎还残留着李隆基的体温，脸上不禁掠过一阵绯红。她将笛子轻轻地移到唇边，双目低垂，朱唇轻启，十指翻飞，一首清脆悦耳的乐曲就在笛孔间飞扬而出，时而高亢激昂，如滔滔江水般声势滔天；时而低沉哀婉，如潺潺溪水般清澈欢快。

李隆基深深地陶醉在这美妙的笛声之中，仿佛置身于美丽的梦境，令人如此着迷的，除了清远悠扬的笛声，还有她倾国倾城的容貌。

乐曲终了，李隆基却仍旧沉迷其中而难以自拔，过了很长时间，他才意识到自己有些失态，急忙鼓掌，高声喝彩。这支曲子在无形中拉近了彼此的距离。李隆基的和蔼可亲也让杨玉环逐渐生出几分亲切感。

玉真公主也跟着鼓起掌来，脸上不禁露出了一丝得意的神情，说："其实玉环最擅长的是舞蹈！"

李隆基轻轻"噢"了一声，说："玉环，可否让我观赏一下！"随着李隆基对杨玉环称谓的悄然改变，两者的关系也在无形之中拉近了许多。

杨玉环低声说："只怕让皇上见笑！"

李隆基摆摆手，说："玉环不要过谦了！如若你能为我跳上一段，我可以为你擂鼓！"

"皇兄的鼓技可是精湛得很，恐怕就是连乐工都不及皇兄啊！"玉真公主恭维道。

"哪里，哪里！不知玉环想跳哪一段？"李隆基问道。

"皇上敲击什么乐曲，玉环就跳什么舞！"

李隆基说了一声"好"，拿起鼓槌在鼓面上重重地敲了一下，随即一声沉闷的鼓声响了起来。这是定鼓音！随着他孔武有力的双臂不停地举起又落下，鼓声密集得如同一阵暴风骤雨，粗犷豪放、铿锵有力、刚劲激昂、气势磅礴。

杨玉环跳起了节拍鲜明而又奔腾欢快的胡旋舞，两脚足尖交叉，左手叉腰，右手擎起。随着她快速地旋转，全身彩带飘逸，裙摆旋转，舞衣轻盈，如朵朵浮云，忽高忽低，忽上忽下；艳丽容貌，如盛开牡丹，回眸一笑，千娇百媚。舞因动而美，心因舞而飞。

在一阵急切的鼓声过后，鼓声突然间变得舒缓有致。杨玉环也如停在花间枝头的蝴蝶般振翅而起，轻展双臂，轻摆柳腰，袅袅婷婷地由静入动，犹如风中弱柳，又好似水中芙蓉。她的舞与鼓声配合得丝丝入扣，恰到妙处。

李隆基一会儿击鼓心，一会儿击鼓帮，一会儿击鼓边；一会儿单槌打，一会儿双槌打；一会儿响击，一会儿闷击；一会儿轻槌，一会儿重砸。他仅仅依靠手的敲击居然就能够演奏出如此美妙的音乐，有时如同珍珠滴落玉盘，有时恰似急雨敲击窗棂。

在一声震耳欲聋的定音鼓中，杨玉环犹如一朵不胜其力的牡丹，飘旋着落在地上，美而不妖，艳而不俗，那个娇艳无比的舞姿永远地定格在李隆基的心底深处，从此再也无法抹去。

殿内突然间安静下来，只剩下李隆基粗重的喘息声。杨玉环更是筋疲力尽，香汗淋漓。

玉真公主在一旁看得如痴如醉，竟然一时间没有反应过来，过了半晌才拍手称赞道："皇兄，真是让小妹开眼了，您的鼓技可谓炉火纯青，登峰造极了！"

李隆基却说："皇妹过奖了！主要是玉环的舞跳得好，激发了我的兴致而已。"

玉真公主笑着说："玉环的舞跳得好，皇兄的鼓擂得也好，你们配合得可谓天衣无缝啊！"

杨玉环自顾自地轻轻擦拭着脸上不停滴落的汗水，忽然感觉自己有些失礼，急忙抬起头去看李隆基的反应。她发现李隆基正笑盈盈地望着自己，那是一种赞赏的笑。

她在惊叹李隆基擂鼓技艺的同时，更佩服他的体力。虽擂了这么长时间的鼓，但已经五十四岁的李隆基除了稍稍有些气喘外，竟然没有露出一丝的倦意，依旧是那样从容、那样悠闲。

杨玉环不禁敬佩道："陛下真是好技艺，好体力！"

李隆基摆摆手说："过奖了！"他着实没有想到杨玉环竟然会用自己优美的舞蹈将自己擂鼓时的所想所思完美地呈现出来，这让他很是赞叹。

李隆基深情地望着杨玉环，只见她脸带红晕，娇美若粉色桃瓣；香汗湿鬓，亭亭如出水芙蓉；玲珑有致，端庄有幽兰之姿，特别是她那双灵动的明眸总有着一种说不出的妩媚。他忽然生出一种冲动，想要将她紧紧地拥入自己的怀中，但他却竭力克制着内心的这种冲动，毕竟玉真公主在场，毕竟她是自己的儿媳！

不知不觉间，红色的晚霞褪去了天空的湛蓝，而这灿烂的晚霞就犹如杨玉环，在云雾缥缈间展现着自己的舞姿；也好似李隆基，在金碧辉煌中聆听着优美的旋律。

天色逐渐暗淡下来，意犹未尽的李隆基却依旧谈兴不减。直到此时，杨玉环仍天真地以为皇上对她的好感仅仅是长辈对晚辈的关爱。

玉真公主的内心突然涌起一阵莫名的酸涩，她感觉自己对不起单纯的杨玉环，更对不起质朴的李瑁，可她这么做也是身不由己。她其实是在还忠王李玙一个人情，当年自己兴建道观之时，李玙曾经不惜重金相赠，如今他有事相求，自己又怎能拒绝呢？

玉真公主自然知道李玙的小算盘，从李隆基对杨玉环动心的那一刻起，李瑁的太子梦实际上就已经破灭了。

从玉真观回来的那天晚上，李隆基居然失眠了。自从武惠妃离开之后，他的精神世界顿时就变得空虚一片，然而杨玉环的突然出现却如同一阵和煦的暖风掠过他那颗悲凉的心，但他却不得不强行压抑住内心的这股强烈欲望。立志做千古圣君的李隆基不愿让一时的情感放纵毁掉自己的一世英名。

百无聊赖的李隆基又拿起那把清风宝剑，想当初他发动政变时，王皇后正是拿着这把宝剑紧紧地跟随在他的身后，是那样从容，又是那样坚定！正是这次成功的政变彻底地改变了他的一生，不仅将父亲送上了皇位，更是将他自己送上了皇位。

"大家，莫非又忆起了先皇后？"高力士试探地问道。

李隆基却并没有回答，而是随手从剑鞘之中拔出宝剑，大殿之内顿时就掠过一道寒光，那把剑虽然历经岁月的侵蚀却仍旧锋利如初。

"如果您的心里实在放不下，莫不如明日移驾无相寺！"高力士大胆地建议道。王皇后郁郁而终后，李隆基的内心深处其实一直都有悔意，毕竟那是曾经跟自己共患难的结发妻子，他不停地在反思，自己这样对她是否太过残酷了，可如今一切都太晚了！

当初关于如何安葬王皇后，李隆基曾经费过一番脑筋。既然她已经被废，就不宜再安葬在皇陵之中，但李隆基又实在不忍将她草草下葬，于是下令以一品官员之礼将她葬于无相寺。

在朝霞的映照下，李隆基和高力士两个人悄然来到了无相寺的后院。那里安葬着十几位大德高僧，高耸的八角形墓塔成为他们精神不朽的丰碑。在墓塔的掩映之下，一座规模庞大的墓葬显得气势恢宏。曾经煊赫一时的王皇后就被安葬在那里。

李隆基没有想到居然会在这里遇到忠王李玙，其实这一切都是高力士精心安排的，李隆基也似乎隐约猜到了什么。

"玙儿，你知道为父为什么要将先皇后安葬在这里吗？"李隆基对王皇后的称谓正悄然发生着改变，此前都称作"废后"，如今却改为"先皇后"。李玙自然知道这种变化背后的深意。

"孩儿愚钝，只能试着窥测一二。《金刚经》上说，无相，就是无我相，无人相，无众生相，无寿者相，无法相，无非法相。凡所有相，皆是虚妄。若见诸相非相，即见如来。"

李隆基没有想到李玙居然会对佛家的"无相"有如此深刻的顿悟，于是追问道："既然如此，你觉得相又是何物呢？"

"凡是我们看到的、听到的、嗅到的、尝到的、触摸到的，一切都是佛家所说的相。束缚想象、禁锢自由和压抑人性的清规戒律也是相。佛祖告诫众生，一切的相都是虚妄，因此凡人看这个世界犹如镜中看花，水中望月，只有挣脱了相的羁绊，才能悟到佛法的真谛，才能心无所住。"

李隆基赞赏道："玙儿所言极是，治国需要大智慧，而大智慧需要大学识。"李玙今日的表现不禁令李隆基刮目相看。在三十个儿子之中，若论长相俊美，他不如李瑛；若论学富五车，他不如李瑶；若论骑射武艺，他不如李琚；若论出身高贵，他不如李琩。因此李玙此前在李隆基的心中并不算出众，但这次对话却使得李玙在父亲心中的分量陡然间加重了许多。

其实李玙最缺的恰恰就是大智慧，在二十年后，当巨大的历史机遇摆在他面前的时候，他却并没有抓住。这不仅是他个人的不幸，更是整个大唐帝国的不幸！

在那场惨烈的邺城之战中，李玙指挥的唐军可谓占尽了天时、地利与人和，最终却出人意料地收获了一场败局。正是这次令人难以置信的大惨败使得唐帝国试图通过武力统一全国的企图彻底地化为了泡影。

其实今日李玙呈现在李隆基面前的一切都不过是"假象"。早在昨天夜里，提前得到消息的李玙就连夜召集忠王傅、忠王友、咨议参军、东阁祭酒、西阁祭酒等忠王府属官，紧急商议明日与父亲会面时可能会被问及的问题以及应对之策。李隆基今日所问的问题恰恰被他们事先猜中了，李玙自然对答如流，见解深刻。

一直在一旁默默观看李玙作秀的高力士终于打破了沉默，开始将话题引向他所希望的方向，问道："忠王，你经常来这里吗？"

"回禀二兄，先皇后的养育之恩没齿难忘，每当念起先皇后的时候，我便会来这里祭奠她的在天之灵。虽然她已经走了十四年了，但孩儿却始终都感觉她似乎从未离开过！"

李隆基的眼角顿时泛起了泪花，但他却强忍着不让它滴落下来。

高力士觉得此行的目的已经达到了，李隆基一定会将自己对王皇后的愧疚加倍地偿还给李玙，因为李玙被王皇后抚养长大，他的身上已经留下了关于王皇后的难以抹去的印记。

自从李瑛被废之后，李隆基就一直为太子人选而殚精竭虑、心力交瘁。此前因为武惠妃，他内心的天平的确曾经偏向过李瑁，但他却始终感觉李瑁缺少一个皇帝所必需的杀伐决断的果决和力挽狂澜的魄力，因此他迟迟未能下定决心。当他对杨玉环悄悄动心后，李瑁实际上已经离太子宝座越来越远了。随着李瑁渐渐地出局，此前并不被外人看好的李玙却离太子宝座越来越近。

尽管如此，李隆基要彻底地下定决心还需要经历一番痛苦的内心挣扎，毕竟武惠妃是他深爱的女人，李瑁是他宠爱的儿子。

在此后的几天时间里，李隆基都是在无限的纠结中度过的。闷闷不乐的李隆基甚至为此而茶饭不思。高力士自然理解主子为做出这个艰难的决定正在经历的痛楚和无奈。他不忍眼睁睁地看着主子继续受煎熬，当然也不忘为李玙能够顺利上位再添一把力。

"不知大家为何事而烦恼啊？"

李隆基却并没有回答而是反问道："你跟随我这么多年，难道还不明白我的心事吗？"高力士对政治局势的发展有着超乎常人的敏锐，因此李隆基在犹豫不决的时候经常会征求高力士的意见。

高力士趁机说："陛下是不是因为储君未定而忧虑不安呢？"

李隆基欣慰地点点头。

"陛下何必为此而劳神呢？册立年长的皇子，谁还敢对此有意见呢？"虽然从内心情感上，高力士倾向于忠王李玙，但他如此不遗余力地帮助李玙却绝非仅仅出于主观喜恶，或者试图捞取什么政治资本，更主要的则是为了他深深爱着的主子和唐帝国。他始终觉得李玙比李瑁更适合当皇帝。

在嫡长子继承制下，一直奉行"有嫡立嫡，无嫡立长"的原则。虽然这并不是一项科学的制度，但它之所以会延续千余年必然有着内在的合理性。只有血统与出身是无法改变的，一旦改用其他标准则会陷入无休止的纷争之中。很多人会觉得"立能"更科学，可是能力高低并没有统一的标准，有异议就会有争议，继而衍生为争斗。

可是让高力士万万没有想到的是登基之后的李玙却与之前简直判若两人。人之所以会变，一是因为人有多面性，现在展示在你面前的是这一面，后来展示在你面前的却是另一面；二是人有阶段性，人在不同的阶段往往呈现出不同的特征，随着地位、环境的变化，思想也在变化，观念也在变化。

开元二十六年（公元738年）七月初二，唐帝国皇帝李隆基亲自登临大明宫宣政殿主持册封太子大典。按照礼制，太子应该乘坐辂车前往宣政殿，但善于作秀的李玙却刻意保持着低调，坚决不肯乘车，而是从东宫步行前往大明宫。

大明宫宣政殿内外宫灯高挂，彩带飘扬，到处都充斥着喜庆的气氛。文武百官黎明时分便已等候在宣政殿门外。草草地吃过殿中省尚食局为他们准备的早饭后便开始整理衣冠，准备上朝。他们不走正门宣政门，而是从西侧的月华门来到宣政殿前。经过漫长的等待，文武百官才获准依照次序进入宣政殿两侧的东、西阁。

夹杂在群臣之中的李瑁面带沮丧，神情黯然。他能感受得到别人异样的目光，尽管他竭力回避，却终究无法逃避。

此时的李玙正在崇明门外的幕殿等待着一生之中最为重要的时刻的到来。在宦官的引领之下，他起身经东侧的日华门前往宣政殿。张垍和窦绎这两位驸马都尉紧紧地跟随在李玙的身后，随时为其整理仪容。

宣政殿内，乐声四起，御扇大开，帝国皇帝李隆基稳稳地端坐在宣政殿内的御榻之上，内侍官员分列两旁。文武百官行拜舞大礼。中书令李林甫跪在地上宣读册封忠王李玙为太子的册文，宣读完毕后他毕恭毕敬地将册文交给李玙。李玙一边接过册文一边冷冷地说："有劳李相公了！"

李玙向父亲李隆基行拜舞大礼，然后按照原路返回崇明门外的幕殿内稍事休息。群臣纷纷向李隆基致贺，而李隆基看到情绪低落的李瑁，心中却不免泛起了阵阵酸楚。

仪式结束后，文武百官相继退下，依次前往幕殿拜见帝国的新任皇太子。志得意满的李玙端坐在榻上，欣然接受着群臣们的参拜。

满脸堆笑的宰相李林甫率先向李玙道贺，毫不吝惜恭维之词，但他的内心深处却在酝酿着一个足以让李玙跌入痛苦深渊的大阴谋。在这场太子位之争中，他旗帜鲜明地支持寿王李瑁尽人皆知，如今登上太子之位的却是忠王李玙。他从李玙刚才接过册文时冰冷的话语中已经隐隐猜到，李玙登基之时或许就是他李林甫遭殃之日，因此他要竭尽所能地阻止这一天的到来。

李瑁拜见李玙时竟然一时语塞而不知该说些什么。李玙却突然从榻上站起来，走到李瑁跟前，得意扬扬地说："十八郎，你还不太习惯吧！不过你以后会习惯的！"紧接着，幕殿之中爆发出一阵爽朗的笑声。

此时的李玙沉浸在地位带给他的迷梦之中，殊不知塞翁得马，焉知非祸！太子要么成为新皇帝，要么成为新皇帝的牺牲品。

忠王李玙成为帝国新太子之后又要改名了，先是改名为李绍，后因与南北朝时期宋朝太子同名而改名为李亨。"李亨"这个名字最终将伴随他一生，李隆基之所以给他取名为"亨"，原本是希望他通达顺利，可他当太子的时候如临深渊，当皇帝的时候更是如坐针毡！

曾经门庭若市的寿王府一时间门可罗雀，就连此前隔三岔五就会登门拜访的驸马杨洄也不见了踪影，只有咸宜公主偶尔会来。李瑁这个曾经万众瞩目的政治宠儿刹那间就变成了一个无人问津的政治弃儿，唯一让他感到欣慰的就是心爱的女人杨玉环始终陪伴在他的身旁，竭尽所能地帮助他从阴影中走出来。

"瑁儿，说实话，其实玉环内心深处并不希望你能成为什么太子，因为那样会有很多绝色美女环绕在你的身旁。玉环只希望能够与你朝夕相伴，白头偕老。"

李瑁自然知道杨玉环不过是为了哄他开心而故意这么说的，勉强地挤出些许的微笑，说："今生能有你这样善解人意的佳人相伴，夫复何求？"

可现实往往是残忍的，并不会刻意眷顾李瑁这个早已伤痕累累的失利者。他很快就领悟到母亲武惠妃所说的那句话的真谛。"有了权力，你就可以得到你想要的；没有权力，你就保不住你想要的！"

第三章
一朝选在君王侧

　　从此之后，无论是龙池水畔，还是沉香亭边，抑或华萼楼上，处处都留下了杨玉环和李隆基两个人亲昵的身影，一起赏花，一起观景，一起翩翩起舞，一起琴瑟和鸣。

　　杨玉环用了不到一年的时间就走完了武惠妃用了十二年才走完的路，成为李隆基身边最重要的女人，集三千宠爱在一身，令六宫粉黛失颜色！

一场精心策划的谋面

望着铜镜之中的自己，细数着鬓边的根根白发，李隆基蓦然惊觉，美好的时光就这样在无言的静寂中逝去了。刹那间，他的心中蔓草丛生。这一切都是因为武惠妃的骤然离去，李隆基身边的佳丽何止三千，京城长安太极、大明、兴庆三座宫殿和东都洛阳的太初、上阳两座宫殿中的嫔妃宫女就达四万余人，可是却没有一个人能够替代死去的武惠妃。

李隆基时常感到无限的空虚和寂寞，经常会做出一些荒诞不经的事。

每当夕阳西下的时候，李隆基总会在宫中大摆筵席。嫔妃们争相在头顶插上鲜艳的花朵，因为李隆基总会随手抓住一只粉蝶，然后再放走，看看它究竟会落到哪位妃子的头顶之上，他便会和那个被蝴蝶所青睐的妃子共度春宵。

宫中的嫔妃们每天最关心的就是究竟谁会得到李隆基的宠幸，甚至因此而衍生出一种新的赌博品类，那就是赌谁将会成为下一个能够得到皇帝临幸的幸运儿，而且还根据每个人受宠幸的程度制定了不同的赔率。

李隆基那颗苍老的心再也没有了归属感，不禁又想起了让他念念不忘的杨玉环。

杨玉环并非"养在深闺人未识"的大姑娘，早在她与李瑁大婚的时候就专门设有"妃朝见"这个必不可少的环节，那是李隆基与美丽儿媳杨玉环的首次会面。虽然此后两人有过很多次见面的机会，但大多是礼节性的，李隆基始终没有机会与她深度接触，直到在别有用心的李亨暗中安排之下，两人才有了第一次亲密接触。

正是这次特殊的会面，李隆基才开始对这位诱人的儿媳暗生情愫，而且心中那股欲望之火越烧越旺。虽然他身边的女人很多，但真正能打动他的人却寥寥无几。当然他也一直在刻意地压制着这种乱伦的情愫，因为立志做千古明君的他从心底里不愿意因此而背负千古骂名。

在武惠妃死后的三年时间里，他一直在试图找到一个能够填补他内心感情空白的女人。在无尽的孤独之中，他心中那颗压抑已久的欲望种子开始迅速地生根发芽，逐渐占据了他的整个内心。那股愈演愈烈的欲望之火驱使着他挣脱礼制的束缚，摆脱伦理的桎梏，决定要不择手段而又毫无顾忌地将儿媳抢到手！

开元二十八年（公元 740 年）冬，二十二岁的寿王妃杨玉环怀着复杂的心情前往骊山温泉宫[1]，而召见她的人正是已经五十六岁的公公李隆基。

当忐忑不安的杨玉环缓缓走进大殿的时候，李隆基的喜悦之情溢于言表。他拍了拍手，乐工们演奏起他创作的《霓裳羽衣曲》。这支曲子可谓是他最满意的一支曲子，是他在中原清商乐的基础上添加上天竺婆罗门曲中诸多优美的乐曲元素所编写而成的得意之作。

虽然杨玉环仍旧有些拘谨，但李隆基却彻底地卸下了皇帝的威严，仿佛是一位和善的长者。他和颜悦色地说：“玉环可否为我创作的这首《霓裳羽衣曲》编一支舞？”

“玉环才疏学浅，只怕会辜负了圣上的期许！”

“玉环莫要过谦。你的才华我是领教过的。你不仅精通音律，而且擅长歌舞，这恰恰是我所欠缺的。”

“既然圣上如此看重玉环，玉环定当尽心竭力，编出一支能够配得上《霓裳羽衣曲》的舞蹈。”

其实杨玉环早已被这支动人的曲子迷住了，没有想到终日政事缠身的李隆基竟然能创作出如此悦耳的乐曲，不禁对他刮目相看。虽然杨玉环是第一

[1]　开元十一年（公元 723 年），李隆基在骊山设置温泉宫。天宝六载（公元 747 年）十月，改“温泉宫”为“华清宫”。

次听，但她很快就抓住了这首曲子的精髓。第一部分为散序，是整段舞蹈的序曲和铺垫，要么是乐器独奏，如击磬、弹筝、吹笛，要么是乐器合鸣，散序并不需要配以舞蹈；第二部分为中序，杨玉环巧妙地将"小垂手"等传统的舞蹈姿势与西域的旋转动作进行有机结合，将绰约多姿的舞与律动十足的曲完美地融合在一起；第三部分为曲破，节奏明显加快，舞姿以急转为主。

在众多舞女的簇拥之下，杨玉环来到李隆基面前深施一礼。李隆基发觉今日的杨玉环格外迷人，梳九骑仙髻，穿孔雀翠衣，佩七宝璎珞。随着乐曲渐渐响起来，杨玉环斜曳裙裾，如梦似幻，如花似云。随着曲调节奏的加快，杨玉环垂手旋转，如一阵风，又似一朵云。杨玉环所编的这段舞通过刚柔、强弱、急缓、动静的强烈对比，既保留了异域的精髓，又彰显了独特的中土风味。

> 中序擘騞初入拍，秋竹竿裂春冰坼。
>
> 飘然转旋回雪轻，嫣然纵送游龙惊。
>
> 小垂手后柳无力，斜曳裾时云欲生。
>
> 螾蛾敛略不胜态，风袖低昂如有情。
>
> 上元点鬟招萼绿，王母挥袂别飞琼。
>
> 繁音急节十二遍，跳珠撼玉何铿铮！
>
> 翔鸾舞了却收翅，唳鹤曲终长引声。[1]

经过一番疾风骤雨般的渲染，乐曲戛然而止，舞蹈却令人回味如穷。婀娜多姿的杨玉环停在了大殿中央，如同鸾凤收翅，又好似牡丹绽放。杨玉环的美永远地镌刻在李隆基的心中，任凭岁月的侵袭也不曾褪色。

过了许久，沉迷其中而无法自拔的李隆基才意识到自己又失态了，上一次是在玉真观，这一次是在温泉宫，难道她的身上真有着某种让他魂不守舍的魔力？

李隆基一边拍着手，一边起身走到大殿中央，挥挥手示意那些舞女乐工

---

[1] 白居易《霓裳羽衣舞歌》。

们速速离去。一阵急促的脚步声后，大殿之中变得寂然无声。

李隆基肆无忌惮地欣赏着杨玉环的美。香汗淋漓的她羞赧地低下了头，不敢直视他火辣辣的目光。她的呼吸不由自主地变得急促起来，可以清晰地听到自己急促的心跳，因为她不知道李隆基接下来将要对她做些什么。

李隆基示意她坐到自己的身边，可诚惶诚恐的杨玉环却不敢离他太近，只得坐得远远的。李隆基却并没有因此而不悦，而是一边跟她讨论着新创作的这支舞，一边悄悄地向着她移动，直到两人的身体靠在了一起。杨玉环知道自己最担心的一幕将要发生了！

杨玉环喜欢使用香料，香料与她的汗液混合在一起之后散发出一股异样的芬芳，刺激得李隆基再也无法自持了。他不顾一切地搂住杨玉环，赤裸裸地说：“玉环，其实我早已深深地爱上了你，却不得不把这份爱默默地藏在心底。”

李隆基试图亲吻她粉嫩的脸颊。杨玉环却拼命地晃动着自己的脸庞，竭力避开他那火辣辣的唇，可是李隆基厚实的手臂却将她死死地抱住，留给她动弹的空间实在有限。他的唇最终还是捕捉到了她的脸，在她的脸上肆无忌惮地亲吻着，而他的手也在她的身上疯狂地抚摸着……

杨玉环情急之下用尽全身的力气，如同一匹脱缰的烈马般挣脱开他那双粗壮有力的大手。李隆基有些惊讶地望着她，没有想到这个看似柔弱的女子竟然会有着如此惊人的爆发力。杨玉环说了一声“陛下，玉环有些累了，失陪了”就急匆匆离开了。其实她也知道这么做的后果将会是什么，但她还是不计后果地这样做了。

杨玉环不敢停留，怕自己走不了；更不敢回头，怕看见李隆基那张因愤怒而扭曲变形的脸。

那个夜晚，她独坐寒窗，顿觉前途迷茫，几度彷徨，满眼沧桑，无尽恐慌。往事并未都随风，夫妻恩爱怎能忘，如今却已情断肠。她暗自慨叹，自己这个痴情女子为何却偏偏遇上李隆基这个多情的天子！

杨玉环在焦躁不安中度过了三天，因为她认定自己肯定捅了大娄子，但她却并不后悔，不管什么结果她都将勇敢地承受，只是担心会牵连到自己的夫君李瑁。

可一切都平静如水。杨玉环虽然刻意回避，却还是在不经意间又遇到了李隆基。李隆基却好像什么都没发生似的，热情地打招呼，亲切地与她交谈，而杨玉环却显得很不自然，很是尴尬。

这次李隆基在骊山住了十八天。在这十八天里，杨玉环日日提心吊胆，夜夜如坐针毡。李隆基却再也没有试图突破她的防线，但他内心燃起的那股欲望之火却并没有熄灭，而是变得更加猛烈。

在后宫之中，那些佳丽们绞尽脑汁地渴望得到他的临幸，只有杨玉环对他唯恐避之不及。越是得不到的女人，他就越想得到，不过他却似乎并不着急，因为他希望得到的不仅仅是她的身体，更希望得到她的心。

从骊山归来之后，杨玉环的寿王妃生涯便进入了倒计时，因为一种崭新的生活正在等待着她。不过她却并没有选择的权利，只能默默地承受这一切。

在这最后的两个多月的时间里，杨玉环与李瑁不知道李隆基究竟还会留给他们多少时间，总是感觉今天或许就会成为最后一天，五年的恩爱夫妻即将被李隆基残忍地棒打鸳鸯。虽然他们有着太多太多话想要对对方说，却总是相顾无语，唯有泪千行。杨玉环感觉自己一下子成熟了许多，因为她看开了许多东西，也看透了许多东西。

此时的杨玉环宁肯不要什么荣华，也不要什么富贵，和李瑁去一个野花满坡、天高云淡的地方，天空是那样深邃，山谷是那样深远，兰开在幽谷，菊绽在枝头，竹立在风中。她与李瑁紧紧地依偎在一间狭小却足以藏身的木屋里，默默地守着一轮明月，感受着一缕清风，两个深深相爱的人就这样在那个世外桃源安然度过一生。虽然寂寥却不寂寞，虽然清苦却很幸福，虽没有锦衣玉食，却可以一起采菊东篱下；虽然不能穿金戴银，却可以一起悠然见南山。

"瑁儿，不如我们一起逃亡吧！离开这座让人感到窒息的长安城，去一个只有我们两个人的地方，去过男耕女织的生活！"

李瑁却摇摇头，绝望地说："事到如今，我们又能逃到哪里呢？"

杨玉环也觉得自己的想法有些幼稚，"普天之大，莫非王土；率土之滨，莫非王臣"[1]。

对于父亲的横刀夺爱，李瑁最强烈的感受或许并不是愤怒，而是恐慌。他知道父亲可是什么事都干得出来，三个哥哥血淋淋的教训使得他总有一种朝不保夕的感觉，不知道父亲为了得到杨玉环将会怎样处置他。

一次痛彻心扉的别离

自从上次骊山相会之后，李隆基就再也按捺不住对杨玉环如同潮水般的思念。他不再满足于偷偷摸摸的私会，而是希望能够长长久久地在一起。可他又担心会招致世人的指责，毕竟赤裸裸地霸占自己的儿媳是一件令人颇为不齿的事情！

经过一番冥思苦想，李隆基忽然眼前一亮，终于找到了一个看似万全之策。虽然当时崇道已经蔚然成风，但李隆基为了掩人耳目，还是想要再加上一把火。只有这样，他接下来一系列的动作才会显得不那么突兀、不那么惹眼。

朝会之时，李隆基对群臣们说："朕近日梦见玄元皇帝[2]，他跟朕说，我有刻像在京城西南一百余里的地方，你等速速派人去求，我自当与你在兴庆宫相见。"

随后李隆基煞有介事地命人前去寻找，果然在盩厔县[3]楼观山找到了老子的刻像。李隆基毕恭毕敬地将老子像迎进了兴庆宫，还命能工巧匠描绘老子的画像，供奉在全国各地的开元观之中。

李隆基这一连串的政治动作使得崇道之风愈演愈烈。此时的杨玉环还不会想到这一切居然会和自己的前途命运息息相关！

这天，杨玉环又被李隆基单独召进宫。李隆基有些莫名其妙地问："玉环，不知你对先皇如何看？"

---

[1]　《诗经·小雅》。

[2]　唐朝皇帝自称是道教始祖老子李耳的子孙，尊奉其为玄元皇帝。

[3]　盩厔县，1964 年 9 月 10 日，经国务院批准，将盩厔县改为周至县。

惴惴不安的杨玉环一时间摸不着头脑，不知道李隆基为什么会突然间问起这个问题，小心翼翼地说："先皇一子承继大统，三子追赠太子。这全都倚仗着先皇修来的福分！"

杨玉环名义上称赞的是睿宗李旦，但实际上夸奖的却是李隆基。睿宗李旦的六个儿子均得以善终。除了六弟李隆悌早亡之外，二哥申王李撝被追赠为"惠庄太子"，四弟歧王李范被追赠为"惠文太子"，五弟薛王李业被追赠为"惠宣太子"。大哥宁王李宪在这一年的十一月去世时更是被追赠为"让皇帝"，这在"父子反目、兄弟相残"的唐朝是颇为难得的。

第一任皇帝高祖李渊的长子李建成和三子李元吉在"玄武门之变"中惨死。第二任皇帝太宗李世民的太子李承乾企图仿效父亲发动另一场"玄武门之变"，最终却被幽禁而死。第三任皇帝高宗李治与武则天一共有四个儿子，李弘莫名其妙地暴亡，次子李贤悲惨地被赐死，三子李显和四子李旦也是在政治上几经沉浮，几次命悬一线，几次死里逃生。第四任皇帝中宗李显一共有四个儿子，长子李重润因私下议论奶奶武则天的私生活而被残忍地仗杀，次子李重福和三子李重俊均因发动政变失利而身首异处，四子李重茂更是稀里糊涂地被拥戴为皇帝，又不明不白地被赶下台，不清不楚地死去。

李隆基的脸上顿时充满了笑容，说："玉环所言极是！虽然先皇已驾崩多年，但如今的太平盛世全都仰仗先皇在天之灵的庇佑，我们这些后人永远都不要忘记前人的恩德。我想让你为先皇追福，不知你意下如何啊？"

杨玉环的心中不免一惊。李隆基费尽心机地兜了一个大圈子，此时才透露出他的真实用意。杨玉环不便拒绝，只得硬着头皮说："玉环荣幸之至！回府之后，玉环定当每日为先皇祈福，绝不敢有丝毫的懈怠！"

李隆基笑笑说："朕希望你能抛开世俗的羁绊，到清幽的道观中去，专心为先皇祈福！"

杨玉环的心中顿时就掀起了巨大的波澜，没有想到他居然会强令自己出家。自己一旦离开了寿王府，岂不是就会落入他的魔掌之中？这可如何是好？

李隆基提高声调，带着隐隐的责备口吻问："怎么，难道你不愿意？"

杨玉环见皇帝有些不悦，急忙说："玉环自然愿意听从圣上安排，不过鉴于此事重大，玉环还需得到寿王首肯，今日万万不敢贸然应允！"

李隆基挥挥手说："既然如此，你暂且先回府吧！"

心事重重的杨玉环回到寿王府后，将皇帝希望自己出家为道之事原原本本地告诉了李瑁。杨玉环希望李瑁能够告诉自己下一步该怎么办，可李瑁却始终沉默不语。屋里的空气似乎一下子就凝固了，让杨玉环感到一阵窒息。

李瑁突然站起身，走到墙边，将手重重地捶在墙上，疼在手上，更痛在心里。他能够容忍杨玉环与父亲私会，却无法容忍父亲硬生生将杨玉环从他的身边彻底地夺走。即便他无法容忍，他又能如何，还不是仍旧敢怒而不敢言。

自从武惠妃死后，他愈发感到自己的处境变得越来越艰难，时时刻刻都感到如履薄冰、如临深渊。在如此敏感的时刻，他的心中即使有再多的愤懑，有再多的委屈，也只能默默地藏在心底，一旦出言不慎很可能就会授人以柄。即使今日父亲的所作所为超过了他所能承受的底线，他也只能通过这种近乎残酷的自残方式来宣泄。

"瑁儿，你这是干什么？"杨玉环急忙站起身，轻轻地拭去他手上殷红的血迹，忍不住流下了伤心的泪水。

夜幕悄然降临，摇曳的烛光映在杨玉环和李瑁的脸上，那张曾经天真无邪的脸上充斥着愁容，那张曾经俊美儒雅的脸上堆满了悲伤。他们无奈地品味着夜的凄凉，没有一点儿食欲，也没有一点儿睡意，甚至没有说话的欲望，只是默默地坐在黑暗之中。

杨玉环长长的睫毛在她的眼睛上留下了一道浓重的阴影，使得她那双灵动的眼睛再也没有了往日的生机。李瑁披散着头发，漆黑的发丝缠绕着他的双眸，而那双忧郁的眼睛如同两盏清冷的鬼灯，闪着慑人的寒光。

就在这时，咸宜公主来了。虽然她和平日一样跟杨玉环热络地打着招呼，但杨玉环还是能从她的脸上捕捉到一丝的异样。三个人简短地寒暄了一阵，咸宜公主就悄悄地向李瑁使了个眼色。心领神会的李瑁找了个借口将杨玉环支走了。杨玉环觉得很是奇怪，从前他们兄妹说话从来都不曾回避她，今晚两个人为什么会如此神秘兮兮，居然还要刻意躲着她？难道咸宜公主的突然造访与皇帝要求她出家为道有关？

咸宜公主走后，一脸憔悴的李瑁突然有一种筋疲力尽的感觉。他解衣宽带躺在寝榻上，说了一声"我先睡下"便再也不曾张嘴。杨玉环默默地躺在他的身旁，但此时李瑁留给她的却只是一个冰冷的后背。杨玉环几次想要开口，但最终还是忍住了。

虽然李瑁假装睡去了，可杨玉环却能够感受得到他始终都是醒着的。虽然李瑁貌似平静，但他的内心却一刻都无法平静。

就在这个不眠之夜，李瑁突然间领悟了许多。人之所以会感到疲惫，是因为常常徘徊在坚持与放弃之间，就在这个夜里，他不再进行无谓的坚持。人之所以会有烦恼，要么是看不透，要么是看透了但想不开，要么是想开了但放不下，要么是放下了却忘不了，就在这个夜里，他彻底地看透了、想开了、放下了，尽管此时他还不能做到完全忘记。

次日清晨，李瑁终于打破了沉默，说："就按皇上的旨意办吧！"这是他在杨玉环面前第一次称"皇上"而不是称"父亲"。

杨玉环的心头不禁一紧，因为他曾经儒雅清朗的声音，如今却变得沙哑，最令她心痛的是他那双曾经清秀明亮的双眼，如今却变得红肿而又混沌。

直到多年以后，杨玉环才得知高力士曾专门去找过咸宜公主，让她给李瑁带话，皇上原本想要重启李瑛案的调查，不过却被他拦下了。这无疑是赤裸裸的威胁，虽然李瑁并未实际参与其中，但细查之下，却难逃干系。李瑁最担心的就是有人会借机兴风作浪，而被情欲冲昏头脑的父亲则会趁机顺水推舟，到那时他便会像废太子李瑛那样死无葬身之地。

"既然这样，我就派人回禀皇上了。"话音未落，杨玉环忍不住失声痛哭起来。从此之后，曾经相濡以沫的两个人只能遥遥相望。虽然晨钟暮鼓仍旧会照常响起，但她恐怕将独自难以成眠。

"隔万里未敢相忘，思佳人泪湿衣裳。人未老鬓已微霜，话离骚更觉凄凉。"李瑁低声吟诵着，吟罢突然说，"玉环，让我最后一次为你弹那首《凤求凰》吧！"

那把琴在李瑁的翩然手指之下奏出一首高山流水般的菩提清音，幽怨而又哀婉，曲终之际，恐怕就是人散之时。想到这里，李瑁的手开始抖了，心开始慌了，音开始乱了。他索性停了下来，久久地凝视着这把曾经弹奏出无数美妙乐曲的古琴，可如今每一个音符却都充满了感伤和绝望。

李瑁突然将这把琴高高地举起，重重地摔在地上，四散的碎片从他清秀的脸庞掠过，留下了一道深深的伤痕。随着时间的流逝，脸上的伤痕或许很快就会愈合，但他心底的伤痕却永远都难以弥合。

"你这是干什么？"杨玉环扑到他的怀中，用手帕轻轻地擦拭着他脸上的伤口。眼角挂满了晶莹的泪滴，滴落在古琴的碎片之上。

几个侍女闻声走进屋来。恼怒的李瑁劈头盖脸地呵斥道："谁叫你们进来的？都给我滚出去！"

杨玉环见状急忙从李瑁的怀中挣脱出来，说："没事，你们先下去吧！古琴不慎从几案上掉落下来摔碎了。"曾经天真无邪的杨玉环如今已被政治风云浸染得谨言慎行。如若李瑁因泄愤而怒摔古琴的事一旦传扬出去，恐怕将会给他带来难以想象的不利影响。

此时，李隆基命翰林学士草拟了一道《度寿王妃为女道士敕》：

> 圣人用心，方悟真宰，妇女勤道，自昔罕闻。寿王瑁妃杨氏，素以端懿，作嫔藩国，虽居荣贵，每在精修。属太后忌辰，永怀追福，以兹求度，雅志难违。用敦宏道之风，特遂由衷之请，宜度为女道士。

"追福"不过是掩人耳目的幌子，李隆基真正的目的就是让杨玉环彻底地脱离寿王，因为道士是不可以有丈夫的。

虽然道教在唐代颇为流行，但皇室女子出家为道的确颇为罕见。高祖李渊的十九个女儿、太宗李世民的二十一个女儿、高宗的四个女儿、中宗的八个女儿无一皈依道教，但也绝非没有先例。李隆基的两个亲妹妹西城公主和隆昌公主为了给祖母武则天祈福就曾出家为道，李隆基的女儿万安公主为了给祖父李旦追福也出家为道。公主皈依道家对妇女崇道起了推波助澜的作用。

两个宦官急匆匆赶到李瑁处，他们宣读完皇帝的敕书后便回宫复命。

杨玉环默默端坐在铜镜前，静静地注视着镜中的自己，容颜已经随着时光的流逝悄然地改变着，而她那颗曾经纯真的心如今却变得一片斑驳。她和李瑁在一起的点点滴滴一起涌上心头，她突然感觉镜中已经变得模糊一片。

李瑁一直站在杨玉环的身边，痴痴地望着她，从艳阳高照一直到夜色阑珊。

杨玉环知道今晚恐怕将是自己在寿王府度过的最后一个夜晚。李瑁从她的身后紧紧地抱住她，肆意地亲吻着她，因为他知道明天她将不再属于自己！

杨玉环眼中的泪水滴在李瑁清秀的脸上，李瑁眼中的泪水滴落在杨玉环俏丽的脸上，无数的泪滴在两人的脸上肆意地流淌，分不清是自己的还是对方的，苦涩的滋味迅速地渗透到他们的心里。

"瑁儿，难道你就忍心看着我永远地离你而去吗？"杨玉环强忍泪水哽咽道。

李瑁低下头，不敢再看杨玉环哀怜的眼神，无奈地说："我也是没办法，谁让……"李瑁不敢再说下去，继而发出一声长长的叹息。

杨玉环扑到他的怀里，沉默许久终于开口说："不如……不如……我们一起殉情吧！生在一起，死也要在一起！"

"殉情"这个词强烈地刺激着李瑁的神经。他没有想到杨玉环居然可以用自己的生命来祭奠这段即将逝去情感。其实他应该想得到，杨玉环上次受到自己的猜忌后竟然如此决绝地举起剪刀自戕，已经充分说明，她柔弱的外表下其实藏着一颗刚烈的心。

虽然深爱着眼前的这个女人，但要是以生命为代价，李瑁显然还没有做好这个准备，更没有抛弃一切的勇气，因为他一时间难以割舍下当前的荣华富贵。

李瑁挣脱开她温暖的怀抱，只是冷冷地说了一句："玉环，不要再胡思乱想了，还是早些休息吧！"

话音未落，他就转身离开了，走得如此决绝。这次转身定格成杨玉环心中永远的痛。她知道李瑁很爱自己，不过却并没有爱到可以为了爱而放弃一切的地步。

杨玉环痴痴地坐在窗前，望着李瑁早已消失在黑暗之中的身影，感觉曾经的美好也正在一步步地悄然离去。曾经的美好是否就是她苦苦寻觅的幸福呢？幸福到底是她和李瑛在那个春雨纷纷的日子不期而遇，还是她蓦然回首李瑁依旧在灯火阑珊处？这两个曾经让她心动的男人如今都已湮没在这茫茫黑夜之中，李瑛是永远地离去，而李瑁虽然不是永远，却胜似永远，她忽然理解了什么是哀莫大于心死。

杨玉环推开窗子，扑面而来的冷气使得她不禁打了一个冷战。望着挂在窗前的那一弯明月，醒时我知，醉后谁解？

借着朦胧的月色，她忽然找到了自己今后要走的那条路。

一段内心挣扎的历程

开元二十九年（公元 741 年）正月初二，在玉真公主的陪伴下，杨玉环缓缓地走出了这座已生活了四年之久的寿王府，这一走便再也没有回来。

其实这个世界之所以会充斥着如此之多的伤痛，就是因为不仅有月老，更有孟婆，一个费力地牵起红线，一个却无情地斩断情丝。生活的残酷往往在于心都碎了，却不得不亲手将碎片一片片地拼上，因为生活还得继续。

想着想着，杨玉环就忍不住再度流下了伤心的泪水。她此前也曾流过泪，却轻易不会让别人看到，因为泪水会让真正爱她的人伤心难受，也会让不爱她的人幸灾乐祸。如今她却难以自控，因为她意识到随着时间的流逝，伤痕虽然会渐渐愈合，但有的人却永远也不会忘，有的痛永远也不会忘！

四十九年前的这一天，李隆基的母亲永远地离开了他，如今他却要让杨玉环以为母亲追福的名义永远地陪伴在他的身旁。

其实皇宫中原本并没有道观，西城公主和隆昌公主修行的道观均位于宫外，可李隆基怎么舍得让如花似玉的杨玉环独自居住在宫外呢？但他又不敢明目张胆地将道观建在自己居住的兴庆宫，而是特意在大明宫内专门设置了一座道观太真观，以供杨玉环修道之用，而李隆基则可以通过复道前往大明宫与杨玉环幽会。

杨玉环脱去了色彩斑斓的齐胸襦裙，穿上了青灰色的道服。从那一刻开始，杨玉环开始了全新的生活，包括寿王妃在内的所有尘世的身份都与她无情地割裂开了。

李隆基特意为太真观挑选了一位德高望重的观主三清师太。三清师太原本是中宗李显的昭仪，李显被韦皇后毒死后，看破红尘的她自愿出家为道，彻底地远离了波谲云诡的政治风云的袭扰。杨玉环始终不解曾经锦衣玉食的她为何能够如此决绝、如此彻底地抛弃曾经的一切，甘愿过上枯燥而又单调的日子。三清师太却平静地说："始祖玄元皇帝提倡'不争'，顺乎天理而不强求。不与世人争，并不是不愿，而是不屑。"

刚刚接触三清师太的时候，杨玉环觉得她很是古板，她竟然递给杨玉环一本《道德经》要求她认真研读。心猿意马的杨玉环随便翻了几页就放在了一边，心想，难道这个老糊涂真的看不出李隆基让她出家的真实用意？出家为道不过是一个幌子而已！杨玉环未来的命运还是一个大大的未知数，心乱如麻的她哪里还会有什么心思读什么《道德经》。

见弟子对《道德经》如此不敬，三清师太有些不满地说："修心才能守德，守德才能祛欲。"

杨玉环却不以为然地说："世事如此无常，弟子怎能静下心来修行呢？"

三清师太却说："虽然世事看似无常，但一切皆出于道。道可道，非常道。名可名，非常名。道大，天大，地大，人亦大。人法地，地法天，天法道，道法自然。天之道，不争而善胜，不言而善应，不召而自来，姗然而善谋，天网恢恢，疏而不失。"

杨玉环争辩道："玉环实在愚钝，恐怕难以参透其中的奥妙。"

三清师太却不卑不亢地说："天地万物，人间万情，世间万事，常人观之缤纷各异，以道眼观之，皆不出理。冷眼观人辨忠奸，冷耳听语知虚实，冷心思理明是非。人心惟危，道心惟微，惟精惟一，允执厥中。欲望之事勿染指，一沾便腐蚀全身；寻理之事勿放松，稍纵便退千里。"

就在这种争执之中，杨玉环度过了出家之后的第一天。

夜幕降临了。她默默地坐在黑暗的角落之中，一案书香，一窗疏影，一杯清茗，执一支素笔，写就一纸烟云。她情不自禁地忆起了如今已经阴阳两隔的李瑛，忆起了如今已经远隔天涯的李瑁，曾经活生生地站在她面前的这两个人如今却与她隔着烟，飘着雨，已经变得模糊一片。

虽然李瑁的身影在她的心里已经渐渐模糊了，她却又总会在不经意间想起他。她不禁自问，在这个寂寞的夜，他是不是也会在想着自己呢？

自从离开寿王府的那一刻，杨玉环就一直想着能够找到回到过去的路，不过却怎么都找不到，即使是在梦里，也无法实现自己回家的梦。

就在这时，三清师太走过来安慰道："与其说是别人给你带来痛苦，不如说是自己的修为还不够。一朵莲无须清水亦洗净铅华，一枝梅无须张扬亦风韵无限，心简约自然意澄澈，高洁清雅之士自风流！"

杨玉环睁开蒙眬的泪眼，凝视着三清师太。她就像一个深深的湖泊，虽然看似平静如水，其实却深不见底。她突然站起身，紧紧地抱住三清师太。三清师太轻轻地拍拍她的肩膀，说："看透该看透的，放下该放下的，生活就会变得与众不同。"

时间是治愈伤痛的良药，虽然曾经恨得痛彻心扉，但随着时间的推移，一切都会烟消云散；虽然哭得痛不欲生，但随着时间的推移，一切都会冰消雪释；虽然曾经痛得撕心裂肺，但随着时间的推移，一切都会云开雾散。

渐渐地，杨玉环回家的欲望不再像之前那般强烈了。或许这就是三清师太所说的"顺其自然"。只有勇敢地告别过往，才会拥有新的人生，倘若一直让忧伤填满生命的空白，或许将是对人生的一种亵渎。

久未谋面的李隆基终于现身了。老辣的李隆基有意想要先晾一晾心高气傲的杨玉环，这些天来，他竭力压制着内心热切的渴望，直到他觉得火候差不多了，才来到太真观看望杨玉环。

"玉环，你在此地住得可好？"李隆基关切地问。

"好与不好又有什么区别呢？我没有权利选择，只能默默承受！"杨玉环的话语中带着隐隐的责备。

自从登基以来，还没有哪个女人敢在李隆基的面前说出如此放肆的话。后宫的那些女人在他的面前永远是逢迎的笑脸，而他也早已看腻了她们千篇一律的笑脸，更厌倦了她们费尽心机的逢迎，因此天性率真的杨玉环不仅没有触怒他，反而让他对这个与众不同的女子刮目相看。

"看来你虽身在道观修行，却未能领悟到道家的真谛。道家崇尚'不争'和'无为'。"

"皇上莫不是让玉环逆来顺受吗？"

"我是希望你能懂得逆顺的道理。不争不是真的不争，无为也并不是真的无为，很多东西不争却自来，很多时候无为却有为。你好好想想吧！想好了就陪我到骊山去走走。"

正月里，寒风萧瑟，万物凋零，李隆基的内心深处却是暖意融融，因为朝思暮想的佳人如今就陪伴在他的身旁。

杨玉环表面上平静如水，但内心深处却波澜四起。这次去骊山她的身份已经不再是寿王妃了，也不再是李隆基的儿媳了，而只是一名出家的女道士。她心中曾经苦苦坚守的防线轰然间倒塌了，因为她知道该发生的迟早会发生，她也没有再坚守下去的意义，更没有再坚守下去的勇气！

在杨玉环的眼中，李隆基不再是一个高高在上的皇帝，而是一个普普通通的男人，也就从这一刻起，杨玉环从心底深处渐渐接受了这个比自己大三十四岁的男人。虽然李隆基不如李瑁那般青春年少，但他的细心和体贴却如同细雨般渐渐地浸湿了她原本坚硬的内心。其实李隆基作为帝国皇帝还从来没有如此用心地渴望得到一个女人的心，在此之前都是后宫的那些女子们费尽心机地来博取他的欢心。

杨玉环内心对他的抵触正在慢慢地消退，而且正在萌生一种朦胧的爱意。

五十七年的人生历练使得李隆基能够轻松地看透杨玉环仍旧略显稚嫩的内心，而且身为帝国皇帝的他又有足够的资源来满足她的任何需求。杨玉环就这样渐渐地被他的爱所征服。其实身为弱女子的她此时也没有其他的路可走，因为过去肯定是回不去了，唯一的不同就是心甘情愿地接受这种改变，还是被迫无奈地接受这种改变。

　　杨玉环暗自庆幸李隆基是一个既爱她又懂她的人，阅历尚浅的李瑁虽然很爱她，却并非总是能够懂她，反而杨玉环有时还要像哄孩子那样去哄他。

　　虽然这次骊山之行只有短短的八天时间，但这八天却是如胶似漆的八天，也是如梦如幻的八天。

　　转眼间大半年的时光平静如水地过去了，时间定格在开元二十九年（公元 741 年）的冬天。李隆基照例又去了骊山温泉宫"避寒"，这次他依旧带着最为心爱的女人杨玉环。

　　这次李隆基在骊山一住就是二十六天。在武惠妃刚刚去世的那两个冬天，他在骊山仅仅待了十六天和八天，担心因物是人非而触景伤情。这次他之所以会在骊山住这么久，是因为有了佳人杨玉环的陪伴，原本孤寂的生活又重新变得有声有色、有滋有味。而这次骊山之行也让杨玉环答应搬到宫中与李隆基长住。

　　回到长安后，杨玉环兴冲冲地来到太真观，来和师父三清师太告别，可她一想到再也见不到朝夕相伴的师父了，心头不知为何突然掠过一丝莫名的悲伤。她第一次感到自己竟然对那个曾经令她感到有些厌恶的老女人有些恋恋不舍。

　　"师父，徒儿要走了，皇帝要征召徒儿入宫！"杨玉环难掩自己的喜悦之情。

　　三清师太却并没有说话，只是默默地注视着她，那张宠辱不惊的脸上也没有流露出一丝的喜悦。她沉默许久才说："乐不必寻，去其哀者则乐自出；喜不必找，去其怒者喜自现。"

　　杨玉环略带感伤地说："师父，我走以后恐怕你就又要形单影只了。"

　　三清师太冷冷地说："为师已经习惯了，况且上天留给为师的时间恐怕也不多了。为师半世修行，却终究无法破茧而出。"

　　其实从她被派到太真观的那一天起，或许她就已预见到了最后的结局，也非常平静地接受了即将到来的这一切。

　　杨玉环默不作声地望着她。难道自己离开之日就是师父的生命结束之时？这未免有些太过残酷了，但这些年的经历重塑了那个曾经天真烂漫并且对未来有着诸多美好憧憬的小姑娘。她渐渐领悟到，很多无法接受的事情就是活生生的现实。政治本身并没有对与错，只有强与弱。身为弱者的三清师太并没有错，只是因为她知道得太多了。

她想要再多看一眼三清师太，可眼前却已变得模糊一片。她赶紧拭去眼角的泪滴，因为她不愿错过这个最后的机会。

饱经岁月沧桑的三清师太的脸上从来都没有任何表情，但此时此刻她的脸上却挂着一丝浅浅的微笑，这一幕永远地定格在杨玉环的记忆深处，因为这是杨玉环第一次见她笑，也是最后一次见她笑。

精神矍铄却瘦骨嶙峋的三清师太主动伸出手，想要抱一抱杨玉环，可她的手臂就像一根在狂风暴雨里艰难摇晃的枯枝。杨玉环主动扑到她的怀中，感受着她带给自己的无限温暖。三清师太抚摸着她如瀑布般垂下的长发，如同母亲般慈祥地说："玉环，记住为师的话，月到圆满之时，恐怕就离残缺不远了。"三清师太的这句话时常在杨玉环的耳边响起，却依旧无法帮她摆脱宿命。

杨玉环终于搬离了冷清而又枯燥的太真观，天性爱美的她终于可以褪去色彩单调的道士服，换上光彩照人的华服。这是她一直都期盼的事情，可当梦想成真的时候，她却一点儿都高兴不起来。

迫于当时舆论的压力，杨玉环住进兴庆宫并非是光明正大的，而是偷偷摸摸的。虽然杨玉环在宫内有些名不正言不顺，但那些宫女们、宦官们服侍起来却不敢有一丝一毫的懈怠，因为无论是吃的、住的，还是穿的、用的，每一样李隆基都会亲自过问，谁要是胆敢有丝毫的偏差必然会招致李隆基重重的责罚。

杨玉环入宫之后却显得有几分忧郁。李隆基以为是她在为自己的名分而发愁，而这恰恰是他目前所无法给予的。殊不知她是为三清师太的事牵肠挂肚。

自从上次那一别，她便再也没有见到过那个有些古板却又很慈祥的女人，她派去看望师父的宫女回来后跟她说，太真观早已是人去楼空，没有人知道三清师太到底去了哪里，更没有人知道哪里才会是她最后的归宿。那个饱经政治风云洗礼的女人就这样彻底地消失在了历史的深处。

杨玉环从来都没有在李隆基面前提及此事，曾经快人快语的她如今却习惯于将自己的心事默默地埋藏在心底。

就在杨玉环为三清师太牵肠挂肚的时候，她的堂弟，也就是养父杨玄璬的儿子杨鉴却突然来了，而且还告诉她一个犹如晴天霹雳般的噩耗——杨玄璬去世了。虽然杨鉴刻意隐瞒了很多事，但她却能隐约猜出养父的突然离世或许跟自己入宫有关，一生清高的养父肯定接受不了儿媳嫁给公公这等乱伦之事。

望着泪眼婆娑的杨玉环，杨鉴说："父亲弥留之际，让我给你带句话：金玉满堂，莫之能守；富贵而骄，自遗其咎；功遂身退，天之道也！"

听完之后，杨玉环无奈地摇摇头，心想，功成之人又有几人甘愿身退呢？主动放弃到手的荣华富贵是何等的艰难！况且深处激流之中，即使你有退的勇气，也未必会有退的机会。

杨鉴走后的很长一段时间，李隆基都没能在杨玉环的脸上再看到笑靥。为了让杨玉环能够迅速地挣脱忧郁的束缚，李隆基特地让聪明伶俐的侍女雪晴服侍在她的身旁，还特意安排梨园子弟陪着杨玉环一起唱歌跳舞。跳动的音符如同一个个精灵在杨玉环伤痕累累的心中跳动着，渐渐地帮助她抚平创伤，给她带来了久违的快乐。

从此之后，无论是龙池水畔，还是沉香亭边，抑或华萼楼上，处处都留下了杨玉环和李隆基两个人亲昵的身影，一起赏花，一起观景，一起翩翩起舞，一起琴瑟和鸣。

杨玉环用了不到一年的时间就走完了武惠妃用了十二年才走完的路，成为李隆基身边最重要的女人，集三千宠爱在一身，令六宫粉黛失颜色！

这是开元年间的最后一个冬季，似乎也在预示着开元盛世正在一步步地离大唐帝国远去。但此时正沉浸在甜蜜生活之中的李隆基却根本没有心思思索帝国的前途和命运，而是思考着赐给杨玉环一个怎样的名号。

由于此时的杨玉环还缺少一个名正言顺的身份，宫人们只得称呼她为"娘子"。"娘子"是民间对主妇的称呼。杨玉环期盼着有朝一日能够光明正大地成为这里的女主人，却不承想这一等就是将近四年的时间！

两场藕断丝连的婚礼

天宝四载（公元 745 年）七月二十五日，夜已深，李瑁却没有一丝睡意，久久凝视着常晖楼，仿佛依稀看到了杨玉环仍旧独立楼头，体态盈盈，笑靥如花，容颜似水。倚窗当轩的她依旧容光照人，皎皎如云中月；红装艳服的她，瑰丽迷人，娥娥如水中花。她的纤纤玉手如牙雕般细腻，如玉石般圆润，扶着窗棂，久久地凝望着窗外，不知她是否看到了同样在凝望着她的自己。

明日，父亲李隆基将亲自主持隆重的册立新寿王妃的仪式，此时距离李瑁上一次当新郎已经过去了近十年的时间，时光的流逝使得很多人或许已经遗忘了在东都洛阳举办的那场豪华的婚礼和那个倾国倾城的美丽新娘。

新任寿王妃韦氏同样出身名门。先祖韦旭曾任隋朝尚书令，封为郧襄公，因此他们这一支被称为韦氏"郧公房"。祖父曾任齐州刺史（从三品），曾祖父曾任太仆少卿（从四品上），曾祖父的堂兄韦巨源曾在中宗朝出任宰相，不过韦家与杨家一样属于没落贵族，韦氏的父亲韦昭训仅仅是左卫勋二府右郎将（正五品上）。这也体现了李隆基为儿子们选妃的一贯思路，拥有一个好出身，却又不出自权势显赫的家族。

在孤寂和惶恐中生活了四年多的李瑁终于可以迎来一位新的人生伴侣。虽然这位韦妃并不像杨玉环那样美艳绝伦，却可以始终如一地陪伴在他的身旁远望云卷云舒，闲看花开花落。

李瑁心中的一块石头终于落地了，因为他觉得自己这回算是彻底地安全了，可他的心中却不免涌上阵阵酸楚，因为他似乎已经预感到了这一切不过是为即将到来的另一场婚礼进行铺垫。

想到这里，他与杨玉环那些曾经美好的点点滴滴便突然间涌上了心头。虽然那段甜蜜日子貌似已经随风而去了，但他却始终都无法忘记，更无法放下。

八月初六，已经六十一岁高龄的李隆基正式赐予杨玉环"贵妃"的名号。为了掩人耳目，李隆基特意选择"册妃"而非"纳妃"的程序。"纳妃"如同当年杨玉环被纳为寿王妃那样要经过一系列冗长而又烦琐的程序，"册妃"的程序无疑要简单许多，因为"纳妃"中包含着娶亲的环节，而"册妃"只是赐予此前已经被皇帝迎娶入宫的嫔妃名号而已。

兴庆宫内举行了一场盛大的宴会。那天的杨玉环笑得格外美，穿得格外美。

再次见到久违的杨玉环，尽管李瑁的内心掀起了巨大的波澜，但他表面上却显得很平静。性格懦弱的李瑁只得将所有委屈、愤懑甚至仇恨深深地埋藏在心底，因为父皇"一日杀三子"的冷酷和无情在他的心中留下了深深的阴影，使得他不敢贸然袒露心声。

经过漫长的过渡，李隆基与杨玉环终于可以名正言顺地在一起了。这些日子，李隆基一直在思索应该给予这个心爱的女人一个怎样的名分。

曾为儿媳的尴尬身份和没有子嗣的无奈现实成为阻碍杨玉环成为皇后的关键，可杨玉环似乎并未因为没能成为皇后而失落过、伤感过，或许杨玉环根本就没有想过登上母仪天下的皇后之位，她想要的只是舒适而又惬意的生活，因为她并不是一个很有政治野心的女人，而是一个小鸟依人的小女人。

虽然李隆基不能册立杨玉环为皇后，但他却始终觉得应该给自己最心爱的女人一个响当当的名号。在李隆基的后宫中，原来的"惠妃"的地位仅次于皇后，因此开元年间最得宠的武妃获得的封号就是"惠妃"。如果再将"惠妃"的封号给杨玉环，不仅对已经故去的那个曾经最爱的女人是一种亵渎，也无法彰显自己对当下这个最爱的女人的宠爱。

李隆基忽然想到了"贵妃"这个称号。"贵妃"始置于南朝宋武帝时期，在宫中的地位仅次于皇后，而且一直沿用到唐朝。唐朝建国之初设立贵妃、淑妃、德妃、贤妃四夫人，但喜欢标新立异的李隆基却对后宫官制大胆地进行了改革，将"四妃制"缩减为"三妃制"即惠妃、丽妃、华妃。为了杨玉环，李隆基决定重新启用那个曾经被自己废弃的封号"贵妃"。

要想从佳丽云集的后宫最底层向上攀爬，每向前走一步都是何等艰难，但杨玉环入宫后得到的第一个封号就是正一品的"贵妃"，可谓平步青云，一步登天。怎能不惹人艳羡呢？虽然身处高位会有"一览众山小"的惬意，却往往高处不胜寒！

有了杨玉环的陪伴，李隆基从某种意义上说获得了新生，可是对于帝国而言却无疑是一场灾难。就在李隆基沉醉于杨玉环的美丽而难以自拔的时候，执掌帝国权柄的李林甫正一步步地将繁盛的唐帝国推向万劫不复的深渊。

一个劣迹斑斑的亲戚

为了彰显自己对杨玉环的宠爱，李隆基对杨家人大肆封赏。杨玉环的生父杨玄琰生前只是个七品官，却因为沾了女儿的光，一下子就被追赠为兵部尚书（正三品）。随着杨玉环和李隆基感情的不断升温，杨玄琰被追赠的官职也越来越高，最后竟然被追赠为太尉（正一品）、齐国公（从一品）。

杨玉环的母亲李氏也被追封为凉国夫人。按照惯例，只有一品高官或者拥有国公爵位的官员的母亲和妻子才有资格被封为"国夫人"。

就连此前跟杨玉环关系并不算密切的叔父杨玄珪也被破格提拔为光禄卿（从三品），后来又升任工部尚书（正三品）。

她的亲哥哥杨铦在殿中省几经升迁当上了殿中少监（从四品上阶），如今又被提拔为鸿胪卿（从三品）。

她的堂兄杨锜娶了李瑁的小妹太华公主。太华公主无疑是最纠结的，从前的嫂子如今成了自己的后妈，从前嫂子的堂兄竟然成了自己的丈夫，不知她见了杨玉环是该叫母后还是该叫妹妹。

其实最让杨玉环牵挂的就是至今仍旧远在蜀地的三个亲姐姐，当年匆匆一别之后因远隔千山万水始终都未曾再有见面的机会。细心而又体贴的李隆基暗中派人将三人接到了长安。当三个姐姐突然出现在她面前的时候，杨玉环竟然喜极而泣。

想当年离别的时候，三个姐姐还是待字闺中的少女，如今却都已嫁作人妇。大姐嫁到了崔家，二姐嫁到了裴家，三姐嫁到了秦家，像平常人那样操持家务，生儿育女，但妹妹的飞黄腾达却打破了她们原本宁静的生活。

十几年过去了，无情的岁月在三个姐姐的脸上留下了或深或浅的痕迹，但她的二姐裴氏除了身体较之前稍显丰腴之外，仍旧像之前那样美艳动人。虽然她不如杨玉环那样散发着青春的活力，却有一种少妇所特有的魅力。李隆基将目光久久地停留在她的身上。

在李隆基的关照下，她们不仅将家搬到了繁华的京城，而且一下子就步入了上流社会。皇帝的特殊眷顾带给她们无上荣耀，也使得她们拥有了巨大的政治影响力。

这天，裴氏进宫跟杨玉环说："玉环，堂哥杨钊想要见你。"

杨玉环在脑海中快速地搜索着"杨钊"这个名字，却不曾记得有这么个亲戚。

"父亲过世的时候，他还特地来家中吊唁，不过那时你还小。"

杨钊就是日后大名鼎鼎但又臭名昭著的杨国忠。在官方资料中，他的父亲名叫杨珣，祖父名叫杨友谅，杨友谅与杨玉环的祖父杨志谦是亲兄弟，因此他充其量只是杨玉环的一个远房亲戚。其实他的身世一直都是一个谜。

"天朝幸臣张易之，即（杨）国忠之舅也。"[1]既然张易之是杨国忠的舅舅，疑问便会随之而来，与张易之同时受到武则天宠信的还有他的兄弟张昌宗，为什么不提张昌宗只说张易之呢？除了张易之之外，仅仅史书上留下记载的张易之的兄弟就有张昌期、张昌仪、张同休、张景雄等好几个人。仅从血缘关系上看，杨国忠同这些舅舅的关系应该一样近，但他似乎却与张易之有着某种更亲近的关系。

"杨国忠，太真妃之从祖兄也，张易之之所出也。"[2]杨国忠姓杨，而张易之却姓张，那么这个"所出"就显得很耐人寻味了。

张易之是武则天晚年最宠信的情夫，将自己最宝贵的青春都奉献给了武则天。他的母亲看在眼里，急在心里，因为她担心张家会因此而断后。每当

[1]　《旧唐书·列传第五十六》。
[2]　《新唐书·列传第一百三十一》。

张易之从宫中回家的时候，他的母亲总会让女奴妣珠上楼，然后悄悄地撤走梯子，给两个如同干柴烈火的孤男寡女创造亲热的机会。久而久之，妣珠便怀上了张易之的骨肉。虽然张易之的母亲终于了却了一桩心愿，但这个小生命却没有名分，于是让自己的女儿也就是杨钊名义上的母亲把这个孩子抱走了。

张易之的母亲之所以没有将这个小生命交给自己的儿子们，而是交给了自己的女儿，恐怕是出于对未来的担忧。随着武则天年事越来越高，张易之和张宗昌这两个男宠今后的命运可谓凶多吉少，弄不好还会连累整个家族，或许只有将这个小生命送到外姓人家才会得以幸免，当然还有一个原因就是张母的这个女儿迟迟没有为杨家生儿子。俗话说"不孝有三，无后为大"，一直为无子而苦恼不堪的杨珣只得通过抱养外人家的孩子来延续自家的香火。

张易之的儿子、侄子和外甥为数众多，其中也不乏后来发达者，比如他的外甥女就是谯王李重福的王妃，但这些人都没有为张易之平反而奔走呼号，唯独杨钊不遗余力地这样做，这恰恰印证了杨钊对张易之这个所谓的"舅舅"情有独钟。

杨钊早年的生活并不如意，可谓是屡屡碰壁，饱受生活的折磨，饱尝人世的艰辛。

他的父亲杨珣虽然也是当官的，但仅仅担任过左卫兵曹参军（正八品下阶）、宣州司士参军（从七品下阶）、杭州司士参军（从七品下阶）、元武县令这样并不起眼的小官，自然也就没有给杨钊留下多少积蓄，而且他在杨钊十岁左右的时候就去世了，撇下了他们这对孤儿寡母艰难度日。

杨钊生活在这样一个日渐没落的家庭，但家道中落并没有激励着他奋发图强，光耀门楣。我行我素的杨钊自幼就对读书没有多少兴趣，而且行为放荡，很不检点，酷爱饮酒和赌博，俨然一个沾染不良习气的不良少年，无论是亲友还是邻居都看不起他。

虚度年华的杨钊直到而立之年仍旧没能有立锥之地，于是索性跑到剑南当兵去了，但他的从军生涯却依旧不顺利，曾因得罪了上司益州大都督府长史张宥而受到鞭打，不过他因为在服役期间表现突出总算混了个小官——新都县尉。

在唐代，广大中下级官员任期届满后需要等待朝廷重新分配工作，《循资格》颁布后，很多人还必须停选一段时间。那些赋闲在家的官员自然也就会丧失生活来源。杨钊任期届满后竟然穷困到连回家的盘缠都无法凑齐的地步，幸好得到当地富豪鲜于仲通的慷慨解囊。

鲜于仲通堪称是一个传奇人物，在同龄人发奋读书的时候，鲜于仲通却忙着养狗和狩猎。虽然他有些不务正业，却颇有几分行侠仗义的风骨，视金钱如粪土，视诺言重千金。当然他具有重义轻利的经济基础，是个出身于富庶之家的"富二代"。

不知受到了什么触动，二十多岁的鲜于仲通开始发愤读书，年近四十的时候终于高中进士并得以踏入仕途。辞去新都县尉后，得到张宥的赏识而得以出任剑南采访支使。就是因为屡屡得到鲜于仲通的资助，杨钊才得以度过了那段最为艰难的日子。

杨玉环的父亲杨玄琰病逝了。杨钊闻讯后跑过去帮忙料理后事。在这个举家哀悼的日子里，杨钊却与杨玉环的二姐眉目传情，暗送秋波。

杨钊在掠色的同时还不忘敛财，趁乱从叔父家中搜罗出大量财物，然后跑到赌场里美美地赌了一把，可是却输了个精光。自感颜面无存的杨钊只得逃走了，继续过着浑浑噩噩的日子。

后来，杨钊调任扶风县尉，可是因为不得志再次离职，又踏上了前往剑南的路。此后他在剑南生活了好多年，在那里娶了妻，生了子。杨钊的老婆裴柔是妓女出身，那时穷苦潦倒的他根本找不到什么好姑娘，好在鲜于仲通仍旧时不时地资助他。

就在杨钊在温饱线上苦苦挣扎的时候，他的人生却突然间出现了转机。接替张宥担任剑南节度使的是章仇兼琼。因为与当朝宰相李林甫不和，急切地希望与日益得宠的贵妃娘娘攀上关系，从而为自己找到一座可以遮风挡雨的政治靠山，于是派遣鲜于仲通负责此次"春贡"事宜，但长期生活在剑南的鲜于仲通又怎会跟如日中天的杨玉环攀上关系呢？

一筹莫展的鲜于仲通突然想到了杨钊，他可是杨贵妃的远房亲戚，于是将杨钊引荐给章仇兼琼。虽然两人初次见面，但相貌伟岸又善于言辞的杨钊很快就得到了章仇兼琼的赏识，当然章仇兼琼更看重的是他的背景，当即任命他为自己的推官。

天宝四载（公元745年）初冬时节，杨钊携带价值百万的金银珠宝以春贡的名义进京拉关系，而这次京城之旅注定成为他命运的转折点。杨钊并没有冒失地直接去觐见如今已经身为贵妃的小堂妹，而是首先找到了杨玉环的二姐裴氏。裴氏刚刚死了丈夫，这段时间一直独守空房，寂寞难耐。

"堂妹，受大帅所托前来觐见贵妃娘娘，还望堂妹引荐！"

望着相貌堂堂的堂哥，裴氏故意挑逗道："如今想要求见玉环了，才想起我来了，你是不是觉得有些晚了呢？"

杨钊见屋内无人，走过去抱起裴氏走向床榻，一边走一边说："自从上次一别，从未敢忘记，只是一直无缘相见！"

裴氏一边假意挣扎一边喊道："快放下我！快放下我！"

杨钊却根本不领会，而是将她直接抱到床上，急不可耐地云雨一番。两个犹如干柴烈火般的男女从此夜夜温存，日日笙歌。

裴氏找了个合适的机会带着杨钊进宫引荐给杨玉环。杨钊见到杨玉环之后却不敢有丝毫的马虎，行跪拜大礼。

杨玉环却对眼前的这个堂哥没有一点儿印象。裴氏热情地介绍着这位在杨玉环看来形同陌路的远房亲戚。

杨钊挥挥手，几个小宦官将几个大箱子抬了进来。杨钊从其中一个箱子里拿出一个熠熠生辉的金杯递给杨玉环说："这是剑南节度使章仇兼琼孝敬贵妃娘娘的伎乐纹八棱金杯，产自西域，器体厚重，造型精美，八个棱面之上分别刻有手执乐器的乐工，有的手执箜篌，有的手持曲项琵琶，有的手持排箫，可谓造型各异，栩栩如生。"

杨玉环自幼就喜欢音乐，而这个独具匠心的金杯上所刻的正是吹奏各式乐器的乐工，她自然是爱不释手。

裴氏急忙插话道："妹妹，既然人家这么大方，你可要多多地在圣上面前美言几句！"

生性自由的杨玉环原本对政治充满了鄙夷，但她自从嫁入皇室的那一刻起便与政治结下了不解之缘，这是她无法改变的。她渐渐感悟到了自己的政治能量。自己在皇帝面前几句简短的话语或许就可以彻底改变一个人的人生。章仇兼琼的政治投资很快就有了回报，不久就进京担任户部尚书兼御史大夫。

"妹妹，姐姐还有一事相求。"

"二姐，看你说的，咱们姐妹之间还提什么求呢？有什么事就直接说吧！"

"妹妹能不能给堂哥在京城谋个差事，也好相互之间有个照应？"

闻听此言，杨钊也感到有些意外。他知道裴氏肯定是离不开自己了，所以才会不遗余力地要将自己留在她的身边。他急忙识趣地跪在地上，用满是感激的口吻说："有劳贵妃娘娘费心了，日后甘愿效犬马之劳！"

对于许许多多在地方苦苦打拼的芝麻官来说，调入京城可谓是可遇而不可求的事情，但这个要求对杨玉环来说却易如反掌。杨钊并非杨玉环的直系亲属，而且此前又都在偏远的县城当官，因此他仅仅得到了金吾兵曹参军这样一个正八品下阶的小官。估计连他自己都没有料到短短的几年之后，他居然能从规模庞大的官僚体系中脱颖而出，开始执掌唐帝国的权柄。

虽然此时的杨钊还只是个微不足道的小官，却可以凭借贵妃娘家人的身份经常地出入宫廷。

杨钊说话恰到好处，办事体贴入微，迅速拉近了与杨玉环之间的心理距离。杨玉环的亲哥哥杨铦自从出任鸿胪卿后终日被政事纠缠，堂哥杨锜迎娶太华公主后便沉迷于二人世界之中，这两个哥哥都很少入宫。她的内心深处渴望得到一个大哥哥的关照，杨钊的出现恰恰弥补了她情感的空缺。

杨钊不停地为杨玉环灌输这样的思想，要想在佳丽如云的后宫中长久，光靠自己的力量显然是不行的，还需要得到强有力的外戚的支持！

当时宫中盛行樗蒲[1]，杨玉环和她的姐姐们经常陪李隆基一起玩。此时

---

[1] 樗蒲：一种类似现在掷色子的赌博性质的游戏。

的杨钊只得默默地站在一旁，因为他还没有资格参与其中。其实自幼就嗜赌成性的杨钊对于樗蒲再熟悉不过了，但他还是抑制住内心的种种冲动，专心地负责记账。每一次谁赢了，谁输了，赢了多少，输了多少，李隆基查看杨钊记录的账本时竟然分毫不差，称赞道："真是个好度支郎！"李隆基既是发自内心的，更是说给杨玉环听的。

杨玉环嫣然一笑，说："堂兄，你能够得到圣上的如此夸赞，还不赶紧谢恩啊！"

心领神会的杨钊急忙跪倒在地，高声说："圣上如此抬举微臣，微臣定当肝脑涂地，万死不辞！"

负责京城治安的金吾卫看似威风八面，实际上却是个苦差事，不仅任务繁重，而且升迁渠道狭窄。如今最受欢迎的职位当属主管财经的官员。随着李隆基的生活越来越奢靡，一股奢华之风在上层社会愈演愈烈。王公贵族、皇亲国戚竞相向李隆基进献珍馐美味，天上飞的，地上跑的，水里游的，应有尽有。当数千盘佳肴摆在李隆基面前的时候，他不会想到其中一盘的费用就相当于中等人家十户的财产。正是因为重用了一大批善于搜刮民脂民膏的官员，李隆基日渐奢靡的生活才有了坚实的财力保障，而他对善于理财的官员格外器重，王鉷无疑就是其中的佼佼者。他一人竟然兼任了二十多个使职。每天案头都会堆满等待他审阅的文书，官吏要想让他签个字，往往要等好几天，即使苦等也未必能排得上。

遇到好吃的，碰到好用的，见到好玩的，李隆基总会在第一时间想到这位为他敛财的股肱之臣，毫不吝惜地赏赐他，以至于穿梭于王鉷府门前的官宦络绎不绝。

李隆基让杨钊担任王鉷的判官，无疑为他打开了快速升迁的通道。杨钊在此后很短的时间内便在帝国政坛迅速蹿红，当然当时的政治经济环境也为他的迅速升迁提供了难得的机遇。

第四章
于无声处听惊雷

高力士此前已经因为直言劝谏而触怒了李隆基，不便也不敢再出面为李亨解围。形单影只的李亨愈发强烈地感受到太子之位已经岌岌可危了，但他绝不甘心坐以待毙。他忽然想到了一个人，就如同在水中拼命挣扎的人突然间抓到了一根救命稻草。

惊涛挟骇浪

天宝五载（公元 746 年）正月初一，繁华的长安城被春节的喜庆气氛包裹着。李隆基一大早就前往大明宫含元殿主持一年一度的规模盛大的新年朝会。张灯结彩的含元殿前钟磬合鸣，香霭弥漫，人头攒动，庄严肃穆。李隆基在山呼万岁声中享受着权力带给他的荣耀和快感。

杨玉环也终于可以借机离开有些憋闷的兴庆宫，约上咸宜公主一起到她的堂哥杨锜家中去找太华公主玩儿。自从入宫之后，三个人单独在一起的机会可谓少之又少。虽然她们表面上对杨玉环还如从前那般亲切，但杨玉环却能真切地感受到她们的心已与自己渐行渐远，曾经的那种亲密无间早已一去不复返了，但杨玉环闲下来还是会时不时地找她们，希望能从她们口中探听到关于李瑁的些许消息，虽然她竭力掩饰，但心事有时还是可以从她的眼中不经意间流露出来。

临近中午时，三人正准备各自散去，当朝宰相李林甫却突然来了。这不仅让三人诧异不已，一时猜不出老谋深算的李林甫突然造访到底意欲何为。

李林甫大摇大摆地走进来，跟三人打过招呼之后简单地寒暄了一阵，转而对杨玉环说："贵妃娘娘可否单独一叙？"咸宜公主和太华公主闻听此言全都识趣地借故离开了。

屋内的空气陡然间变得凝重起来。李林甫说："我今日听到了一句诗，特地前来说给贵妃娘娘听听。'夜半宴归宫漏永，薛王沉醉寿王醒。'"

杨玉环的心不由自主地一颤。她自然知道这句诗中隐含的深意。一醉一醒之间可谓意味深长，薛王开怀畅饮至酒醉，李琩却因心存愁绪而酒不沾唇。

望着沉默不语的杨玉环，李林甫问道："不知贵妃娘娘对这句诗有何感想？"

杨玉环怎会不知，千盅醉，人已醉，心却醒；相思泪，滴在脸，痛在心。尽管如此，她却故作平静地说："不过是一些闲人的虚妄之作而已！"

"不知贵妃娘娘是否真的忘记了从前的日子，但寿王却从来都未曾忘记！"

杨玉环打断他说："请李右相不要再说下去了，过去的就让它过去吧！"

李林甫刻意提高音调说："即使贵妃娘娘不念及与寿王的夫妻之情，难道也不为日后早做打算吗？如今圣上已经年过花甲，一旦百年之后，如今的太子登基称帝，贵妃娘娘的处境又会如何呢？贵妃娘娘家人的处境又会怎样呢？"

"李右相有什么话就请明说吧！"

"好，如今当务之急就是全力拥戴寿王为太子。这样即使圣上有朝一日龙驭宾天了，贵妃娘娘不仅可以继续保有荣华富贵，还可以与寿王再续前缘！很多人抱怨命运对自己不公，其实是他们自己没能未雨绸缪。"

李林甫的话深深地触动了杨玉环的内心。她从没有想得如此之长远，但人无远虑必有近忧。如今她的一切都是李隆基赐予的，一旦这个深爱着她的男人永远地离她而去，她的命运将会如何恐怕将是一个大大的未知数。

可是拥立新太子必然要罢黜旧太子。这一废一立的过程中必然充斥着刀光剑影，血雨腥风。废太子李瑛的无辜惨死至今仍旧令她不寒而栗，如今一场更为惨烈的政治斗争又将拉开帷幕，她忽然感到有些胆怯，尽管李林甫为她描绘的蓝图很是诱人。

杨玉环沉思良久说："废立太子乃是国家大事，岂是本宫所能左右的！如果没有别的事，本宫可就先行告辞了！"

望着想要转身离开的杨玉环，李林甫高声喊道："则天皇后原本是太宗皇帝的妃妾，但她却要比太宗皇帝小二十六岁，要不是她与那时还是太子的高宗皇帝情定终身，太宗皇帝驾崩之后，她恐怕将会无声无息地老死宫中。

如今娘娘比圣上小三十四岁，难道就甘愿在孤寂中了却残生吗？"

杨玉环停下了脚步，但她仅仅停留了片刻便继续向外走去。她觉得即使没有自己的支持，走投无路的李林甫仍旧会孤注一掷！

天宝五载（公元746年）正月十五，元宵之夜，风清月朗。这个迷人的夜晚注定会改变无数人的命运。

唐代长安城实行宵禁制度，只要夜禁鼓一响，大街之上便再也没有了行人的身影，可谓是"六街鼓歇行人绝，九衢茫茫空有月"，因为谁要是胆敢"犯夜"，一旦被发现将会受到严厉的惩处。唯独元宵节时，皇帝才特许开禁三天。在这三个夜晚，长安城的大街小巷月光如水，灯火通明，月光与灯火交相辉映。全城的百姓都在竞相奔走，到处都充斥着欢乐的人群，到处都遍布着香车宝辇，真是"谁家见月能闲坐，何处闻灯不看来"。

太子李亨带领太子妃韦婉华也加入到欢庆的人群之中。沉浸在节日喜庆气氛之中的李亨尽情地享受着这个祥和而又欢乐的夜晚，此时的他还不会想到一场猛烈的政治风暴即将向他袭来，而他身边这个他深爱着同时又深爱着他的女子将会因此而永远地离开他。曾经亲密无间的两个人突然间变得形同陌路，而这一切的始作俑者就是李亨的大舅哥韦坚。

驻足观看花灯的时候，韦婉华碰巧遇到了骑马路过的大哥韦坚。韦坚此前的仕途生涯可谓顺风顺水，曾经担任过长安县令、陕郡太守等地方要职，特别是在陕郡太守任上干得风生水起，兼任江淮租庸转运使等多个重要使职，由他出任宰相的呼声越来越高，不过却因此引起了李林甫的嫉恨。

身为宰相的李林甫此前对韦坚还算颇为照顾，因为韦坚迎娶了姜皎之女为妻，姜皎是李林甫的亲舅舅，而且姜皎在李林甫仕途刚刚起步时还曾不遗余力地提携过他。可如今这个表妹夫却已成为他潜在的竞争对手，更让他无法接受的是韦坚居然与李适之走得越来越近。

牛仙客于天宝元年（公元742年）病逝后，李适之继任左相。李适之与李林甫同样来自皇室，但他在血缘上要比李林甫近很多。李林甫的曾祖父长平王李叔良是唐帝国开国皇帝李渊的堂弟，而李适之则是太宗朝太子李承乾之孙，李承乾阴谋发动政变被废，李隆基的祖父高宗李治才得以承继大统。

出身名门并且自命不凡的李适之自然不会像出身卑微的牛仙客那样对李林甫言听计从，因此李林甫一直谋划着如何将其赶下台，可一旦韦坚顺利拜相，两人联手对抗他，那么他的处境可就堪忧了，因此他要竭尽全力阻止这一天的到来。

很快，韦坚就莫名其妙地被调任刑部尚书，虽然品级从从三品升为正三品，但他的实权却被削去了。韦坚自然知道这是李林甫在故意打压自己，但他只得将所有的愤懑默默地埋藏在心底。韦坚与宰相李适之、陇右兼河西节度使皇甫惟明、睢阳太守裴宽等许多对李林甫心存不满的官员渐渐汇聚成一股反对李林甫的暗流。

韦坚见到太子和妹妹后急忙下马，简单寒暄几句便匆匆话别，因为他将要去赴一个重要的约。此时的他还没有觉察到背后有一双阴森可怕的眼睛正在密切地关注着他的一举一动，但这一切却被李亨身边的小宦官李静忠发觉了。

李静忠就是日后叱咤政治风云的李辅国。他原本是一个普通得不能再普通的小宦官，过了"而立之年"却仍旧没有立锥之地；过了"不惑之年"却仍旧对自己的前途感到很困惑。那时"人到七十古来稀"，已经走完生命历程将近三分之二的时光的李静忠仍旧是个默默无闻而又无足轻重的小角色。

知识可以改变命运，"略通书计"的李静忠终于得到命运垂青，负责闲厩的文书账簿。以前，采买草料的人经常借机中饱私囊，有的贪污公款，有的收取回扣。李静忠坚决抵制那种损公肥私的歪风邪气，使马儿的伙食有了质的飞跃。

李静忠因此得到当时炙手可热的政坛重量级人物王鉷的赏识。正是在王鉷的竭力推荐之下，李静忠才有机会服侍在太子李亨身边。当年高力士结识李隆基时，李隆基不过只是个藩王，而且还不是嫡长子，而李静忠来到李亨身边的时候，李亨已经是名副其实的储君，但他在东宫的宦官群体中却依旧是个无足轻重的小角色,但接下来的时光将成为李亨一生之中最黑暗的日子。面对李林甫的疯狂构陷，李亨一直惶惶不可终日，可正是这段艰难的日子使得李静忠与自己的主子李亨建立起特殊的情感，使得几乎到了"知天命之年"的李静忠刹那间便一飞冲天！

李静忠走到李亨身边，悄悄地说："好像有人在暗中跟踪韦尚书！"

李亨却不以为然地说："想必是你多虑了吧！"在刚刚过去的近八年的时光中，李亨可谓过得波澜不惊，自然放松了应有的警惕，不过他很快便会意识到危险其实就在身旁，不过却为时已晚。

今晚韦坚要见的人是皇甫惟明。李隆基在前不久刚刚恩准立下赫赫战功的陇右节度使皇甫惟明兼领河西节度使。为了谢恩，他特地从驻地返回京师长安向李隆基进献从吐蕃手中缴获的战利品。好大喜功的李隆基对于进京述职的节度使们总会好言勉励一番。李隆基的宠信使得皇甫惟明忽然间变得有些飘飘然。

有些得意忘形的皇甫惟明说了一句令他后悔莫及的话："微臣恳请陛下罢黜李林甫的宰相之位！韦坚才是陛下真正值得托付重任的股肱之臣！"

大殿内的空气顿时凝固了。李隆基久久地凝视着皇甫惟明，而他很快就会因为这句话付出惨重的代价。有时候一句话会毁了一个人。

就因为皇甫惟明这一句有些冒失的话语，原本涌动的暗流突然间变得汹涌澎湃。老辣的李林甫随即开始着手进行政治反击，但他却并未急于出手，而是让杨慎矜暗中窥探着皇甫惟明的一举一动。李林甫仿佛是一只在黑暗中默默注视着猎物行踪的狼，一旦时机到了便会毫不留情地迅速蹿出来，咬断猎物的脖子。

韦坚步履匆匆地前往位于崇仁坊的景龙观。韦坚与皇甫惟明有一个共同的交会点，那就是太子李亨。皇甫惟明曾经担任过忠王友[1]，而韦坚则是李亨的大舅哥。皇甫惟明与韦坚这两个身份如此敏感的人在如此幽静的地点密会，不免会引起别人的无限遐想。

政治嗅觉极其灵敏的李林甫迅速捕捉到了这个宝贵的机会，随即上奏李隆基，认为韦坚与皇甫惟明密谋拥立太子篡位！

---

[1] 忠王友是一个从五品下阶的官职。

　　李隆基久久地凝视着李林甫所上的这封奏章，内心掀起了巨大的波澜。一个是手握重兵的边将，一个是身负重任的朝臣，一个是身为继承人的太子，将三个人联系在一起产生的可怕联想使得李隆基不由得倒吸了一口冷气。

　　李隆基回到寝宫的时候依旧心事重重，完全没有了往日的洒脱。

　　"到底是何事惹得陛下不悦？"杨玉环关切地问。

　　"有人告发太子阴谋谋反，爱妃对这件事怎么看？"

　　虽然李隆基对杨玉环很是宠爱，但他却从未在她面前提及过朝政，因为他内心深处对女人干政充满了抵触，祖母武则天的冷酷、伯母韦皇后的阴险、堂妹安乐公主的贪婪和姑姑太平公主的跋扈在他的心中留下了难以抹去的阴影。他亲眼看见了曾经不可一世的祖母武则天在神龙政变中被迫退位，亲眼看见了野心勃勃的韦皇后被士兵诛杀，亲眼看见了企图成为皇太女的安乐公主香消玉殒，亲身经历了曾经与他并肩战斗的姑姑太平公主迅速转变为最冷酷的敌人。

　　如今李隆基却主动在杨玉环的面前提及如此重大、如此隐秘的事情，实际上是在试探。李隆基担心太子为了权力谋害自己，同时也在担心有人为了权力陷害太子。他此前已经因为一时的冲动失去了三个儿子，绝对不能让骨肉相残的悲剧再次上演。

　　杨玉环也隐隐觉察到了李隆基似乎是在试探，说："不会是有人在故意陷害太子吧！太子一直谨言慎行，怎么可能会谋反呢？"

　　李隆基摆摆手，说："权力会让一个人彻底地迷失。从古至今，父子反目、兄弟相残的事难道发生得还少吗？如果李亨真是被人陷害，朕自然会还他清白；如果他真要图谋不轨，恐怕谁也救不了他！好了，不说这些烦心事了，陪我去梨园走走吧！"

　　若有若无的试探使得李隆基觉得杨玉环似乎并未牵涉其中。起初他也曾怀疑过，这或许是李林甫和杨玉环企图联手扳倒李亨、拥立李瑁的政治阴谋，但这番试探使得他很快就否定了自己的这个猜想。

　　次日，李隆基在勤政务本楼召集两位宰相——右相李林甫和左相李适之商议此事。由于李适之与韦坚一向过从甚密，唯恐避之不及，始终三缄其口，只是偶尔说一些无关痛痒的话。李林甫自然成了决定局势走向的主导者。

"陛下，万万不能让玄武门之变的悲剧再度上演！韦坚身为外戚，却交结边将，图谋不轨，罪不容赦。太子殿下或许真的是无辜的，但目前只有经过审理，才能还太子一个公道！"李林甫的话虽不多，却掷地有声、意味深远。

提及玄武门之变无疑会迅速放大李隆基心中的担忧和不安，因为在那场政变中，李世民不仅诛杀了太子李建成和巢王李元吉，更是迫使父亲李渊提前交出了权柄。李林甫并没有一口咬定太子一定参与其中，但是却指出了似乎唯一能够查明真相的办法，那就是立案审查。

李隆基沉默良久说："此事交由爱卿全权处置吧！"

李适之知道无论如何，韦坚恐怕都难辞其咎，而他与韦坚的亲密关系肯定会成为别人攻击自己的把柄，于是主动要求急流勇退。他装出一副痛心疾首的样子说："微臣识人不明，恳请陛下允许臣罢政事，任闲职。"

李隆基摆摆手，说："此事还是暂且搁置一下，等真相水落石出之后再做定夺。"

李林甫精心挑选了案件审理人员——御史中丞杨慎矜、御史中丞王鉷和京兆府法曹吉温，他们不仅都是李林甫的心腹，而且全都是审案的高手。特别是吉温一直是李林甫打压异己的撒手锏。吉温与罗希奭这两个令人闻风丧胆的酷吏被世人称为"罗钳吉网"，不知制造了多少起冤案，也不知摧毁了多少个家庭。

李林甫对案件的审理结果充满了期待。况且他此前又曾经去找过杨玉环，虽然杨玉环并没有当面应允，但他却明显地感觉到她似乎有些心动了，如果她能够从旁协助，那么何愁大事不成呢？

可是案件却迟迟没能取得李林甫所期待的进展。虽然是联合审案，但吉温的地位却比其他两个人要低很多。杨慎矜在三人中资历最高、级别最高，可首鼠两端的他却并不想彻底地站到太子李亨的对立面，因为李林甫与李亨的这场政治对决最终谁输谁赢还难以预料！

这段时间杨玉环明显感到李隆基一直愁眉不展，知道他一直挂念着那个案子。此时杨玉环的内心无疑也是复杂而又纠结的，她从本心里并不愿意看到血流成河的场面，但她又因为武惠妃的死而对李亨心生厌恶，虽然抛头露面的是韦婉华，但李亨想必才是真正的幕后主使。

"不知案件审得怎么样了？"李隆基既像询问别人，又像自言自语。

高力士犹豫许久才开口。在外人的眼里，高力士是皇帝的宠臣，可只有他自己知道伴君如伴虎的苦涩滋味。他越来越不敢贸然出言相助，可眼睁睁地看着阴险狡诈的李林甫如此肆无忌惮地谋害太子，高力士又实在不忍坐视不管。

高力士小心翼翼地回禀道："听说还没有结案，不过老奴很是担心啊！想当年多少个世族大家都因莫须有的罪名而分崩离析，老奴对此有着切肤之痛，那些穷凶极恶的酷吏们至今都令老奴心有余悸啊！他们还专门写了一部《罗织经·瓜蔓卷》，说，'事不至大，无以惊人。案不及众，功之匪浅。上以求安，不以邀宠。其冤固有，未可免也'。"

李隆基也曾见识过武则天时期的酷吏们的疯狂。他们犹如一群失去羁绊的恶狼般疯狂地撕咬，无数个家族惨遭荼毒。他们铁石心肠，冷酷无比；他们无中生有，栽赃陷害；他们小事变大，殃及无辜；他们滥用刑罚，屈打成招；他们嗜血成性，杀人如麻。想到这些，作为父亲的李隆基的心微微动了一下。

"玉环，你觉得朕该如此处置此事啊？"其实李隆基已经想好自己该怎么办了，不过又是在悄悄地试探她而已。

"玉环本一介女流之辈，不懂国家大事，既然三郎询问玉环，玉环只得如实相告。玉环觉得还是早日结案为好，以免节外生枝！"杨玉环小心翼翼地说。

李隆基点点头，若有所思地说："节外生枝！节外生枝！"

李隆基随即在勤政务本楼召见李林甫。其实在来的路上，李林甫就隐隐感到事情恐怕有些不妙，当他见到李隆基那张神情严峻的脸的时候，他知道自己的预感恐怕要应验了。

"案件有何进展啊？"面沉似水的李隆基厉声问道。

"启禀陛下，韦坚和皇甫惟明拒不认罪。只需假以时日，案件的真相必然会水落石出。"

"什么真相？皇甫惟明麾下精兵远在河西和陇右，如何拥立太子谋反呢？是他们真的谋反，还是有人在臆断他们谋反？"

李林甫顿时哑口无言了，在历次血雨腥风的宫廷政变中，驻扎在京城的禁军一直充当着急先锋的角色，却从未出现过边防军的身影！

李林甫"扑通"一声跪在地上，动情地说："微臣所做的这一切都是为了江山社稷，万万不敢夹杂任何的私心杂念啊！"

李隆基的面色舒缓了许多，说："爱卿平身吧！你为大唐所做的这一切，朕一直都看在眼里，记在心上。不过这件案子就暂且到此为止吧！韦坚唆使皇甫惟明在见朕的时候竭力举荐他，实属干进不已[1]。皇甫惟明让朕不要重用你，实属离间君臣，剩下的事就由爱卿去处理吧！"

李隆基无疑为这起案件定下了主基调。惶惶不可终日的李亨可以彻底地从这起复杂的案件中脱身而走。

虽然李林甫嘴上说的是"遵旨"，但心中却颇为不甘。他不愿看到一个如此难得的机会就这样在他的眼前悄悄地溜走了，但他却又无可奈何。他之所以能成为政坛上的不倒翁，既是因为他未雨绸缪，将潜在威胁消灭于萌芽，更是因为他识时务，会隐忍，绝不强出头。

正月二十一日，韦坚以"干进不已"的罪名由刑部尚书贬为缙云郡[2]太守，皇甫惟明以"离间君臣"的罪名由河西兼陇右节度使贬为播川郡[3]太守。

自从案发以来，李适之就一直有一种强烈的朝不保夕之感。在他的一再请求之下，他被免去左相职务，改任闲职太子少保。曾经踌躇满志的李适之从政治舞台的正中央黯然退场。

门下侍郎陈希烈成为新任宰相。多年的官场生涯使得陈希烈变得谨小慎微、唯唯诺诺，不求有功，但求无过。这次人事更迭使得李林甫再次将权柄牢牢地掌控在自己的手中。

---

[1] 为了升迁而不择手段。

[2] 今浙江丽水市。

[3] 今贵州遵义市。

　　李林甫的政治反击收到了"一石三鸟"的功效，罢黜了李适之，打压了韦坚，除掉了皇甫惟明，不过却未能撼动李亨的地位。他知道从自己迈出第一步起，便再也没有了回头路，要么李亨万劫不复，要么他李林甫死无葬身之地！

　　在李亨与李林甫的这场生死对决中，杨玉环内心的天平曾经偏向过李林甫，因为李林甫的话语的确曾经对她有所触动。但她却竭力保持着中立，因为她隐隐感到老辣的李隆基似乎察觉了什么。

　　随着案件的终结，此前总是愁云密布的李隆基一时间喜笑颜开，因为一切都在他的预料操控之中。

　　对于李林甫，李隆基既要用，又要防，用他是为了牵制李亨，更是为了稳定政局；防他则是为了不会引发不必要的局势动荡。对于李亨，他既怜爱，又防范，怜爱是因为血浓于水的亲情，防范是因为皇帝与太子之间的天然敌对性。

　　对于皇甫惟明被免职后留下的职位空缺，李隆基随即任命朔方、河东节度使王忠嗣兼任河西、陇右节度使。王忠嗣也成为第一位也是安史之乱前唯一一位曾经身兼四镇节度使的人。

　　王忠嗣与李亨情同兄弟，朝廷上下对此尽人皆知。李隆基借此表达一种政治姿态，他并没有因为这起案件而对儿子心存芥蒂。

内宫起纷争

　　有惊无险的太子李亨幸运地逃过了一劫，但他也深知老辣的政治对手绝对不肯轻易善罢甘休。他急于在宫中寻找一个强有力的盟友，只有这样才能立于不败之地！

　　经过一番思量，李亨将目标锁定了江采苹。江采苹生性喜爱梅花，她住的地方总会梅花飘香。李隆基特地在她的住处题了一块名为"梅亭"的匾额。每当梅花盛开的时候，她总会赏花作诗，甚至夜幕降临的时候，仍旧会在花下恋恋不舍，久久不愿离开。李隆基见她如此爱梅便戏称她为"梅妃"，可她却因生性率真而触怒了李隆基。

那天，李隆基宴请诸王。酒酣之际，李隆基命江采苹剖开橙子分送给诸王。她走到河东王李瑾面前。李瑾的父亲是李隆基的四弟岐王李范。李瑾一向沉迷于酒色，见到绝色女子总会生出非分之想。李瑾并没有马上伸手去接江采苹手中的橙子，而是如痴如醉般直勾勾地盯着楚楚动人的江采苹。

"河东王！"见他如此肆无忌惮地掳掠着她的美，江采苹的腮边泛起一阵红晕，轻声唤着他的名字，可李瑾却仍旧沉浸在她的美貌之中而难以自拔，竟然没有反应过来，仍旧在痴痴地望着她。

"河东王！"江采苹不禁有点恼怒，加重语气又喊了他一声。

如梦初醒的李瑾慌忙把目光从江采苹的身上移开，伸出手去接橙子，可就在那一刹那李瑾却轻轻地踩了一下她的秀足，脸上还露出了淫邪的笑容。

江采苹自觉一阵作呕，一言不发地转身离开了。不明就里的李隆基急忙放下手中的酒杯，派了个小宦官到她的寝宫去请她，不过她却没有回去的意思，只是派人给李隆基回话说："刚才鞋子上的珠串散了，等串好了就过去。"

李瑾顿感自己的祸这下可闯大了，酒顿时就醒了。

怎么办？这可怎么办？无计可施的李瑾额头上黄豆般大小的汗珠不停地滚落下来。他以不胜酒力为借口提前离场了，偷偷地来到梅亭，希望江采苹能够原谅他的鲁莽，而他甘愿付出所有，来弥补自己的过失。谁知他刚刚进殿，江采苹就不由分说劈头盖脸地呵斥道："你来干什么？赶紧滚出去！滚！"

自讨没趣的李瑾只得转身离开了。他也知道深夜前往皇帝宠妃寝宫有些不妥，可他却觉得除此之外，自己也别无选择。殊不知用一个错误去挽回另一个错误，最终只能深陷一错再错的泥潭。

宴会上，李隆基默默等待着江采苹的出现，可过了许久也未曾见到她的身影。李隆基将酒杯往面前的桌子上重重地一蹾，鼻子里轻轻哼了一声，拂袖而去，气冲冲来到了梅亭。

"你为何无缘无故中途离场？"李隆基不悦地责问道。

"采苹身子有些不适！"

"你一会儿说珠串散了,一会儿说身子不适,到底哪句是真,哪句是假?"

江采苹没有想到一向宠爱自己的李隆基居然会如此动怒。此前她也时常在李隆基面前率性而为,可李隆基每次都会包容她,就像一位慈父宽容自己任性的女儿,但这次却有所不同,她的恣意妄为让李隆基在诸王面前颜面尽失,李隆基自然也就不会再迁就她了。

望着愤然离去的李隆基,自恃清高的江采苹却并没有认错,也没有将宴会之上发生的事如实禀告,而且在之后的几天时间里,她也没能及时弥合两人之间出现的裂痕。她以为李隆基的怒火会随着时间的推移而慢慢消散,哪知她的沉默却使得她丧失了最后的机会!

李隆基再也没有去过梅亭,而且他从梅亭的宦官口中得到一个令人震惊的消息,就在那夜李瑾居然偷偷地去过江采苹的寝宫。其实在宴会之上,他已经觉察到江采苹在李瑾面前停留的时间要比在其他人面前长得多,似乎两人还有什么言语交流。关键是两人都借故提前离场。这个李瑾明明说自己喝醉了,却为何又悄悄跑到梅亭?难道两人之间有什么私情?想到这里,李隆基不禁怒火中烧。

江采苹就这样被赶出了兴庆宫,被安置到东都洛阳的上阳宫。皇宫之中再也没有了她靓丽的身影。

自感朝不保夕的李瑾一直惶惶不可终日,曾经一夜之间连续临幸了三十多个妃妾。他不敢停下寻欢作乐的步伐,只要停下来惶恐不安就会吞噬他的整个内心。其实在此之前,他就因过度沉迷酒色而虚弱不堪,如今依旧如此肆无忌惮地游戏人生,很快就暴病而亡,也算是彻底地解脱了。

李亨知道其实李隆基的内心深处并没有因为江采苹的离去而彻底地将她遗忘。李隆基渐渐意识到自己或许误会她了,可随着杨玉环的到来,他却只得将那份思念默默地埋藏在心底。

李亨特地去了一趟上阳宫,望着日渐憔悴的江采苹说:"如果你要是想离开这里,就要效仿汉武帝的陈皇后!"

汉武帝的皇后陈阿娇谪居长门宫后,命一个心腹内侍携带黄金千斤求司马相如写成《长门赋》，以求能够打动汉武帝，挽回彼此之间的感情。

江采苹当即挥毫泼墨，用自己特有的俊美笔法誊写了这篇《长门赋》。

她满带悲凉地说："如何才能让皇上看到臣妾所写的这篇赋呢？"

李亨自然不会冒着巨大的政治风险为她呈送给皇上，于是说："我特意带来了一千两金子。你把它送给高力士，高力士自然会想办法帮你呈上去。"

李亨一直将金钱看得很轻，颇有几分"千金散尽还复来"的意味。他用金钱收买了很多诸如玲珑这样的在大人物身边的小人物，却并不急于让这些人为自己做什么，但这些看似是闲棋冷子的人却往往在关键时刻会发挥关键作用！

再炙热的情感也有冷却的时候。跟杨玉环在一起时间长了，李隆基希望能够找寻到新的激情。高力士有意领着李隆基来到了江采苹曾经居住过的院落。看着自己亲手题写的匾额"梅亭"，李隆基不禁百感交集，那个曾经令他魂牵梦绕的倩影再次在他的心头闪动。

高力士趁机将江采苹誊写的《长门赋》递给李隆基。李隆基看后怅然许久。高力士趁机说："如果大家想她了，老奴可以暗地里将她接过来！"

李隆基没有同意，但也没有反对。高力士明白这是默许了。

天宝五载（公元746年）七月，夏秋之交，炎炎烈日的余威还没有彻底散去。高力士暗中派遣小宦官将江采苹从洛阳接到了长安，又乘着夜色将她带到了翠华西阁。久别重逢的两个人诉说着离别的酸楚和思念的痛苦。两人在床榻之上酣畅淋漓地倾泻着心中淤积已久的情感，然后昏昏沉沉地睡去。

慌慌张张赶来通报的侍从将熟睡中的李隆基从美梦中惊醒，告诉他一个令他有些震惊的消息，贵妃娘娘已经到了殿外。此时的李隆基有些乱了方寸，一边慌张地穿上衣服，一边抱起江采苹将她藏在帘子的夹层之中。

"梅精在哪里？"突然闯入的杨玉环厉声问道。

"她不是在洛阳吗？"李隆基敷衍道。

"如果她果真在洛阳，怎么会有人看到她在这里出现？"

"怎么可能？"

其实杨玉环已经从他的眼神中猜到了一切，怒斥道："这里杯盘狼藉，而且床底下还有女人的鞋，不知夜里是谁在陪伴陛下，害得陛下现在还无心上朝？陛下还是去接见群臣吧！臣妾在这里等陛下回来。"

李隆基硬着头皮说："朕今日身体不适，无法上朝。"

"陛下恐怕是另有隐情吧！"杨玉环说完之后就愤愤地转身离开。

很快，一个小宦官就秉承杨玉环的旨意偷偷地将江采苹送回了冷清的上阳宫。望着人去楼空的翠华西阁，李隆基心中的怒火熊熊地燃烧着，将那个胆大妄为的小宦官给杀了，指着杨玉环呵斥道："你太过分了！"

杨玉环不仅没有认错，居然还不依不饶地说："不是玉环过分，而是圣上食言了！想当初，圣上为了能够得到玉环，曾经信誓旦旦地说，今生今世只爱玉环一人！如今你难道都忘了吗？"

杨玉环的所作所为显然已经触碰到了李隆基所能承受的底线。贵为帝国皇帝的他早已见惯了人们的笑靥，也见惯了人们的奉承，因为他可以随时赐予你一切，也可以随时剥夺你的一切。他还从来没有见识过如同杨玉环这般刁蛮的女子，于是彻底地愤怒了。皇帝一旦动怒，后果肯定会很严重，因为不知有多少人会死于他的盛怒之下！

如果换作别人，或许将会性命不保，可她毕竟是他最爱的女人，因此他根本就狠不下心来，因为他担心一旦失去了，恐怕就再也得不到了。武惠妃的离去曾经让他体尝到了那种难以名状的寂寞和痛楚，因此他再也不想经历那种痛苦的轮回。

他身边的女人虽多，但能够让他悦目的女人却并不多，能够让他既悦目又赏心的女人更是凤毛麟角，否则他也不会冒天下之大不韪硬生生地将自己的儿媳抢到自己的身边，既然走到一起如此不易，他自然难以痛下决心。

可不知天高地厚的杨玉环对他竟然如此大不敬，他又实在咽不下这口气。他觉得后宫之中每个女人的命运都操控在自己的手里，她们对自己只能是奉承，只能是献媚，绝对不能有丝毫的怨言，有丝毫的顶撞。

"你出去，给朕滚出宫去！"李隆基歇斯底里地吼叫着。

"你……"杨玉环哽咽了，泪水顿时模糊了她的双眼。她觉得自己并没有错，只是想得到一份纯粹的爱！

杨玉环哭着跑向殿外。百感交集的她回头最后看了一眼巍峨的宫墙，不知自己还能否再回来。她知道这次离去无疑也标志着她和李隆基这段来之不易的婚姻即将走到尽头。

杨玉环被遣送出宫，可此时她的生父和养父都已去世了，孤苦伶仃的杨玉环又会去哪里呢？俗话说"长兄如父"，杨玉环被送到了亲哥哥杨铦的府上。

以这种方式见到自己的妹妹，杨铦顿时就慌了，因为他知道杨家满门的荣耀都是因为这个宝贝妹妹，如果妹妹要是失宠了，他们的好日子恐怕也就要到头了，或许噩梦很快也会到来。

对于这场始料未及的情感风波，稚嫩而又任性的杨玉环显然缺乏足够的心理准备，而老辣的李隆基同样缺乏心理准备。他貌似占据着主动，但只有他明白自己所做的这一切都是被动的、被逼的。他不允许任何人冒犯自己，可他又怎么忍受得了失去她呢？

在追逐权力的路上，李隆基显得有些冷酷、有些无情，因为他觉得只要赢得了天下，上天会加倍地补偿他。当武惠妃离去后，他第一次真切地感受到了得到三千佳丽易，得到一个真正爱的人却很难！

年过花甲的李隆基比以往任何时候都懂得珍惜。在过去的那段惬意的日子里，他和杨玉环"行同辇，止同室，宴专席，寝专房"，可如今那个与自己形影不离的女人就这样突然地从他的生活里彻底地消失了，那种无助和失落是外人所无法感受的。

中午时，李隆基面对着满桌的珍馐美味却没有一点儿胃口，似乎总有一团东西紧紧地堵在喉咙里，咽不下去，也吐不出来。

他似乎感觉整个世界都暗淡下来，而他眼中的阴暗逐渐弥漫到心里，以至于他的心都开始慢慢变得扭曲了。他感觉身边的每一件事都不顺心，动不动就发怒；看着身边的每一个人都不顺眼，动不动就责罚。这下可苦了他身边的那些宫女和宦官们，不知厄运什么时候会降临在自己的头上。

李亨偷偷地派人给高力士捎话，让他趁机劝说皇上迎回江采苹。高力士也的确动过这个念头，江采苹的确是他亲手送进宫的。可是高力士却从李隆基的眼神中看到了他对杨玉环有着太多太多的不舍。自从登基以来，还没有哪个女人敢于如此指责他，敢于这样对待他，杨玉环显然已经触碰到了他的底线，可他依旧对她放不下，或许他根本就无法适应没有杨玉环的日子。

虽然高力士曾经不遗余力地帮过李亨，但他内心的情感天平却永远都会偏向李隆基。早就猜透李隆基心意的高力士说："不知贵妃现在过得如何？贵妃走得甚是匆忙，什么东西都没带。陛下是不是可以命人将贵妃的物品送过去。"

高力士的话无疑为李隆基铺就了一个台阶下。早就迫不及待的李隆基不仅让宫女宦官们将杨玉环平日里使用的帷帐、器物等生活用具装了近百车，还特地将自己使用的御馔分出一半也一并送了过去。李隆基实际上是在传达强烈的和解信号。

随着这支浩浩荡荡的队伍的到来，原本还笼罩在惶恐气氛之中的杨府顿时便洋溢着一种欢快的气息，因为李隆基对杨玉环的爱恨情仇关乎的并不仅仅是她个人的命运，而是整个家族的兴衰。

高力士见自己的试探收到了效果，便趁机恳请李隆基准许贵妃回宫。高力士其实是说出了李隆基心底深处最想说但又不便说的话。李隆基很快便顺水推舟地同意了，因为他愈加真切地感受到自己不能没有杨玉环。或许只有濒临失去的时候才会真正意识到她对于自己的价值！

当天夜里，李隆基悄悄地迎回了念念不忘的杨玉环。在沿途禁军的护卫之下，杨玉环怀着复杂的心情走向熟悉而又陌生的兴庆宫，就在她刚刚离开的时候，她尚且不知自己究竟还能不能回来，什么时候才能回来，更不知道未来的日子将会怎样。如今一切都尘埃落定了，李隆基离不开她，而她更离不开李隆基。

由于实行严格的宵禁制度，白日里喧嚣的大街上一片寂静，不仅长安城的城门夜晚要关闭，就连普通百姓居住的各坊的坊门也会关闭，而且一旦关闭绝不允许再随意开启，至于中央官署、宗庙等重要机构和设施所在的皇城城门和皇帝嫔妃居住的宫城的宫门更是不能随便打开，如果因为紧急的军国大事需要在夜间打开，则需报请中书门下审核。在杨玉环的回宫之路上，崇仁坊和安兴坊两道坊门以及兴庆宫的宫门早已关闭了，不过李隆基却破例为她通通地打开了，这在唐朝历史上是很罕见的！

李隆基之所以选在夜间迎回自己的爱妃，一方面是因为他迫不及待地想要见到杨玉环，另一方面则是为了维护皇家的尊严，试图掩盖发生的一切。

虽然两人仅仅分别了短短的一天时间，但两人重逢之后却有一种恍如隔世之感。杨玉环见到李隆基后伏地谢罪。笑容满面的李隆基急忙将她搀扶起来说："回来就好！回来就好！"

后宫又像往日里那样歌舞升平，感受最强烈的是伺候在李隆基身边的那些宫女们。杨玉环离开的时候，李隆基动不动就龙颜大怒；如今杨玉环回来了，李隆基动不动就大肆封赏。这也从侧面反映出杨玉环在李隆基心中的重要性，在佳丽三千的后宫，唯有杨玉环可以左右李隆基的心境，进而影响整个后宫的气氛。

李隆基也在这场风波中第一次真切地感受到自己是多么在乎杨玉环。他也在这两个女人之间彻底地做出了取舍。他觉得杨玉环好比是自己的正餐，而其他的女人好比是调味品，没有了调味品或许会感到有些索然无味，但如果要是错过了正餐，则会感到无比饥饿。

当然此时年过花甲的李隆基也渐渐感到有些体力不支，再想像之前那样纵欲肯定吃不消，不如将有限的精力投放到最爱的女人身上。"天宝五载以后，杨贵妃专宠，后宫人无复进幸矣。六宫有美色者，辄置别所，上阳其一也，贞元中尚存焉。"[1]

不仅仅是江采苹，很多可怜的后宫女子仅仅因为稍微有些姿色就被安置到宫外，免得李隆基见到诱人的美色之后会难以自持。稍稍幸运一点儿的被安置到长安周边的离宫别馆之中，或许偶尔还会有机会再见到皇帝；倒霉一点儿的则被打发到洛阳上阳宫中。虽然李隆基登基后曾多次驾临洛阳，还曾在上阳宫中大宴群臣，可他自从开元二十四年（公元736年）冬天离开洛阳后便再也没有去过那里。

这场风波后，李隆基命人将江采苹没有来得及带走的鞋子和头上插的钗

[1] 白居易《乐府诗集·卷九六》中的《上阳白发人》。

饰全都封起来送到洛阳上阳宫。

江采苹满怀悲凉地问那位使者："皇上莫不是不想要我了？"

使者苦着脸说："皇上本意并不想抛弃您，怎奈贵妃娘娘不依不饶！"

江采苹苦笑道："这与抛弃我又有什么两样呢？"

江采苹与那些被遣送出宫的失意女子们日复一日地企盼着皇帝能够移驾东都，年复一年地等待着皇帝能够临幸自己，可她们或许将会在这种寂寞孤苦的等待中走完自己悲惨的一生，最美好的时光全都空耗在冷冰冰的宫殿里，眼睁睁地看着自己的容颜在一点点儿地老去。尤其是夜幕降临的时候，静静地倾听着用于计时的铜壶滴漏在滴答作响，仿佛这个小小的铜壶与烟波浩渺的大海相连，里面的水永远都滴不完。漆黑的夜显得如此漫长，仿佛永远都等不到尽头，真是"似将海水添宫漏，共滴长门一夜长""红颜未老恩先断，斜倚熏笼坐到明"！

金殿闭锁，宫花寂寥，上阳宫犹如一座监狱，禁锢了她们的自由，也好似一座活坟墓，埋葬了她们的青春和幸福。

白居易在《上阳白发人》中抒发了对那些幽闭在深宫之中的佳人们悲惨命运的慨叹："上阳人，红颜暗老白发新。绿衣监使守宫门，一闭上阳多少春。玄宗末岁初选入，入时十六今六十……上阳人，苦最多。少亦苦，老亦苦，少苦老苦两如何？"

尽管如此，李隆基还是会时常想起才华横溢的江采苹。恰逢外国使者进贡了一批名贵珍珠，他偷偷地命人给江采苹送去一斛珍珠。高傲的江采苹却拒绝了皇上的赏赐，还写了一首如泣如诉的《谢赐珍珠》（又名《一斛珠》）：

> 柳叶蛾眉久不描，残妆和泪湿红绡。
>
> 长门自是无梳洗，何必珍珠慰寂寥。

自古"女为悦己者容"，既然悦己者已经成了负心汉，赏赐珍珠又有何用？她早已不再描眉，早已不再画眼，早已不再梳洗，早已不再化妆，只剩下似乎永远都流不完的泪水，在满是残妆的脸上肆意地流淌。

读完这首满是凄凉伤感的诗，李隆基不禁老泪纵横、痛断肝肠，但他又无可奈何，因为他对杨玉环爱得更深沉。

安史之乱爆发，洛阳失陷，命运多舛的绝色美女江采苹再也不见了踪影。李隆基只得暗自嗟叹。一个小宦官交给李隆基一幅画，画上的江采苹惟妙惟肖、栩栩如生。老泪纵横的李隆基随即写下一首悼念梅妃的诗歌《题梅妃画真》：

> 忆昔娇妃在紫宸，铅华不御得天真。
> 霜绡虽似当时态，争奈娇波不顾人。

为了表达对江采苹的怀念，李隆基命人将这首幽怨哀婉的诗谱成曲，《一斛珠》从此成为一个流传至今的词牌名。

岁月露狰狞

功败垂成的李林甫心有不甘，却也不敢再贸然行事，而是静静地等待着下一个机会的来临。正当他因苦于没有借口而一筹莫展时，韦坚的弟弟们却给了他求之不得的继续兴风作浪的机会。

时间转眼就到了九月，凉风掠过，细雨蒙蒙，落叶飘零，天地萧瑟。缠绵的秋雨笼罩着整座兴庆宫，轻轻地敲打着朱红色的窗子。杨玉环一脸漠然地看着窗外，清冷中带着寂寥，悲凉中透着肃杀。萧瑟的秋风掠过她柔软的思绪，使得她的心中始终充斥着说不清、道不明的惆怅。她忽然想起了曹丕的诗句："秋风萧瑟天气凉，草木摇落露为霜。"

芳草又枯秋又来，花有重开日，但人却不再有少年时。虽然她只有二十八岁，但她却感觉自己似乎一下子就老了许多，不禁感慨青春的时光如流沙般从她的指间悄悄溜走，青春如同一场终将曲终人散的盛宴，不管你是如何登场，终究要无奈地落幕。

贴身侍女雪晴轻轻地走到杨玉环的身边跟她说："杨鸿胪托人给贵妃娘娘带个话，让您在方便的时候回一趟家，说有要事相商！"

杨玉环的心中不免一惊，不知哥哥到底有何事要找自己。好在李隆基这几天外出打猎了，杨玉环也自由了许多，否则自己出宫很是不便。杨玉环赶紧让雪晴前去备车，即刻赶往哥哥家。

等到了哥哥家，杨玉环却发现了两个的熟悉身影——韦兰和韦芝，她当即明白了哥哥叫自己回家的真实原因。

看到哥哥韦坚无缘无故地被贬官，韦兰和韦芝常常感到愤愤不平，决意为哥哥打抱不平。他们思虑再三决定来找如今风光无限的杨玉环。

杨玉环年幼的时候经常去韦家找韦婉华玩，那时韦坚已经到外地为官，因此杨玉环对韦坚并没有什么印象，但那时的韦兰却仍在洛阳为官，韦芝还未考取进士仍在家苦读，这两个大哥哥对杨玉环这个长相俊俏的小妹妹很是关爱。那段美好的记忆也永远埋藏在杨玉环的心底。

杨玉环的哥哥杨铦的仕途起初并不太如意，在几个偏远的小县担任属官，整日看长官脸色，仰长官鼻息，跑断了腿，磨破了嘴，累弯了腰，熬白了头，也未必能够升迁。杨铦决意在都城长安谋个差事，因为他觉得在繁华的都城要比狭小的县城机会多得多。那时的杨玉环刚刚跟随夫君李瑁来到长安，不知道到底该怎样为哥哥活动。她忽然想到了已经升任将作少匠的韦兰，这或许是她能在长安找到的唯一的关系。杨玉环怀着忐忑的心情去找韦兰，不知已多年不见的韦兰能否帮忙。韦兰得知她的来意之后当即应允下来，正巧将作监缺少一名录事（从九品上阶），于是疏通关系将杨铦调入京城。杨玉环因此对韦兰颇为感激。即使她后来与韦婉华各为其夫、反目成仇之后，她仍旧没有忘记韦兰曾经对她的好。

"不知哥哥们叫玉环前来所为何事啊？"杨玉环的字里行间没有一点儿贵妃娘娘的架子，在他们面前仿佛自己仍旧是那个懵懂的小姑娘。

韦兰还没等杨铦开口就抢先说道："既然咱们都不是外人，那我可就开门见山，直截了当了。今天我们兄弟来找贵妃娘娘是有事相求。我们的大哥韦坚无故被贬，想必娘娘也知道了。大哥不过是与皇甫惟明见了一次面而已，如今却被贬谪外地，这是何等道理啊！我们就是想请娘娘在圣上面前为大哥主持公道，不知娘娘意下如何？"

杨玉环皱着眉说："兰哥，很多内情可能你并不知晓，虽然目前的处理结果并不令人满意，但这或许是各方都能勉强接受的结果！"

韦兰不满地说："谁说都能勉强接受，我们就接受不了！大哥凭什么蒙冤被贬，这明明是李林甫在处心积虑地构陷他！大哥到底有没有谋逆，我们最清楚，太子最清楚！"

听到"谋逆"这个词，杨玉环的心中顿时一惊。李林甫曾经处心积虑地想将这起案子引向"谋逆"的方向，不过却被李隆基果断地纠正过来，可如今他们却再次提到了这个敏感的词，殊不知这恰恰正中李林甫的下怀。

"兰哥，芝哥，玉环今日说句肺腑之言，过去的事就暂且让它过去，如果现在非要追问对与错，只会受到更大的伤害！"杨玉环苦口婆心地规劝道。

韦兰几近愤怒地说："够了！妹妹你真的变了！变得我们都不认识了！"

杨玉环说："玉环的确变了，曾经看到过、经历过那么多血腥的场面，玉环不可能不变。不是玉环不肯帮忙，玉环真的不希望悲剧再重演！"

"说得真好！如果被贬的不是我们的大哥韦坚，而是你的哥哥杨铦，你还会如此淡定吗？"韦兰愤愤不平地说。

一直默不作声的杨铦朝着杨玉环使了个眼色，示意她暂且应允下来，然后再从长计议，免得彼此之间闹僵了，会伤了和气。杨玉环却假装没有看见。

如果旧事重提无疑是对皇帝权威的极大挑战。原本已经平息的事态将会再次掀起巨大的波澜，而且李亨一旦被牵涉进来，必然会使得案情变得愈加扑朔迷离。她觉得自己必须要将正行走在悬崖边上的两位哥哥拉回来，否则哪怕再向前多走一步，都可能会粉身碎骨！

在哥哥面前，韦芝一直刻意保持着谦卑和低调。虽然他在兵部仅仅是个员外郎（从六品上阶），品级并没有哥哥高，但他所在的兵部却是实权部门，尽管如此，他仍旧恪守着"长幼尊卑"的礼制。见哥哥话语中的火药味越来越浓，韦芝不得不打破了沉默，劝道："哥哥，你千万不要意气用事，妹妹或许也有着我们所无法体会的苦衷！"

韦兰一瞪眼，说："这里恐怕还没有你说话的资格！贵妃娘娘，你给个痛快话，这个忙你到底是帮还是不帮！"

杨玉环说："哥哥的忙，玉环没有理由不帮，可如今帮你其实是在害你！希望哥哥能够体谅玉环的一片苦心，三思而后行！"

韦兰冷笑了两声，挖苦道："理解！理解！贵妃娘娘今非昔比了，不愿再趟这摊浑水了！既然如此，多说无益。我就不信这世间会没有公道！"话音未落，韦兰转身就走，走得是那样决绝。

杨铦急忙追过去，还想再劝解两句，却没有跟上韦兰急匆匆的步伐。

韦芝本来也想劝劝哥哥，但哥哥刚刚的那番斥责，却言犹在耳，他也只得噤若寒蝉。

其实此时一切的规劝都注定是徒劳的，因为一意孤行的韦兰早已打定主意要沿着自己认定的这条路义无反顾地走下去，而这恰恰是杨玉环最为担忧的，此时或许只有她知道韦兰这个本来想还哥哥清白的举动会将他们的家族拖入更加痛苦的深渊之中！

在接下来的十几天里，杨玉环的日子过得波澜不惊，但她却隐隐感到这或许是暴风雨来临前的宁静。

那日，李隆基早朝后气呼呼地回来，恶狠狠地说："这个韦坚真是可恶至极！他居然唆使两个弟弟为自己鸣冤。这种人绝对可怜不得！"

杨玉环急忙劝道："三郎切勿动怒，气大伤身。或许身在异地的韦坚对此并不知情，只是他的两个弟弟擅自行事！"

"玉环，你太单纯了，人心叵测啊！好了，不说这些了，陪我到梨园去散散心，最近烦心事太多了！"

两人刚刚走到大殿门口就遇到匆匆赶来的李亨。李亨急忙行礼，说："孩儿参见父亲大人、贵妃娘娘！"

李隆基阴沉着脸，说："亨儿，免礼！"

李亨战战兢兢地说："孩儿不孝，惹父亲生气了！"

余怒未消的李隆基直勾勾地注视着李亨。李亨内心的恐惧达到了极点。前任太子血淋淋的教训让他感到有些不寒而栗。他稍稍低下头，避开父亲锐利的目光。

见气氛有些尴尬，杨玉环急忙说："太子终日居于深宫，应该与此事无涉！"

李亨万万没有想到杨玉环居然会为自己出面解围，不知道她葫芦里到底卖的是什么药。其实杨玉环的想法很简单，就是不希望李隆基气坏了身子。

李亨继续说："孩儿不愿以亲废法，恳请父亲准许孩儿与太子妃韦氏离婚！"在进宫的路上，李亨就已下定决心与韦家人彻底地划清界限，正是他在关键时刻的忍痛割爱稍稍化解了李隆基心中的猜忌与不满。

杨玉环闻听此言，内心却掀起了巨大的波澜。她万万没有想到李亨为了自保竟然会毅然决然地抛弃相伴多年的结发妻子。韦婉华为了能让他成为太子付出了那么多，可波谲云诡的政治居然会使得亲情和爱情变得如此不堪一击！

李隆基脸上的怒气消散了许多，说："离婚是你自己的事，只要你自己考虑清楚了就好！"他说完之后头也不回地向前走去，将李亨孤零零地抛在了身后。

杨玉环看了一眼诚惶诚恐的李亨，也快步跟了过去。此时她的内心对李亨不再有一丝同情，有的只是愤怒和鄙夷！

正是因为李亨在关键时刻选择与韦家人进行彻底的切割，一场更加猛烈的政治暴风雨向着多灾多难的韦家无情地袭来。

韦坚再贬为江夏别驾，韦兰和韦芝被革职后贬往岭南。阴险的李林甫此时还不忘落井下石，乘机进谗言说，韦坚与李适之、裴宽等人结为朋党，因为他知道李隆基最痛恨大臣"结党"。几天后，韦坚被免职流放临封[1]，李适之被贬为宜春[2]太守，睢阳太守裴宽被贬为安陆[3]别驾。

杨玉环曾经深深地恨过韦婉华，因为她曾经利用自己的稚嫩和天真达到不可告人的目的，可当她得知曾经的太子妃韦婉华如今已经到感业寺出家为

---

[1] 今广东封开县。

[2] 今江西宜春市袁州区。

[3] 今湖北安陆市。

尼的消息后，她的心还是受到了强烈的触动。她与韦婉华曾经在一起度过的许许多多美好的画面在她的脑海中一一掠过。她左思右想之后还是决定去一趟感业寺。

杨玉环走进大雄宝殿的时候，韦婉华正跪在佛像前虔诚地诵读着经文，她的诵读声在大殿内久久地回荡着。曾经那个衣着华丽、气质高贵的太子妃如今已经沦为一个衣着朴素、素面朝天的尼姑。因为李亨的无情，她不得不离开自己的家庭、自己的丈夫和自己的四个孩子。她不得不独自忍受丈夫的冷酷带给她的无尽伤害。

杨玉环的心头不禁涌起一阵酸楚，叫了一声："婉华姐姐！"

韦婉华微微睁开双眼，用余光扫了一下身旁的杨玉环，但很快又闭上了。她一边数着念珠一边说："贵妃娘娘想必是来看我笑话的吧！"

杨玉环有些动情，也有些气愤地说："如果姐姐果真这么想，玉环现在就走！"

韦婉华闻听此言突然从蒲团上站起来，紧紧地搂住杨玉环，失声痛哭起来。

她看似平静地接受了这一切，但她的内心却一刻也未曾平静过。晶莹的泪珠顺着她曾经美丽动人、如今却憔悴枯黄的脸缓缓地流下，落在了杨玉环的齐胸襦裙之上。杨玉环轻轻地抚摩着她的后背，安慰道："婉华姐姐，一切都会过去的！"

韦婉华渐渐停止了哭泣。这时一个一直站在光影深处的侍女急忙走过来，递给她一块丝质手帕。杨玉环猛然发现那人居然就是当年不辞而别的玲珑！

望着擦拭泪痕的韦婉华，杨玉环诚恳地问："如今玉环还能为姐姐做些什么呢？"

韦婉华摇着头说："一切都太晚了！一切都太晚了！"

"什么太晚了？"杨玉环不解地问。

韦婉华用低沉哀婉的语调说："醒悟得太晚了！你越爱别人，越在乎别人，自己就会变得越卑微，卑微到迷失了自我。你走吧！姐姐谢谢你还能来看我！"

杨玉环说："难道姐姐想在这里待一辈子吗？"

韦婉华满带伤感地说："佛说，一切的果均有因。富贵皆由命，前世各修因。如今我都已经家破人亡了，我还能去哪里？"

冷眼旁观的李亨一直默不作声地注视着李林甫对韦家人进行着残酷的迫害。凡是与韦家有牵连的人全都无可避免地遭遇到了厄运，被流放、被贬官的达数十人之多。

后来韦坚、韦兰、韦芝三兄弟都被朝廷赐死，就连素来与韦坚过从甚密的李适之的心中也充满了恐惧。他听说以残忍血腥著称的酷吏罗希奭要来宜春，在无限惊恐之下服毒自杀了。罗希奭又绕道安陆去见裴宽。求生心切的裴宽竟然向罗希奭连连叩头，苦苦哀求能够放自己一条生路。裴宽最终用自己的尊严换来了苟活的机会。

由于韦坚曾任江淮租庸转运使，李林甫派遣心腹沿着黄河前往江淮地区各个州县去搜寻韦坚的罪证，韦坚的很多老部下甚至船夫都因受到牵连而惨遭逮捕。监狱里一时间人满为患。虽然李林甫名义上是在搜罗已经死去的韦坚的罪证，但实际上却是'项庄舞剑，意在沛公'。不计其数的家庭就这样被残酷地摧毁了，直到李林甫去世之后，这场声势浩大、牵连甚广而又令人发指的政治迫害才彻底地画上了句号。

曾经煊赫一时的韦家就这样败落了，如今外人都像躲避瘟疫一样躲着韦家人。此时的韦婉华又能去哪里呢？更让她心痛的是韦家遭遇这场灭顶之灾的祸根其实是李亨亲手植下的，可如今的李亨却冷漠地注视着这一切。

韦婉华自然知道得宠的杨玉环如今可谓是权势熏天，但她却依旧无法解救自己于水火。如果她的前夫换作是别人，或许她还会有重新开始的机会，因为在开放包容的唐代，妇女通过再婚追求自己的幸福并不是什么新鲜事，但她的前夫却是当今的太子、未来的皇帝，其实从她被扫地出门的那一刻起，她便再也没有了追求幸福的权利。

即使"万千宠爱在一身"的杨玉环能够侥幸说动李隆基准许她再嫁，普天之下又有谁敢娶她呢？即使有人敢冒天下之大不韪迎娶她这个已经被废的太子妃，那么一旦李亨登基称帝，她的死期恐怕也就不远了。

刚才的眼泪如同是一场人生的洗礼。从她擦干眼泪的那一刻起，她便彻底地斩断了尘缘，彻底地接受了残酷的现实。她决意要在青灯古佛旁凄苦地了却残生，所有的荣华与富贵都伴随着燃尽的灯芯化作一缕尘埃。

"既然姐姐如此说，那就请姐姐多保重吧！"

韦婉华并没有说话，默然地看着面前那尊慈悲肃穆的佛像。一直静静地站立在一旁的玲珑趁机说："如果主人不便相送，那就请玲珑代主人去送送贵妃娘娘吧！"

"走吧！都走吧！让我一个人静静。这对我来说，或许是一种解脱。"韦婉华闭着眼说道。

玲珑将杨玉环送到殿外，突然"扑通"一声跪倒在杨玉环的面前，痛哭流涕地说："奴婢自知有愧于主子，可奴婢当时实属万般无奈，如果主子能够再给奴婢一次机会，奴婢一定尽心竭力地服侍主子，赴汤蹈火，万死不辞！"

杨玉环心想："你以为我还是当初那个天真的小姑娘吗？如今韦婉华失势了，你又想着要来投靠我了！不要痴心妄想了！"

杨玉环望着曾经跟自己朝夕相处的玲珑，内心一时间五味杂陈，不仅仅是因为玲珑的突然出现，更是因为那些不堪的往事。她平复了一下自己的情绪，冷冷地说："你的主子在里面，赶紧回去服侍她吧！"

说完之后，杨玉环头也不回地走了，将玲珑还有那段不愿回忆的痛苦记忆远远地抛在身后！

随着时间的推移，那场发端于元宵节的政治风波渐渐地远去了，可就当天宝六载（公元 747 年）的春节越来越近的时候，一场新的风波却再次向太子李亨袭来。

凄风逢苦雨

雪还在洋洋洒洒地飘落着，银装素裹的大地白茫茫一片，让人分不清方向，辨不清远近。

呼啸的狂风卷起无数的雪花，傲立枝头的寒梅在风雪中艰难地挺直身姿，却终究抵不过这凄厉的狂风，无奈地跌落枝头，在空中纷乱地飞舞着，最终被无边无际的白色无情地吞噬了。

这段日子，杨玉环发现贴身侍女雪晴总是心不在焉，心事重重，不禁关切地问："雪晴，最近怎么了，好像有什么心事？"

雪晴突然跪在地上，哭诉道："贵妃娘娘，求求您，救救柳勣吧！"

"柳勣是谁？"一头雾水的杨玉环反问道。

"是……是……奴婢的亲戚！"雪晴吞吞吐吐地说。

"你什么时候有这门子亲戚？"杨玉环不悦地说。

"事到如今，也就不瞒贵妃娘娘了。我们……我们是通过红叶传书认识的……"

杨玉环早就听闻久锁在宫中的落寞宫女们习惯于将满腹心酸寄托于落花流水之中，但往往是落花有情，流水无意！

那是一个春意盎然、百花争艳的初春时节，柳勣跟几个好友前去踏春，不禁感叹又是一年春来到，伤流年，几度花开花谢，多年浮尘如梦，满地惆怅谁人解？

柳勣路过兴庆宫宫墙外的御沟时偶然发现几片红叶从宫墙内飘了出来，其中一片红叶之上隐约还有些字迹。他好奇地从水中将那片红叶捞出来，只见上面居然题着一首诗：

> 风吹梨花玉阑香，琼轩金瓦闪瑶光。
>
> 盎然春意锁建章，唯有落红出宫墙。

柳勣久久地凝视着红叶上俊秀的字迹，仿佛看到了题诗人俊美的脸庞，更为重要的是那首充斥着绵绵宫怨的诗深深地打动了他。

柳勣一直觉得自己的婚姻生活很不幸福，是一桩典型的政治婚姻。他的夫人杜氏是太子府杜良娣的亲姐姐。正三品的杜良娣在东宫诸姬妾中的地位仅次于太子妃。自从太子妃韦氏被废后，杜良娣就成了东宫新的女主人。他的父母当初只是看中了杜家显赫的家世，并没有过多地考虑儿子的感受。这个杜氏胸无点墨，才华横溢的柳勋自然难以和她有什么思想上的共鸣。他一直梦想着能有一位绝色才女与他琴瑟和鸣。如今这片小小的红叶突然撩动了他的心弦。

柳勋回府之后一直待在书房之中，来回踱着步，突然间才思如泉涌，在那片红叶之上提笔写道：

> 落寞美人立轩廊，遥望明月夜更凉。
> 所谓伊人在何方，疏影摇曳留暗芳。

柳勋来到御沟的上游，将那片寄托着无限相思之情的红叶缓缓地放入水中，希望这片碧波能够将这片红叶带给那位素未谋面的佳人，但他也知道这不过是自己一厢情愿而已。

柳勋总会在夜深人静的时候遥想着，那位题诗的佳人究竟长什么模样，能否见到自己所和的那首诗。不过随着时间的推移，他也渐渐淡忘了此事，觉得那不过是一场遥不可及的梦。

柳勋参加好友组织的诗会。一个朋友兴冲冲地举着一片红叶，说："诸位兄台，这片小小的红叶之上铭刻着一对情侣借诗传情的传奇故事。"

柳勋的心猛地一动，这片红叶是何等的熟悉。他急忙接过朋友手中的红叶，上面果然有自己所留的墨迹。那位梦中佳人不仅见到了自己所和的那首诗，而且还有感而发又写了一首诗：

> 一叶题诗出禁城，谁人酬和独含情。
> 自感不及水中叶，荡漾乘春取次行。

那位跟柳勋素未谋面却神交已久的佳人还特地留下了自己的名字"雪晴"。柳勋通过各种关系在宫中寻找一个名叫"雪晴"的宫女。功夫不负有心人，他终于探听到了那个令他魂牵梦绕的"雪晴"就是集三千宠爱于一身的杨贵妃的贴身侍女，可宫女一入深宫便与外界音信断绝。天各一方的两个人似乎永远都不可能有交集，但命运却破例再次垂青了他们一次。

按照惯例，幽闭深宫之中的宫女们只有在上巳节[1]时才能见到久违的亲人，因此每到那时，兴庆宫大同殿前总是人头攒动，有的抱头痛哭，有的喜极而泣，更有甚者因为过于激动而昏倒在地。幸运的人很快就能在人山人海中找到自己的亲人，而不幸的人却只得在人山人海中艰难地寻找，直至日暮时分，也未能发现亲人熟悉的身影。雪晴便属于后者，郁结在心头的强烈的思乡恋家之情得不到释放，望着血色残阳不禁失声痛哭。

杨玉环看在眼里，痛在心上，走到她的身旁，将她拥入怀中，安慰道："不要悲伤，我会恳请三郎破例准许你出宫。"

很快，雪晴就被恩准出宫回家探望父母。在家的那段时光对于她而言既是幸福的，也是短暂的，就在她即将回宫之时，一个长相俊美、衣着华丽的中年男子却叩响了她家的柴门。

"请问这位公子找谁？"

"雪晴姑娘在吗？"

"请问您是？"

"在下左骁卫兵曹参军柳勣是也！"

"雪晴并不认识公子，不知公子找雪晴何事？"

"烦请姑娘将这片红叶交予雪晴姑娘！"

雪晴颤巍巍地接过那片红叶，上面还有她所题的两首诗。她顿时就明白了，原来眼前的这位公子就是在红叶之上跟她用诗唱酬之人。其实她早就对才华横溢的柳勣有过耳闻，他与当时的名士北海太守李邕、著作郎王曾并称"竹林三友"。她没有想到自己一个不经意间的举动居然会为自己带来一段意想不到的情缘。

柳勣痴痴地望着雪晴，乌发如漆，肌肤如玉，面若芙蓉，气若幽兰，美

---

[1] 农历三月初三。

如春梅绽雪，身似秋蕙披霜。柳勔突然做出了一个大胆的举动，突然抱起雪晴，放在马背上，然后飞身上马，奔向远方。

对于这突如其来的一幕，雪晴本能地挣扎了一下，但她很快就融化在柳勔的温情之中。

柳勔策马扬鞭来到长安城外的一处桃林之中。如果雪晴是普通的邻家女孩儿，她肯定不会和一个初次见面的陌生人发生什么，因为她要将自己的处子之身留给自己未来的丈夫，可她却是幽闭深宫的宫女。每当皇帝和嫔妃们在床上翻云覆雨的时候，她只得默默地站在一旁，表面上平静如水，其实却春心荡漾。虽然偶尔也会有宫女被皇帝临幸，但那样的幸运儿毕竟是凤毛麟角，绝大多数人只得在冰冷的皇宫之中孤独地品味着夜的悲凉，不得不竭力压制着内心的情欲。

"不知姑娘对未来有何打算？"柳勔一边轻轻地抚摸着雪晴如丝的秀发一边气喘吁吁地说。

"听天由命吧！你听过吕向所写的《美人赋》吗？'若彼之来，违所亲，离厥夫，别兄弟，弃舅姑。戚族愧羞，邻里嗟吁！三千宫女胭脂面，几个春来无泪痕！'"

"我一定想办法让你离开那座冰冷的皇宫，然后再将你明媒正娶进家门，绝不辜负姑娘对我的一片深情！"

这个温暖的画面时常出现在雪晴的脑海之中，此前单调孤寂的宫中生活顿时也变得色彩斑斓，因为她感觉一缕希望的曙光突然照进了她飘忽不定的未来，可如今漫天的乌云却将这丝微弱的曙光无情地遮蔽了。

"这个柳勔到底犯的是什么罪？"杨玉环问道。

"具体情况奴婢也不太清楚，只知道他所做的这一切都是为了奴婢。他原本想和原配夫人离婚，却遭到岳父的阻挠，他万般无奈之下才会铤而走险去揭发岳父，谁知却被打入大牢。如果没人搭救，他很可能会掉脑袋！"

"你起来吧！此事本宫暂且记下了！"

"如果贵妃娘娘真的有心帮我，有意救他，可以询问一下杨御史，他应该对此事最清楚！"

杨玉环也隐隐觉得杨钊最近似乎有些反常，三天两头地入宫，而且还时不时地和李隆基耳语几句，莫非他和柳勣的案子有什么瓜葛？

正巧这日杨钊又进宫来，杨玉环借机问道："堂兄，你可知晓柳勣的案子？"

杨钊的心中顿时一惊，不知堂妹为何莫名其妙地关心起这个案子。柳勣一案正是他入宫时上奏李隆基的。

那日，李隆基听完杨钊的上报之后原本松弛的神经突然就紧绷起来，不仅仅因为杜有邻的身份太过敏感，而且柳勣所告的罪名也太过敏感。

杨钊故作轻松地说："无非是女婿对老丈人有所不满，杜有邻觉得女婿柳勣轻傲狂放，而柳勣却觉得岳父杜有邻迂腐胆小。这种小事不劳贵妃娘娘操心！"

这起案子看似普通，实际上却事关帝国政局未来的走向，也事关杨钊的前途命运。

虽然此时的杨钊还是个地位并不算高的小官，但他却可以凭借外戚的身份自由地出入宫中，这恐怕是连贵为宰相的李林甫都难以做到的。通过一年多的接触，李隆基对既会办事又会来事的杨钊渐渐产生了好感。

老辣的李林甫自然将杨钊视为自己与李亨进行政治对决的一枚重要的棋子。在李林甫的竭力提携下，杨钊先是授任监察御史（正八品下），虽然品级并不算高，但权力大，升迁速度快，很快就升任检校度支员外郎（从六品上阶）兼侍御史（从六品下阶），一手掌握财经大权，一手掌握监察大权。

对李林甫感恩戴德的杨钊自然用实际行动来投桃报李，而且他也希望能够背靠着李林甫这棵大树爬到更高的位置。

杨玉环知道杨钊是在有意回避，有些不悦地说："恐怕没这么简单吧？"

杨钊见状急忙满脸堆笑地说："贵妃娘娘果然英明！柳勣状告老丈人杜有邻妄称图谶，交构东宫，指斥乘舆。此事牵涉到太子，咱们还是回避为好！"

杨玉环此前跟柳勣这个正八品下阶的小官素未谋面，对赞善大夫杜有邻也只是听人说起过而已，但"图谶""东宫"和"乘舆"这三个敏感的词汇联系在一起，却强烈地刺激着她原本并不算太过敏感的神经。

　　太子和皇帝的关系原本就很微妙，如今却又牵涉到图谶，而李隆基平生又最厌恶图谶，因为图谶往往成为改朝换代的工具。"指斥乘舆"就是对皇帝有所不满。柳勣这个原本名不见经传的小官石破天惊的话可谓震惊朝野！

　　混迹官场多年的柳勣不可能不知道其中的利害，不可能不知道其中蕴含的巨大风险，但他却执意这么做。他究竟是为了什么呢？难道真如雪晴所说，仅仅是为了雪晴吗？恐怕没有那么简单吧！

　　虽然杨玉环有意相救，却感到这个案子颇为棘手。此事牵涉到太子，必然很是微妙，也颇为敏感。

　　望着面色凝重的杨玉环，杨钊说道："听说圣上已将这个案子交由李林甫处置。李林甫又推荐吉温具体审理此案。最终将审出个什么结果，谁也不敢说。如今所有人都对这个案子噤若寒蝉！"

　　杨玉环对于吉温还是有所耳闻的。生于政治世家的吉温自幼就受到家庭的熏陶，为人干练，却工于心计；志向远大，却不择手段。阴险狡诈而又心狠手辣的吉温成为李林甫打击异己的有力武器。他曾经参与审理韦坚一案，但那时的他却只是个配角，头上还有杨慎矜和王鉷，如今他却成为这起案件的主审。李林甫对他充满了期待，而他自己也对未来充满了期待，大有废太子李亨于朝夕的架势。

　　杨玉环知道柳勣要想活命，只得证实他所说的那一切都是真实的，而这恰恰是李林甫最希望看到的。但如果真是那样，李亨的太子位恐怕将会不保。惶惶不可终日的李亨自然不会坐以待毙。这必将是一场惨烈而又血腥的政治对决，如果自己在这个如此关键的时刻站在柳勣一边，势必会引起李隆基的猜忌，怀疑她为了拥戴寿王李瑁而不惜打压太子李亨！

　　"堂兄的话，玉环记下了。记住，不要再与任何人谈及此事。"

　　杨钊心领神会地笑笑说："愚兄明白！"

　　随着年龄的增加，特别是杨玉环陪伴在他身旁之后，李隆基花在朝政上的心思越来越少了。他已经很久没有批阅奏章到这么晚了。他貌似在阅读臣子们所上的奏章，其实却是在思索到底该如何处理柳勣一案。

在返回寝殿的路上，高力士接过小宦官手中的灯笼，冲着紧跟在李隆基身边的宦官宫女们轻轻地挥挥手，示意他们保持适当的距离。那些宦官和宫女们心领神会地放慢了脚步，落在了两人的身后。

高力士小心翼翼地提着灯笼，驱散着浓重的夜色，照亮了李隆基前方的路。

"你有什么话就直说吧。"

"老奴想要说的话可能会让您龙颜不悦，请您先恕老奴不敬之言！"

"但说无妨！"

"太宗皇帝曾经说过以铜为鉴，可以正衣冠；以古为鉴，可以知兴替；以人为鉴，可以明得失。在我朝撰写的八部史书中，最为杰出的一部当属贤相魏徵主持编写的《隋书》。在隋文帝杨坚的精心治理下，隋朝社会安定，轻徭薄赋，积蓄充盈，甲兵强锐，但他在处理家庭关系时却失当，导致隋朝成为一个短命王朝。《隋书》曾这样评价他：'无宽仁之度，有刻薄之资……'"

李隆基阴沉着脸反问道："你是不是想说，'听哲妇之言，惑邪臣之说，溺宠废嫡，托付失所。灭父子之道，开昆弟之隙，纵其寻斧，剪伐本枝。坟土未干，子孙继踵屠戮，松槚才列，天下已非隋有'！"

高力士"扑通"一声跪在地上，慌忙谢罪道："臣不敢！臣不敢！"

"我看你的胆子大得很，没有什么不敢的！"李隆基说完之后抓起高力士手中的灯笼，自行走向一团漆黑的前方，将跪在地上的高力士远远地抛在了身后。

这些年，李隆基听到的都是极尽恭维的话，都是阿谀奉承之言，对于刺耳的话自然会越来越反感，越来越厌恶。虽然李隆基怒火中烧，但他却并不糊涂。他深知"前事不忘，后事之师"的道理。

杨坚共有五个儿子，太子杨勇被废掉之后被残忍赐死，秦王杨俊被罢黜官职后郁郁而终，蜀王杨秀被削去王位后幽闭深宫，唯一幸存的便是汉王杨谅和隋炀帝杨广，但两兄弟却在父亲尸骨未寒之际就兵戎相见，骨肉相残！

这些日子李隆基的心情一直都不好，于是带着杨玉环到梨园观看绳妓表演。几个小宦官拿出一根长长的绳子，然后在地上安装两个辘轳^[1]，两个辘轳相距好几丈远，然后将绳子的两端系在辘轳上。十几个小宦官立起一根高达数丈的柱子，将绳子撑起来。两个小宦官同时转动辘轳将绳子拉直，直到绷得像琴弦一样。艺妓们踮起脚尖沿着绳子快速地从低处向高处走去，速度之快犹如一阵风，远远望去犹如空中的仙人一样。有的穿着木屐走在上面，有的绑着画竿走在上面，有的踩着高跷走在上面，还有人摞起三四层高的人墙，位于顶端的那个艺妓在空中翻几个跟头，然后稳稳地站在绳子之上。观众之中爆发出雷鸣般的掌声，就连见多识广的李隆基和杨玉环也忍不住拍手叫绝，连连称赞。

就在这时，一个小宦官跑过来禀报道："太子前来觐见！"

刚才还喜笑颜开的李隆基的脸顿时阴沉下来，说："让他进来！"

面带惊慌之色的李亨行大礼参拜李隆基和杨玉环，但李隆基却并没有像往常那样让他免礼平身。

"孩儿识人不明，用人不当，甘愿受罚！"

"你的确应该好好反省反省了！"

"孩儿已经知错了！不过绝无图谶之事，也绝不敢对父亲有半点不满，若有一丝不敬，请父亲明察！"

"你无须恐慌，也不必辩白，等案件水落石出之后，一切自然就明了了！"

虽然李隆基说得在情在理，但李亨却知道等待结果无异于坐以待毙，多少人在吉温的酷刑之下屈打成招，多少个家庭在吉温的迫害之下支离破碎！

"父亲，孩儿是被人蓄意构陷的，朗朗乾坤，昭昭日月，赤赤寸心！"

"朕已经说过了，清者自清。从今之后，为了避嫌，你还是不要进宫了！"

李亨自然知道不准再入宫对他将会意味着什么！他的命运就只能像浮萍一样随波逐流，而他那个狠辣的对手是绝对不会心慈手软的。一味的等待等来的绝对不会是真相大白，只会是颠倒黑白，一旦等到那时，他就会被废，甚至会被杀。

---

[1] 木质转轮，类似古代打水的辘轳。

想到这里，李亨的眼神中流露出一丝绝望，那个可以预见到的血腥而又残酷的人生结局让他感到有些不寒而栗。

这或许是他最后的机会！李亨跪在地上痛哭流涕地说："父亲还记得章怀太子[1]所作的《黄台瓜辞》吗？'种瓜黄台下，瓜熟子离离。一摘使瓜好，再摘使瓜稀。三摘犹为可，四摘抱蔓归！'"言辞悲切，语调哀婉，闻者无不潸然泪下！

李隆基默不作声，内心却掀起了巨大的波澜。是啊！如今他已经三摘了，难道还要四摘吗？

杨玉环见到此情此景，心不知为什么突然间软了下来，跟李隆基说："三郎，这起案件涉及的都是皇亲国戚，还是大事化小、小事化了为好！"

其实李隆基的内心也受到了深深的触动，不仅仅因为李亨的声泪俱下，也因为昨夜高力士的直言进谏。李隆基顺水推舟地说："既然爱妃这样说，此事就暂且到此为止吧！亨儿，希望你能痛定思痛，不要忘了谁害过你，更不要忘了谁救过你！"

李亨跪在地上不停地向杨玉环叩头说："贵妃娘娘的恩典，孩儿永世不忘！"

杨玉环急忙将李亨搀扶起来，有些动情地说："过去的都让它过去吧！有朝一日，希望你能善待该善待之人！"

李亨自然理解杨玉环话语背后的深意，急忙说："娘娘的教诲，孩儿铭记在心！"

杨玉环天真地认为这起案件就可以这样戛然而止，柳勣自然也就可以逃过一劫，但她还是太过天真了！

十二月二十七日，李隆基颁布制书，鉴于杜有邻与柳勣均属于皇亲，特意开恩免去两人的死罪，杖刑后贬往岭南。杖刑在执行过程中具有很大的弹性，既可以叫人生，也可以叫人死！

---

[1] 即高宗李治与武则天所生的次子李贤，也就是李隆基的二伯，李贤因与母亲关系恶化被废后赐死。

行刑者或许得到某种暗示或者指示，肆意挥舞着手中的大棒，将柳勣和他的岳父杜有邻送上了黄泉路。柳勣绝不会想到自己的那一纸诉状竟然会让自己付出生命的代价。

雪晴得知柳勣的死讯后一直郁郁寡欢，沉默寡言。望着日渐消瘦和憔悴的雪晴，杨玉环隐隐地感到一丝自责。她也曾经历过这种犹如重生般的剧痛，知道哀莫大于心死的滋味！

在那个刻骨铭心的春日里，雪晴与柳勣在一株柳树旁一番云雨，她从那株柳树之上折下一枝赠给柳勣，希望他见到柳枝就能想起她。如今初春的脚步已经越来越近了，又在不经意间撩拨着她那段难解的情思。

随着柳勣的离去，她殷切的盼望却成了失望，最终竟成了绝望。她这样一个幽闭深宫的普通宫女，好不容易挣脱了巍峨宫墙的羁绊，找到了称心如意的郎君，可造化却是如此弄人，无限的情思伴着泪水悄然流淌。

杨玉环看在眼里，疼在心上。其实她一直都想跟雪晴说，这个柳勣或许并没有雪晴想得那么简单。如果他只是想着能够跟妻子离婚，绝对不用冒如此之大的政治风险。既然他甘愿冒生命的风险，就说明他期待着能从中收获巨大的政治利益。其中到底隐藏着多少不为人知的隐情，随着柳勣的离去，已经不得而知了。

女婿这个角色在历次政治斗争中往往扮演着很重要的角色，因为女婿与老丈人家虽有姻亲关系，却并没有血缘关系，所以政治对手往往将女婿作为政治斗争的突破口。杜有邻如此，李林甫后来也如此！

李亨为了表明自己的清白故伎重演，毅然决然地与杜良娣离婚。杜良娣走出了繁华而又阴森的东宫，发觉自己的家人死的死，流放的流放，而这一切都源于那桩曾经带给她无上荣耀的政治婚姻！

绝境中重生

天宝六载（公元 747 年）的冬天格外寒冷，即使在温泉环绕的骊山仍旧是寒气逼人。杨玉环的三姐柳氏刚刚走下车就感到阵阵寒风如同刀子般割得她的脸颊阵阵发疼。柳氏无疑是杨玉环三个姐姐之中最为安分守己的一个，喜欢待在府内，并不像二姐裴氏那样三天两头地入宫。她这次进宫是特地为小叔子柳潭来提亲的，柳潭看中了太子李亨的女儿和政郡主。

柳氏来的时候，李隆基、杨玉环和杨钊三个人正在玩樗蒲。见三姐来了，杨玉环亲切地调侃道："哟！哪阵风把姐姐吹来了！"

"姐姐我可是无事不敢登三宝殿啊！"

"瞧您说的，多见外啊！别忘了，咱们什么时候都是一家人！"

"贵妃娘娘最念旧情，无时无刻不在挂念着亲人。"杨钊恭维道。

"好了，不说这些了！"柳氏转而对李隆基说，"我这次来是向圣上求亲的，妾身夫君的弟弟柳潭对和政郡主情有独钟，还望圣上成全！"

李隆基沉思了一阵，说："和政郡主的确到了婚配的年龄，河东柳家也算是望族，不过此事你还是先去和太子商议为好，毕竟他才是和政郡主的父亲。"

柳氏听出了李隆基的弦外之音。皇室婚姻考虑得最多的是政治博弈，而不是双方是否情投意合。李隆基既不希望杨家人与太子形同陌路，矛盾重重，也不希望两家走得太近，不分彼此。这就是他一贯坚持的政治平衡术。柳氏自然也就不便再说些什么。

直到三年后，她才成功地促成这门婚事。和政郡主与柳潭这对历经艰难才走到一起的夫妻一直相濡以沫，相亲相爱。

李隆基突然发觉柳氏身边多了一个从未谋面的美丽侍女，故意岔开话题说："何时得到一个如此标致的侍女？"

柳氏笑着说："如果皇上要是看上了，我定当忍痛割爱，当然前提是玉环可不要吃醋哟！"

"看姐姐说的，玉环岂是如此小心眼的人，要是皇上喜欢留下便是！"杨玉环一边说着一边狠狠地瞪了李隆基一眼。

"你们都想多了，朕不过是随便问问，并无他意！"

"我看还是怕惹玉环不高兴吧！"柳氏说完咯咯地笑了起来，但她很快便发觉李隆基的表情有些不自然，于是急忙收起笑容，一本正经地说，"她叫明珠，是我从史敬忠手中要来的。"

李隆基轻轻"哦"了一声，问道："这个史敬忠又是何许人也？"

柳氏毕恭毕敬地说："史敬忠是来自西域的还俗僧人，据说神通广大，法力无边。我一直笃信佛教，此前和他有些来往。"

明珠见皇帝对自己貌似有些好感，希望能够借机给皇帝留下更深的印象，插话道："奴婢原本在杨中丞府上。杨中丞父亲墓地里的草木不知为什么突然莫名其妙地流起了血。惊恐不已的杨中丞认定这肯定是不祥之兆，急忙求助于史敬忠。史敬忠在杨中丞家的后园之中设立道场，为他去除邪祟，祈求平安。杨慎矜退朝以后总是戴着脚镣手铐一丝不挂地坐在道场中。十天以后，墓地中的草木果然不再流血了。杨中丞为了表示感谢特地将奴婢送给他。他带着奴婢回家途中正巧路过主人的宅邸，主人盛情邀请史敬忠到楼上坐一坐。主人这才见到了奴婢，并向史敬忠讨要奴婢！史敬忠还跟杨中丞说，天下即将大乱，劝杨慎矜在临汝山中购买山庄用来躲避战乱……"

明珠原本还想继续说下去，但她却发觉主人柳氏的眼中带着一丝埋怨，这才觉察到自己失言了，急忙闭上了嘴。

李隆基自然知道明珠口中的"杨中丞"指的就是户部侍郎兼御史中丞杨慎矜。想不到杨慎矜居然勾结术士大行妖法，居然还听信天下即将大乱的谶言。李隆基不禁怒火中烧，但又碍于杨玉环的情面含怒未发。

其实这件事原本可以平静地过去，不过却因杨钊的在场而变得愈加复杂了。唐帝国的确正如史敬忠所言将会遭遇一场前所未有的大浩劫，不过那却是在九年后！

杨钊将这件事告诉了自己的老上司王鉷，因为他知道王鉷早就对杨慎矜心存不满。王鉷曾经不遗余力地提携他，他自然也就识时务地投桃报李。

王鉷是杨慎矜的一位远房堂侄，这对叔侄的关系原本还算不错。王鉷之所以能够到御史台担任侍御史在很大程度上就得益于这位表叔的推荐，可两人随后的升迁轨迹却并不同步。杨慎矜长期原地踏步，而王鉷却迅速崛起，曾经的上下级后来却几乎可以平起平坐了。杨慎矜却并没能意识到地位变化给两人关系带来的冲击，仍旧以长辈和上司自居，这自然会让王鉷心里感到很不舒服，对表叔的不满开始在心中不断地堆积着。

两人的矛盾越积越深，越来越尖锐，特别是主管财经的杨慎矜夺去了王銲的职田，还曾毫不避讳地说，王銲母亲的出身是何等卑贱！

李林甫又不断地在王銲耳边进行挑唆，王銲对这位堂叔渐渐恨之入骨。李林甫之所以要对曾经的心腹杨慎矜下毒手，既是因为日益得宠的杨慎矜随时都有拜相的可能，更是因为杨慎矜在处理韦坚案时试图保持中立，并没有使出全力。

杨玉环一直牵挂着杨慎矜的案子。杨慎矜也算是她和李瑁之间的媒人，虽然如今她不能继续和李瑁在一起了，但她却一直都对杨慎矜心存感激。她时不时就会向杨钊询问案情，杨钊却总是闪烁其词。

在杨玉环的一再追问下，杨钊说："事到如今，恐怕谁也救不了杨慎矜了，因为李林甫要敲山震虎！"

杨玉环不解地问："震什么虎？"

杨钊低声说："那些审理王忠嗣案的官员们！"

杨玉环没有想到这起案件居然会如此复杂。王忠嗣案堪称是目前最敏感、最棘手同时也是最复杂的案件，既然杨慎矜与这起案子搅在了一起，她恐怕就真的爱莫能助了。

杨慎矜案仅仅用了一个月的时间就审理完结。虽然很多官员都知道其中必有冤情，却全都噤若寒蝉。杨慎矜之所以会遭此横祸与他在审理韦坚案时没有完全秉承李林甫的意志有着密切关联，因此那些正在审理王忠嗣案的官员们不得不为了自己的身家性命而慎重考虑了！

每一个受到皇帝宠信有望出任宰相的人都难逃毒手，得到皇帝宠幸往往成为厄运的开始。严挺之如此，韦坚如此，裴宽也是如此。每一个与太子亲近的人都难逃厄运，韦坚如此，皇甫惟明如此，杜有邻也如此。

王忠嗣既受到皇帝的宠信，又与太子很是亲近。他是忠臣遗孤，父亲王海宾在他九岁的时候就死于松州保卫战。他自幼就生活在皇子们居住的十王宅，李隆基与他恩若父子，李亨与他情同兄弟。他愈加强烈地感受到自己或许将会成为李林甫下一个暗算的目标。

为了避祸，身兼四镇节度使的王忠嗣屡次请求解除朔方、河东节度使，即便如此，他却终究没能躲避开李林甫在暗处放出的政治暗箭！

他悲剧性的人生源于自己的正直，更因为自己的仁爱！

天宝六年（公元 747 年）冬，石堡城之战陷入胶着状态。在付出了惨重代价之后，易守难攻的石堡城却仍旧牢牢地控制在吐蕃人的手中。对于这场犹如绞肉机一般的血腥战争，王忠嗣充满了抵触情绪。他曾经劝阻过李隆基："今以数万之众争一城，得之未足以制敌，不得亦无害于国。"

像王忠嗣这样宽厚仁慈而又深谋远虑的将帅毕竟犹如凤毛麟角，更多的人在功名利禄的驱使下不惜用部下的鲜血来染红自己的顶子。董延光主动请缨攻取石堡城。这使得李隆基那颗刚刚平静下来的雄心再次变得躁动不安。

对于李隆基的诏书，王忠嗣不敢违抗，但又不愿意让自己的部下枉送性命，只得阳奉阴违，疲于应付。董延光最终没能如期攻下石堡城，不过他也找到了推卸失败责任的理由。

此时的王忠嗣对形势的判断仍旧比较乐观，觉得自己大不了被免职，然后回京担任金吾卫或者羽林卫的将军，最差也就是到偏僻落后地区担任上佐 [1]，可事态的发展却严重超出了王忠嗣的预期。

在董延光的极尽挑唆之下，在李林甫的煽风点火之下，李隆基内心对王忠嗣的愤怒达到了顶点。昔日如同父子的情分早已被无边的愤怒撕得粉碎。

处境艰险的王忠嗣本已命悬一线，可就在这个关键时刻，王忠嗣昔日的下属魏林却落井下石，而且是一块足以让他粉身碎骨的巨石。

魏林这些年来仕途一直都不太得意。王忠嗣担任河东节度使时，他曾任河东道朔州刺史。魏林后改任济阳郡别驾，不仅官职降了两阶，而且还从一把手沦为二把手。正在苦苦寻找政治转机的魏林突然看到了一个投机的机会，如果把握住它，暗淡的政治前途便会豁然开朗！

---

[1] 上佐指在一郡之内地位仅次于太守的别驾、长史、司马。上佐没有法定职权，经常由贬谪的官员或者退居二线的老年官员担任。

魏林主动供述，老领导王忠嗣曾经对自己说："早与忠王同养宫中，情意相得，欲拥兵以佐太子。"

原来王忠嗣之所以不听自己的话是因为他早就和太子勾结到一起了！这个可怕的想法使得李隆基感到有些不寒而栗。

王忠嗣随即被免职，勒令回京接受调查。王忠嗣带着无尽的伤感离开了前线，而且再也没有回去。

李林甫寄希望于借助王忠嗣案彻底地扳倒太子李亨，但案件的查办却迟迟没能进入李林甫预设的轨道，因为主审官员觉得魏林的供述似乎并不怎么可信。

王忠嗣出任河东节度使的时候，忠王早已在两年前就被册立为太子，而且王忠嗣在此过程中并没有发挥什么实质性作用。除了魏林的证言之外，审理机关也没有发现其他强有力的证据。

李林甫在情急之下才决定敲山震虎，杨钊恰恰在这个关键时刻为李林甫提供了一条重要情报，那就是李隆基对杨慎矜信奉妖术并且传播谶言的行为极为震怒。杨慎矜就这样悲惨地沦为了政治牺牲品。

血淋淋的教训使得负责审理王忠嗣案的那些官员们不得不为自己的身家性命好好考虑考虑了。王忠嗣案终于回到了李林甫期望的轨道上，这使得岌岌可危的李亨如坐针毡、如履薄冰。

高力士此前已经因为直言劝谏而触怒了李隆基，不便也不敢再出面为李亨解围。形单影只的李亨愈发强烈地感受到太子之位已经岌岌可危了，但他绝不甘心坐以待毙。他忽然想到了一个人，就如同在水中拼命挣扎的人突然间抓到了一根救命稻草。

对于李亨的贸然来访，杨玉环感到诧异不已，虽然他们此前时常见面，但李亨还是第一次与她单独会面。这次非同寻常的会面背后到底隐藏着怎样的玄机呢？

简单地寒暄几句，李亨就直奔主题说："不知贵妃娘娘是否忘记了那封您曾经写给废太子李瑛的信？"

杨玉环竭力掩饰着内心的波澜，故作平静地说："不知太子殿下为什么突然间提起这件陈年旧事？如果本宫没有记错的话，太子殿下得到那封信的手段恐怕并不怎么光彩吧！"

"光彩不光彩倒在其次，管用不管用才是关键，娘娘想想如若圣上要是看到这封信会怎么想？会如何处置寿王？"

"寿王对此并不知情，圣上又能对他怎样？"

李亨冷笑了两声，说："寿王知道不知道并不重要，甚至他做过什么没做过什么也不重要，重要的是皇上将会怎样处置他！"

杨玉环的心顿时一紧，因为至高无上的权力有时会让帝王变得异乎寻常的冷酷，汉武帝决定立小儿子刘弗陵为太子之后，便残忍地将他的母亲钩弋夫人处死，因为他担心年纪尚轻的钩弋夫人会在他百年之后耐不住寂寞。当钩弋夫人被拖走的时候，她的眼神中充满了委屈和惶恐，她不知道自己到底做错了什么。

虽然那封信并不能证明李瑁曾经参与其中，更不能证明他曾做错过什么，但无疑却给了李隆基一个可以随意处置李瑁的借口。她曾经领教过李隆基的残忍和血腥，李瑛血淋淋的面庞仍旧时不时地出现在她的噩梦之中，因此她不愿看到悲剧再次上演。

杨玉环沉默许久，质问道："你到底想要干什么？"

"只需贵妃娘娘举手之劳便可解我的燃眉之急！这是魏林家的一个昆仑奴[1]检举他勾结李林甫蓄意陷害王忠嗣的证词，烦请娘娘的堂兄转呈给父亲，有劳了！事成之后，我自会将那封信交还娘娘！"

杨玉环叹了口气，说："本宫只能尽人事，至于太子殿下能否转危为安可就要听天命了！"

李亨走后，杨玉环将堂兄杨钊连夜召进宫，意味深长地说："宦海沉浮不定，还是要多给自己留条后路！"

一头雾水的杨钊不明就里地问："为兄愚钝，还请娘娘明示！"

"难道你就那么坚定地认为李林甫一定能扳得倒李亨吗？万一笑到最后

---

[1]　昆仑奴因皮肤黝黑而闻名于世，主要来自东南亚，也有少部分来自阿拉伯和印度，当时最受贵族青睐的仆人是"昆仑奴"和"新罗婢"。

的那个人是李亨而不是李林甫,你想过会是什么后果吗?"

"想过!我这么做完全是为了你,更是为了寿王!"

"还是让寿王安安稳稳地过自己的小日子吧!"当初杨玉环的确曾被李林甫说动了,也曾经产生过拥立寿王为太子的念头。如果李瑁真能登基称帝,他们或许还会有破镜重圆的机会。可经历了这么多的风风雨雨,她觉得天性善良的李瑁或许根本就驾驭不了波谲云诡的政治风云,况且即使李瑁能够登基称帝,他们恐怕也很难再回到过去了。

"可是开弓没有回头箭,恐怕树欲静而风不止啊!"杨钊忧心忡忡地说。

"如今有一个机会就摆在你的面前!"杨玉环随即将那份事关李亨前途命运的证词递给了杨钊,意味深长地说,"就看你会不会把握了!"

杨钊接过来匆匆地扫了一眼,心领神会地说:"我知道该怎么做了!"

王忠嗣案终于结案了,而且是李林甫期待已久的结果。他将这起案件的卷宗毕恭毕敬地递给李隆基,带着一丝得意和满足地说:"太子应该知道此事!"

李隆基却并没有看,沉默了一会儿说:"我儿位居深宫,怎么可能跟外人合谋串通呢?你们只管审理王忠嗣蓄意阻挠军事行动就行了!"

李林甫呆呆地看着李隆基,简直不敢相信眼前发生的一切会是真的。这几个月来,他绞尽脑汁,费尽心机,寝食难安,就是为了这一刻,谁知就在他自以为稳操胜券的时候,李隆基一句轻描淡写的话语居然就让他之前所做的一切都付之东流。他心有不甘,却又无可奈何!

"爱卿这段时间辛苦了,还是好好调养调养吧!"话音未落,李隆基就起身离去,将两位宰相李林甫和陈希烈抛在了身后。

一脸苦涩的李林甫只得黯然接受了这个结果,可就在转身的那一刹那,他从陈希烈的脸上捕捉到了一丝幸灾乐祸的神情。

既然李林甫没能撼动李亨的地位,李林甫只得将满腔的怒火都撒向了王忠嗣。三司判处王忠嗣死罪,立即执行。

在王忠嗣性命攸关的时候,他手下的那帮将领们纷纷劝说入朝述职的新任陇右节度使哥舒翰多多携带金银财宝,好为老上司王忠嗣活动,但哥舒翰却说："如果天理尚在，王公必然不会冤死；如果天意如此，一切都注定是徒劳的！"

志在威服四方的李隆基对勇将有一种特殊的偏好。哥舒翰正是利用李隆基对他的这种特殊的好感，在面见圣驾的时候力陈王忠嗣的冤情，请求用自己的官爵来为王忠嗣赎罪。

不耐烦的李隆基站起身向禁中走去，可倔强的哥舒翰却并没有轻易放弃，一边叩头一边尾随着李隆基。虽然"男儿有泪不轻弹"，但哥舒翰这个身经百战的将军居然号啕大哭，泪流满面，连李隆基都为之动容。

望着声泪俱下的哥舒翰，李隆基对王忠嗣切齿的恨稍稍缓解了。哥舒翰的苦苦哀求终于为王忠嗣打开了一扇通往生的希望之门。

死里逃生的王忠嗣被贬为汉阳[1]太守，不过让哥舒翰始料未及的是自己后来一个不经意的举动居然将这扇亲手为老领导打开的求生之门硬生生地关上了。

两年后，哥舒翰用数万士卒的生命换来了李隆基梦寐以求的石堡城。战争的结果居然与王忠嗣预料得一模一样，"得之未足以制敌，不得亦无害于国"，但数万士卒的尸骨却永远地长眠在那里。

不久，年仅四十五岁的王忠嗣就暴病而亡。他的死至今仍是一个千古之谜，或许与袁绍手下的谋士田丰有着相似的际遇吧！

李亨如约将那封字迹有些模糊的信交给了杨玉环，就在他要离去的时候，恰巧碰上李隆基回来。他慌忙行礼，就在他低头的那一刹那，李隆基惊奇地发现还未到中年的儿子却有几分迟暮之感。他的头发已经开始脱落，而且中间居然还夹杂着几缕银丝。这不免让身为父亲的李隆基生出几丝感伤，几许苦涩。

三次大案，两次婚变，一波未平，一波又起，行走在悬崖边的李亨早已是身心俱疲，心力交瘁了。李隆基对于太子在重重危机面前表现出的忍辱负重和波澜不惊颇为赏识。

其实李隆基是一个具有多重性格的人。作为一位父亲，他竭力呵护自己

---

[1]　治所今湖北武汉市。

的儿子；作为君主，他漠视甚至纵容李林甫对太子进行残酷的打压。李隆基之所以会呈现出双重性格是因为皇帝与太子这种父子关系早已被权力异化了。

也就从那一刻起，李隆基决意为已经沦为孤家寡人的儿子找寻一位新的生活伴侣。他最终选定了自己亲姨的孙女。李隆基的亲生母亲窦氏在他很小的时候便被武则天处死了，正是姨娘亲手将他抚养成人，因此他对姨娘有着一种特殊的情感。

很快，窦氏的这个孙女就被册立为太子良娣。这位张良娣的到来无疑给李亨枯燥单调的生活平添了许多色彩，可让他始料未及的却正是这个女人后来居然给他带来无尽的烦恼与忧愁！

以静制动的太子李亨以不变应万变，不仅数度成功地转危为安，而且还唤起了李隆基心底深处的父子之情，因此他成为这场政治对决最后的赢家！

李林甫却心有不甘，当年他曾成功地扳倒过李瑛，如今他也坚信能够故伎重演，不过那时他的身后是政治强人武惠妃，如今的他却孤掌难鸣。尽管如此，他却从未放弃过，因为此时的他犹如过河的卒子，早已没有了退路！

李林甫在长安设置了推事院，矛头直指太子李亨。虽然他仍旧在不遗余力地寻找着能够将李亨牵涉进来的案件线索，却不曾想他此前颇为信赖和倚重的杨钊的政治态度正在悄然地发生着转变，不再像之前那样卖力，那样尽心了。

虽然李林甫此前发动的一波波政治攻势极大地打压了李亨的政治生存空间，与李亨关系密切的人一个接一个地被铲除，而且这个惊心动魄的过程让李亨惶恐不安，但局势却渐渐朝着对李亨有利的方向发展着。

历经几番政治风雨的洗礼，有惊无险的李亨依旧端坐在太子之位上，而李林甫此后却再也没能掀起什么大的波澜。

第五章
天生丽质难自弃

　　当唐帝国大厦将倾之时，李隆基却仍沉迷于声色犬马，杨玉环仍沉浸在花前月下，她的三姐秦国夫人和哥哥杨钴的相继病逝让她开始感叹人生的短暂，命运的多舛。其实对于她而言，灾难不过才刚刚开始！

亲密第三者

对于杨家人来说，天宝七载（公元 748 年）无疑是收获满满的一年。

这年六月，杨钊升任给事中兼御史中丞，专判度支事，而且在任上干得风生水起。后来，李隆基还曾饶有兴致地率领文武大臣参观杨钊负责管理的左藏库。左藏库内堆积如山的钱币布帛让李隆基欣喜若狂，当即赐杨钊紫金鱼袋。按照惯例，只有三品以上的官员才准许穿紫色朝服，佩戴金鱼袋，因此紫金鱼袋无疑成为身份和地位的象征。

这年冬天，杨玉环照例跟随李隆基前往温暖如春的华清宫避寒。在那里，心情大好的李隆基加封杨玉环的大姐崔氏为韩国夫人，二姐裴氏为虢国夫人，三姐柳氏为秦国夫人。这可是至高无上的荣耀，因为只有一品大员和国公的母亲或妻子才有资格被封为国夫人。

生性淡泊的秦国夫人总是待在家里，很少参与政治，而韩国夫人和虢国夫人却耐不住寂寞，总会成为大大小小宴会的主角，就连玉真公主见到她们都会主动让座。府县的官员们对于她们的要求更是不遗余力地满足，她们的话甚至比皇帝下发的圣旨还要管用。不计其数的人绞尽脑汁地巴结她们，费尽心机地逢迎她们，她们的府门前总是车水马龙，门庭若市，至于那些人进献的奇珍异宝更是多得连屋子里都装不下。

韩国夫人和虢国夫人的活动能力的确不容小觑，就是十王宅中的诸王与百孙院中的皇孙想要有门好亲事，都要乖乖地给韩国夫人和虢国夫人奉上一千缗钱，让她们在李隆基面前美言几句。只要肯交钱，那些皇子皇孙都会如愿以偿地娶到自己称心如意的姑娘。

她们还竞相建造豪华的宅第，甚至一间厅堂就花费一千万钱。如果看见别人的宅邸修得比自己还要阔绰，比自己还要讲究，就会毫不心疼地拆掉重建。

可是"福兮祸所伏，祸兮福所倚"，一场史无前例的危机却即将向着春风得意的杨家人袭来，而此时的杨家人对此还全然不知。

天宝八载（公元 749 年）冬天，杨玉环又跟随李隆基来到了骊山华清宫避寒，而且一住就是九十五天，一直住到了次年二月。可让她始料未及的是，曾经充满欢笑的骊山却在她的心中留下了永远都难以抹去的阴影。

虢国夫人和杨钊也一同跟随圣驾前往骊山，两人不仅在长安的府邸建在一起，就连在骊山的府邸也建在一起。无论是白天还是晚上，两人总是腻在一起，有时甚至肩并肩骑马入朝，也不用障幕遮蔽，就连路边的人都因觉得羞耻而看不下去，可两个只顾卿卿我我的当事人竟然还怡然自得，旁若无人。

杨钊的夫人裴柔只得默默承受着这一切，将无尽的仇恨埋藏在心底深处。自从来到了长安，杨钊就与她徒有夫妻之名，却无夫妻之实。

刚来的那段日子，裴柔每天都会踽踽登高，虽然步履轻妙端庄，神情却戚戚惨惨。她凭栏远眺，哪怕是柳丝堆烟，却难有郁郁之态；哪怕是河边草色，却只有凄凄之感。

她原本是一个出身卑贱的娼妓，好不容易才挣脱了欢场泪歌的羁绊，因此她才极怕迟来的幸福会悄悄地溜走。她痴痴地望着远方，希望丈夫能够早些回来，可直到夕阳西下，仍旧等不到那个熟悉的身影。她曾经受苦太深，自然对幸福希望太切，最终却是失望至极。

每当夜深人静的时候，独守空床的裴柔都会不自觉地想到自己的丈夫与虢国夫人在床上缠绵的场景。既然多情的丈夫无情地践踏着她的尊严，她再也不需要耐得住寂寞，守得住底线。她要用自己的出轨来报复丈夫的出轨，于是她毫无顾忌地去享受别的男人带给她的雨露恩泽，那种感觉是全新的，也是久违的。

有一次杨钊出使江浙，等他回来的时候居然发现妻子裴柔已经怀孕了。当杨钊询问缘故的时候，裴柔却说："妾身因为思夫心切在梦中与夫君行鱼水之欢，谁知竟然怀上了！"

杨国忠不仅没有追究此事，反而轻描淡写地说："这是因为我们夫妻恩爱的缘故！"

对于杨国忠的满不在乎，裴柔感到的不是释然而是失落。这说明她在他的心中早已变得无足轻重，甚至可有可无。

虽然杨钊竭尽所能地满足虢国夫人，但天性水性杨花的虢国夫人却是个骨子里想寻找刺激的人，渐渐对杨钊丧失了新鲜感，希望从别的男人身上找寻到新的刺激。她的下一个男人就是贵为帝国皇帝的李隆基。其实她早就从李隆基的眼神中感到，他对自己有着某种特殊的情愫，却不得不竭力压制着。

这段时间，虢国夫人更加频繁地出入华清宫。每次入宫，她经常骑着一匹紫骢宝马，旁边总有一个小宦官为她牵马。紫骢宝马的高大健美，小宦官的端庄俊秀，都在当时是首屈一指的！

二月的春风依旧料峭，却挡不住虢国夫人往来华清宫的热情，只要她来了，总是歌舞不停，宴会不断。

那天傍晚，虢国夫人又乘着夜色来到了宫中。她的内心不觉涌起一阵阵悸动，因为这将会是一个醉人的夜晚。

宴会上，虢国夫人一杯接一杯地向杨玉环敬酒，经过一番推杯换盏，她的腮边泛起阵阵红晕，眼神变得迷离，步履有些蹒跚。她用有些含混的声音说："你们继续喝吧！我有些醉了，先行告退了！"

杨玉环走后，虢国夫人直勾勾地盯着李隆基，眼神中充满了无限的诱惑。李隆基预感到将要发生点什么。他内心深处充满了某种盼望，却也夹杂着一丝担忧。

"圣上能否让我领略一下您的莲花汤呢？"

面对虢国夫人赤裸裸的挑逗，李隆基却沉默不语。他想要拒绝，却又实在难以拒绝。虢国夫人一把攥住他的手，撒娇道："你就带我去看看嘛！"话音未落，她就拉着李隆基一步步走向莲花汤。

就在两人在温泉之中尽情缠绵的时候，不知何时，醉眼蒙眬的杨玉环却突然闯了进来。看到眼前这不堪入目的一幕，酒顿时就醒了。她眼中的泪水不禁夺眶而出，一颗颗大大的、圆圆的、闪亮的泪珠顺着她俊俏的脸颊滚下来，滴在嘴角上，滴在衣襟上，滴在地面上。她的眼前顿时变得模糊一片，泪水在她的脸上留下道道泪痕，而疼痛却在她的心中留下道道伤痕。她转过身，疯狂地向外跑去，几度险些和宫女们撞在一起。

见到此情此景，李隆基再也没有了刚才的兴致。他深知自己的所作所为已经深深地伤害了自己深爱的女人，但事到如今他无论再做什么都于事无补。

"难道堂堂一国之君还怕一个女人不成？"虢国夫人不以为然地说。

李隆基却没有了刚才的兴致，从虢国夫人柔滑的身体中挣脱出来。

虢国夫人意犹未尽地说："玉环来得真不是时候，叫人扫兴！"

在摇曳的烛光之中，杨玉环默默地对着铜镜，两行伤心泪将脸上的残妆冲刷得如同道道伤痕。她不知道上天为何会对自己如此无情，平生最接受不了的一幕居然在她的眼前活生生地上演了，也将她心底里所有的美好都通通打碎了。

李隆基轻轻地走过来，默默地伫立在她的身后，想说些什么，却又不知该如何启齿。

"明天我要回去。"杨玉环低声说。她再也不愿意继续留在这个伤心地，哪怕是再多待一刻。

"朕依你！"李隆基低声答道。

在这个漫长的夜里，杨玉环没有再说一句话，在随后几天里，她的脸上也没有一丝笑容。

回到长安后，虢国夫人却像什么都没有发生似的依旧往来于皇宫。她依旧若无其事地与李隆基说笑，甚至嬉戏。杨玉环每每看到虢国夫人与李隆基在一起就不禁回想起那个令她作呕的夜晚。

这日虢国夫人又在李隆基面前旁若无人地撒娇，忍无可忍的杨玉环终于发作了，愤怒地喊道："二姐，你还有廉耻之心吗？"

"哟，惹妹妹不高兴了！难道你忘了自己当初是什么身份吗？你还有什么资格说我呀？"虢国夫人的反唇相讥直接戳中了杨玉环的痛处。

"妹妹虽不是什么贞洁烈女，却绝不会像姐姐那般不自重。姐姐与平康里的那些女子还有何区别？你还是趁早滚出宫，免得弄脏了这里！"杨玉环歇斯底里地咆哮着。

李隆基的脸上实在挂不住了，强压着内心的怒火，厉声说："玉环，如此口无遮拦还成何体统！"

李隆基已经相当克制了，此前还没有哪个女人敢在他的面前如此张狂，可气头之上的杨玉环却并不领情，讥讽道："圣上居然如此袒护她，看来您是真的厌倦了玉环。你们这些贪得无厌的男人，是不是都觉得，妻不如妾，妾不如婢，婢不如妓，妓不如偷，偷得着不如偷不着！"

颜面尽失的李隆基愤怒地吼道："你竟然如此不识抬举，该滚出宫的人是你！"

"走就走！让姐姐留下来服侍圣上好了！"

杨玉环气呼呼地离开了皇宫。迈出宫门的那一刻，她才意识到事态的严重，渴望着李隆基能够像上次那样主动找个台阶接她回去，因为她觉得李隆基离不开她，当然她也离不开李隆基。

谁知在接下来的几天里，却出奇平静，杨玉环仿佛已被李隆基渐渐遗忘了。这下杨玉环可坐不住了，而杨家人更是彻底慌了，因为他们似乎隐约看到了整个家族的末日即将来临。

杨钊急得像热锅上的蚂蚁，因为他早就知道自己未来的前途命运早已与这位小堂妹紧紧地联系在了一起。他在政治上的迅速蹿红很大程度上就得益于裙带关系，如果不是因为杨玉环，或许他终其一生也只是个默默无闻的小官僚，别说实现什么宏图大志，就连养家糊口估计都会很困难。

杨钊暗暗下定决心要不遗余力地帮助堂妹渡过入宫以来最大的一次危机，可此时政治能量还颇为有限的他却感到有些吃力，但他却并没有轻易放弃。

杨钊找到虢国夫人，劈头盖脸地指责道："都是你干的好事！"

这些年来，杨钊一直宠着她，顺着她，护着她，如今他刚刚在仕途上有所斩获，居然就对她如此横眉冷对，她气愤地说："杨御史，官大了，脾气也大了！"

"你怎么就不明白呢？玉环的得宠与失宠早已不是她个人的事，而是事关咱们整个家族的前途和命运！你即刻入宫劝圣上回心转意！"

虢国夫人闻听此言，也没有了刚才咄咄逼人的气势，面露难色地说："我恐怕是无能为力了！"

"事到如今，难道你还在意气用事吗？"

虢国夫人的脸上露出了一丝淡淡的悔意，叹了口气，说："圣上不准我再入宫了！"

杨钊的脑袋顿时"嗡"了一声，一时间不知道该如何收拾这个残局。他忽然想到了吉温。他和吉温都在李林甫麾下效力，但吉温的交往能力却是他所无法比拟的，无论是王公贵族还是帝国高官，甚至连宦官宫女，他都竭力结交。他希望通过影响李隆基身边的人来影响李隆基。吉温能将自己外甥武敬一的女儿嫁给盛王当王妃，足见他超强的活动能力。杨钊看重的正是他在宫中苦心经营建立起的庞大关系网。

吉温满口应承下来，因为他觉得这可是巴结贵妃娘娘千载难逢的良机。他携带重金前去拜访大宦官袁思艺。袁思艺爽快地答应了，不仅仅为了金钱，更为了自己的前途。这些年因为争宠，袁思艺与高力士一直都面和心不和。高力士早在李隆基还是藩王的时候就跟随在李隆基的身边，因此他在与高力士的明争暗斗中总是处于下风，如若能与杨玉环联手，必然会彻底地改变双方的力量对比。

面对色香味俱佳的御膳，李隆基却并没有什么胃口，无精打采地咀嚼着。

袁思艺趁机说："皇上莫非是有什么心事？"

"你觉得呢？"李隆基反问道。

"奴才自然知道皇上为何事而劳心费神。贵妃乃一介女流之辈，因为没有什么见识而冒犯了陛下，陛下就是把她杀了也不为过，但陛下为何吝惜宫中的尺寸之地而忍心让她在外面受辱呢？"

袁思艺貌似是在贬低杨玉环，其实却是在试探，也是在不经意间勾起李隆基心底深处对杨玉环深深的眷恋。李隆基之所以对杨玉环恨之深，其实就是因为对她爱之切。

李隆基却并没有立即表态，但他原本还算平静的内心却掀起了轩然大波，只得放下了手中的筷子，说："朕这些日子胃口不算太好，这些御膳扔掉实在可惜。朕想将这些御膳赏赐给贵妃，不知谁去合适？"

袁思艺却并没有如李隆基所愿自告奋勇，因为他是一个对于个人得失看得过重的人，既想捞取利益，又怕冒风险。既然目前的局势还没有彻底明朗，他也不想过深地牵涉其中，于是说："奴才觉得这个人的地位不能太高，也不能太低。"

李隆基若有所思地点点头，虽然袁思艺的临阵退缩让他感到有些不悦，但他所说的话却不无道理。或许只有派那样的人去才能为自己留下充足的回旋余地。

宦官张韬光带着钦赐的御膳来到杨府。杨玉环知道这或许将是自己最后的机会。一见到张韬光，杨玉环眼中晶莹的泪滴就像一颗颗珍珠般迅速滚落下来，划过她俊俏的脸庞，仿佛是一道道伤痕。

上次，她并没有表现得如此内疚、如此急切，这次她真真切切地有了一种危机感。

临别之际，杨玉环竟然剪掉自己的一缕头发递给张韬光，哭着说："臣妾的一切都拜陛下所赐，臣妾对于陛下的宠信无以为报，那么就烦劳您将这缕青丝带回宫中吧！"

古人对自己的头发格外看重，认为身体发肤受之父母，如果随意自残那就是不孝。杨玉环不惜冒着不孝的罪名来挽回自己的感情，挽回家族的命运！

杨玉环剪掉自己的头发无疑有两层意味：一层是诀别，古人常常以发代首。东汉末年，曹操立下军令践踏麦田者斩，可是他的马却因受惊误闯麦田。为了严明军纪，他假意自刎，自然被手下那帮将领们给拦下了，最终割下几缕头发代表将自己斩首；另外一层则是内疚，杨玉环将自己最宝贵的东西留给了李隆基，既是对自己所犯过错的深刻反省和极度内疚，也是在不经意间流露出对李隆基深深的爱恋，彰显了李隆基在她心中难以撼动的重要地位。

张韬光带着杨玉环和杨家人的嘱托和期盼回宫了。见到爱妃的头发，李隆基不禁大惊失色，心头所有的怨恨刹那间便烟消云散了，当即命高力士将杨玉环召回宫中。

见到高力士，杨玉环冷冷地说："要不是袁思艺和张韬光倾力相助，或许本宫就再也见不到将军了！"

高力士自然知道杨玉环对于自己的冷眼旁观有所不满，急忙解释道："自从上次老奴无意中触怒了圣上，老奴一直诚惶诚恐，如坐针毡，实在是不敢再冒险进言了，还请贵妃娘娘见谅！"

高力士的解释看似合情合理，实际上却显得有些苍白无力。他这次之所以会选择作壁上观，而并没有像上次那样出言相助，是因为他愈发强烈地感到越来越飞扬跋扈的杨家人对于唐帝国或许将是一个大大的祸患，他正不动声色地与杨家人渐行渐远。

"或许将军是真的老了！"杨玉环说完之后登上了回宫的车。从此之后，杨玉环与高力士越走越远，与袁思艺却越走越近。原本地位要逊于高力士的袁思艺渐渐可以与高力士平起平坐了。

内侍省管理着庞大的宦官群体，但为了限制宦官们的权力，内侍省原本最高只设四品官。可对宦官青睐的李隆基却于天宝十三载（公元 754 年）在内侍省设置从三品的内侍监，而他任命的首任内侍监就是高力士与袁思艺。

经过这番波折，杨玉环忽然觉得自己似乎成熟了许多。做你过去没做过的事情叫进步，做你过去不敢做的事情叫突破，做你过去不愿意做的事情叫成熟。她的成熟就是以牺牲曾经的率真和任性为代价的！

对于杨玉环的回归，李隆基的喜悦之情溢于言表。他还特地到杨钊的府上赏赐大笔的金钱，因此这场闹剧最终以喜剧收场完全得益于杨钊卖力地从中斡旋，杨钊在李隆基心中的地位变得更重了。

杨钊很快又升官了，升任兵部侍郎兼御史中丞。他只用了不到五年的时间便从一个名不见经传的小判官一跃成为仅次于宰相的帝国高级官员。他的外戚身份无疑为他的飞黄腾达提供了一条捷径。尽管如此，不容抹杀的是杨钊的确具有一定的政治才华。无论是杨铦还是杨锜，跟杨贵妃的关系都比他要近得多，可是两人都没有他的官大，足见裙带关系只是敲门砖，而能力才是在官场上走得更远的根本因素。

就在这一年，志得意满的杨钊实现了两个由来已久的凤愿，第一个是杨钊假称自己原来的名字"杨钊"中的"钊"字蕴含着"金刀"的意思，不太吉利，恳请李隆基为自己改名，他这才有了"国忠"这个皇帝钦赐的响当当的名字。第二个就是李隆基在他的强烈要求之下为武则天的情夫张易之兄弟平反，了却了杨国忠多年来的一桩凤愿。

杨玉环的生活似乎又恢复了平静，孰料一个胖乎乎的男人突然闯入了她的生活之中，而正是这个男人将会彻底地改变她原来的人生轨迹。

纠结出轨路

近几年，杨玉环明显感觉到李隆基越来越力不从心了。她觉得年近古稀的李隆基或许早已是强弩之末了，可正值如狼似虎之年的她却在欲望最为旺盛的时期。李隆基也知道自己越来越满足不了她，一直为此而愁眉不展，闷闷不乐。

可不知为什么六十六岁的李隆基突然间重振雄风。

"三郎近日为何变得如此威猛？玉环是越来越难以招架了。"小鸟依人的杨玉环躺在他的怀中低声说。

李隆基喘着粗气满是骄傲地说："安禄山进献了一种助情花，大小如粳米一般，颜色红彤彤的，功效丝毫不亚于汉代的慎恤胶！"

杨玉环皱着眉说："三郎可知慎恤胶乃是虎狼之药，颇为伤身！"

精通医术的李隆基又怎会不知，汉成帝刘骜连服七颗慎恤胶，与赵合德缠绵一夜之后泄精不止而死。任何壮阳药其实都是通过不惜缩短寿命的办法来延长床榻之上的快感。

"三郎还是以身体为重，与其揠苗助长不如休养生息。只要三郎能够时刻陪在玉环的身边，玉环也就知足了，并没有其他的奢望！"杨玉环说得很真诚，自然也就很煽情。李隆基不得不为之动容，将她搂得更紧了。

杨玉环对"安禄山"这个名字并不陌生，不过却从未谋面。

安禄山原本是一个出身卑微的胡人，后来被范阳节度使张守珪留在麾下效力。安禄山特别能打仗，特别能溜须，很快就从一个名不见经传的小军官成长为帝国高级将领，直至镇守一方的节度使。

天宝九载（公元750年）无疑是安禄山收获颇丰的一年。身为范阳、平卢节度使的安禄山兼任河北道采访处置使，负责监察黄河以北、太行山以东广大地区的州县官员。随后他又受封东平郡王。

为了谢恩，安禄山特地从东北边疆风尘仆仆地赶到都城长安。他向李隆基进献了无数的奇珍异宝，但给李隆基留下最深印象的却是一只鹦鹉。这只棕榈凤头鹦鹉在中原颇为少见，全身黑灰色，唯独脸部为浅红色，顶冠如一缕缕波峰耸立在头顶。李隆基顿时就被这只俊美的鹦鹉深深地吸引了，赞赏道："果然是只奇鹦鹉！"这只鹦鹉居然学着人言叫："谢万岁恩奖！"

龙颜大悦的李隆基对身边人说："赶快叫贵妃来，她素爱鹦鹉，见了肯定会高兴！"

杨玉环的身边原本有一只岭南上贡的白鹦鹉，浑身白如雪，宫中称呼它为"雪花娘"。"雪花娘"善于模仿人语，无论是诗词还是歌赋，只要杨玉环在它面前诵读数遍，"雪花娘"就能吟诵出来。每当李隆基与杨玉环下棋之时，一旦局面对李隆基不利，侍从宦官只要叫声"雪花娘"，它便会飞入棋盘，张翼拍翅，掀翻棋盘之上的棋子。谁知深受杨玉环宠爱的"雪花娘"却不幸被老鹰啄死，杨玉环为此伤心了许久，含泪将它葬于御苑之中，称为"鹦鹉冢"。

不一会儿，在诸多宫女的簇拥之下，一位绝世佳人款款而来，眉毛不描而黛，头发不染而黑，面颊不涂而红，嘴唇不抹而朱，镂雪为肤，揉酥作骨，丰艳中带着无限高贵，柔媚中透着一丝灵动。见到如此美艳的女子，安禄山竟然一时间意乱情迷。

杨玉环也在仔细打量着安禄山，身材魁梧，膀大腰圆，皮肤白皙，看似肥硕，实则强壮。在以胖为美的唐代，安禄山唯一的缺点肥胖并不是太大的审美瑕疵。杨玉环不由暗暗称许道："好一位奇男子！"

安禄山急忙拜见杨玉环，而杨玉环却只是轻轻地说了声"免礼"。

"玉环，快看看安爱卿进献的这只鹦鹉，与你的'雪花娘'相比如何？"李隆基兴高采烈地说。

杨玉环的注意力顿时被这只棕榈凤头鹦鹉深深地吸引住，急忙走过去，伸出手抚摩着它高耸的顶冠，一时间爱不释手。

"安爱卿很用心，朕要在勤政楼为你接风洗尘！"话音未落，李隆基就拉着杨玉环向着勤政楼走去。安禄山毕恭毕敬地跟在他们身后，杨玉环身上散发的阵阵香气早已使得安禄山心醉神迷。

宴会之上，安禄山一边饮着美酒，一边饱览群芳，边饮边赏，暗地品评。这一个是双眉含翠，那一个是两鬓艳青，这一个是秋水横波，那一个是桃花晕颊，其中最为妖艳动人的却仍旧当属杨玉环。

安禄山跪倒在李隆基面前恳请道："臣自幼丧母，从未感受过母亲的温暖，而贵妃娘娘又膝下无子，臣斗胆请求圣上恩准贵妃娘娘收臣为养儿！"

一个是自己的宠妃，一个是自己的爱将，李隆基没有理由拒绝，笑着说："既然如此，朕就成全爱卿的恋母之情！"

安禄山谢恩之后跪在杨玉环脚下，诚惶诚恐地说："臣儿祝母妃千岁！"

杨玉环此前绝对想不到居然会收一个比自己大十六岁的男人为养儿，可既然皇上已经恩准，她也只得收下了。

从此之后，安禄山每每入宫觐见时总是先拜贵妃后拜李隆基。李隆基带着一丝不悦询问缘故，一个至高无上的皇帝绝不允许别人对自己有丝毫的不敬。

安禄山脱口而出："蕃人总是先拜母亲，后拜父亲。"

李隆基闻听此言脸上顿时露出了笑容。他已经好些天都没有笑过了，自从他听从杨玉环的劝阻停用了助情花之后，他就大不如前，威风不再，直到此时才知道杀鸡取卵、饮鸩止渴的危害，可这又怨得了谁呢？

通过这段时间的接触，杨玉环愈发觉得这个胖嘟嘟的养儿很用心，也很贴心。两人有着太多的共同语言。虽然安禄山身材偏胖，却精通胡旋舞，在鼓乐声中快速旋转，急速起舞，动作轻盈，节奏鲜明，仿佛雪花在空中飘摇，又似青草在迎风飞舞。杨玉环看后不禁连连拍手，赞不绝口。少女一般都会有英雄情结，杨玉环也不例外，而驰骋疆场近二十年的安禄山的身上又有着太多太多能够打开少女心扉的传奇故事。

久而久之，两个人越走越近，而两颗心也越贴越近。虽然那场出宫风波已渐渐远去，却在她的心中留下了难以磨灭的阴影，特别是亲眼看见了李隆基与自己的亲姐姐偷情的那一幕，给她的心灵带来了极大的伤害。杨玉环心底深处突然生出一个奇怪而又大胆的想法，想要从安禄山的身上寻求到某种心灵的慰藉。

天宝十年（公元751年）正月，安禄山刚刚度过自己的生日，杨玉环便将他征召到宫中。安禄山还没有反应过来，就被杨玉环手下那帮宦官宫女们用锦绣将他层层包裹上，俨然一个包裹严实的大粽子，也好像一个体型肥硕的大婴儿。

安禄山这么一个官居一品的封疆大吏居然被那些宦官宫女们抬着到宫中各处去巡游，一边走还一边放声大笑。巨大的喧哗声在原本威严而又肃穆的皇宫中久久地回荡着。

"怎么回事？"李隆基不悦地问。

"启禀陛下，贵妃娘娘正在给养儿举办'洗三'的仪式。"

李隆基急忙跑过去看个究竟。望着这个令人捧腹的场景，他也乐了，随即赐给贵妃洗儿钱，然后重重地赏赐安禄山。

在安禄山的眼里，杨玉环就像是一朵娇艳欲滴而又国色天香的牡丹，原本想着能够有幸远观就是一种莫大的幸福，可随着两人接触越来越多，关系越来越近，他不再满足于远观，因为他原本就是个生性好色之人。

安禄山一直身陷在痛苦的纠结之中而难以自拔。他想要，却又不敢；想放弃，却又不甘。

这天，安禄山又来到杨玉环的寝宫，雪晴见他来了便识趣地转身离开，还顺手将殿门缓缓地关上。此时的雪晴已经渐渐从情感的旋涡之中挣脱出来，但她却已不再是那个对未来有着诸多美好憧憬的小女孩了。

随着殿门"咣当"一声关上，殿内只剩下安禄山和杨玉环两个人。安禄山的心急速地跳动着，脑子也在快速地转动着，一会儿情感战胜了理智，一会儿理性又打败了感性。他深深地吸了一口气，挣脱开一切道德的束缚和心理的枷锁，猛地上前抱住杨玉环，疯狂地吻着她美丽的面颊，这个无数次出现在他梦中的场景如今竟活生生地呈现在他的面前，而且是那样真切！

"你干什么？"杨玉环小声地呼喊着，随后扭动了几下自己的身子，试图从他的怀抱中挣脱出来，却被安禄山那两只强有力的臂膀紧紧地抱住，使得她动弹不得。其实她早已预感到这一天迟早会到来，可当这一天真的到来的时候，她还是感到有些惶恐不安，有些不知所措。

此时的安禄山犹如一只过河的卒子，既然已经迈出了最为艰难的第一步，自然也就没有了任何的顾忌，此时的他已经没有了回头路。

杨玉环时不时地展现出对他的某种抗拒，但其实如若她真要反抗，只需大声地呼喊，在门外等候的宦官宫女们便会破门而入，不过她却并没有那么做，虽然她对即将发生的事情仍旧怀有一丝不安，但心底深处却不知为何有一丝莫名的渴望。

安禄山把嘴凑到她的脸颊旁，肆意亲吻着她，而她也不再像刚才那样反感他那扎人的胡子。

杨玉环的出轨既是出于生理需求，还有着更深层次的政治考虑。虽然她并不是一个很有政治头脑和政治才能的女人，可是长期受到宫廷政治风云熏陶的她在政治上却越来越成熟。如今的李隆基已经向着七十岁不断地迈进，而人生七十古来稀，年老体衰的李隆基随时都有可能永远地离她而去，所以她必须要为自己寻找一个在政治上可以继续依靠的男人。

谁可以成为她在政治上的依靠呢？此时的杨国忠还不过是帝国庞大的官僚体系中位于中间位置的官员，并不像安禄山那样可以在政治上呼风唤雨。每当肥胖的安禄山登临宫殿台阶时，杨国忠经常会毕恭毕敬地搀扶着他。

不过很快，两人的政治地位就发生了逆转，杨国忠的快速升迁将曾经高高在上的安禄山甩在了身后。这也使得两个人的关系变得越来越紧张，甚至到了你死我活的地步！

　　安禄山告辞回东北边陲了。杨玉环的日子又变得平静如水，似乎一切又都回到了正轨。

　　此时的杨玉环还不会想到，就是这个男人将会一步步将她逼上黄泉路。安禄山渐渐觉得边陲那个小舞台似乎已经满足不了他，令他眼花缭乱的长安和令他如痴如醉的女人始终萦绕在他的心头。

权相终结者

　　安禄山走了，杨玉环的心却再也无法平静了，每当面对李隆基的时候，她总会有一丝不安，也会有一丝愧疚。

　　为了从那段剪不断、理还乱的情丝中挣脱出来，杨玉环这段日子痴迷于打马球。她骑在马上拿着球棍，在马球场上纵横驰骋，掠过脸庞的疾风会将那些烦乱的思绪通通地吹走。她左手执缰绳，右手执偃月形球杖，左冲右突，可是因为运气差和技术差迟迟没有进球。

　　大汗淋漓的杨玉环悻悻地跳下马，将手中的球杖甩给侍女。杨国忠急忙走过来，低声献媚道："娘娘若想进球，就需要有一位强力的外援！"

　　杨玉环一边擦着汗一边说："哥哥恐怕是另有所指吧？有什么话就请直说吧！玉环最不喜欢绕弯子！"

　　杨国忠尴尬地笑笑说："如今的官场越来越呈现出老气横秋之态，要想彻底地改变就需要注入一股清流！"

　　杨玉环瞪着眼睛问道："难道你想取而代之？"

　　"只有一代新人替旧人，才能江山永固！"

　　"难道哥哥忘却了刘昼的那句名言：'身之有欲，树之有蝎。树抱蝎则自凿，身抱欲反自害！'欲火真的能焚身啊！"杨玉环说完之后就转身离开了，将一脸失落的杨国忠远远地抛在了身后。

　　这时虢国夫人走了过来。自从上次出宫风波后，虢国夫人也收敛了许多。

她当着杨家诸位宗亲的面诚恳地向杨玉环道歉，在诸位亲戚的劝解之下，特别是杨玉环自己也出轨后，杨玉环对二姐的仇恨也渐渐消散了，但心结却永远都难以解开。

虢国夫人对杨国忠说："如今的玉环只顾着她自己！不过不要紧，她不肯帮你，我自会帮你！"

这些年来，正是因为有了虢国夫人的暗中帮助，杨国忠才对李隆基的脾气秉性、兴趣爱好了如指掌。正是因为掌握了先机，杨国忠说话总能说到李隆基的心坎上，做事总能做到李隆基的心田里。

杨国忠之所以会产生取代李林甫的念头是因为一个人，这个人就是野心勃勃的吉温。虽然在李林甫的提携之下，吉温很快就升任户部郎中兼侍御史，使得同僚们纷纷向他投去艳羡的目光。可他却并不满足，总是想着能够捞取更大的政治利益，最终决定出卖自己曾经苦苦巴结的老上司李林甫，寄希望于政治新宠杨国忠能够给他带来更大的政治发展空间，于是觍着脸跑到杨国忠那里，跟他说是时候向李林甫夺权了！

正是在他的鼓动之下，杨国忠心中的权欲之火渐渐燃烧了起来。虽然杨国忠下定决心夺权，但他也深知李林甫在朝中盘根错节，现在还不是进行政治对决的时刻。可是他却有些按捺不住了，率先发起了政治攻势，不过他却并没有将矛头直指李林甫，而是先铲除他的羽翼。

很快，李林甫的亲信御史大夫宋浑就因为贪污罪而被流放潮阳郡[1]。这顿时就引起了李林甫的警觉。

之前，李林甫觉得杨国忠不过是个碌碌无为之辈。为了巴结得宠的杨贵妃，更为了为己所用，他才会不遗余力地提拔杨国忠，可如今杨国忠迅速崛起的势头让老辣的李林甫感受到了不安，愈加强烈地感受到羽翼渐丰的杨国忠似乎要夺权了。

其实早在一年之前，李林甫的另一个亲信刑部尚书、京兆尹萧炅就因为

---

[1] 今广东省潮州市。

贪污而被贬为汝阴太守。不过那时的李林甫却并没有太过在意，如今他意识到危险即将来临，日渐迟暮的他应对起来却越来越力不从心了。

杨国忠的步步紧逼使得他愈加坐卧不宁。此时杨国忠奉行的战略是暂时不与李林甫发生正面冲突，却不动声色地一步步剪除李林甫的羽翼。李林甫自然不会坐以待毙，而是在静静地等待机会！

天宝十一载（公元 752 年）秋天，他久经宦海磨砺又长期位于权力核心，因此他一出手便命中了杨国忠的死穴，此时的杨国忠不仅没有还击之力，更无招架之功。

由于南诏屡屡进犯，唐帝国饱受战乱困扰，李林甫趁机上言身为剑南节度使的杨国忠应该亲赴前方，指挥一线的军事斗争，因为官员身在其位就要谋其政，担其责，也要冒其险。剑南节度使这个显赫职务带给杨国忠的不仅仅是无上的荣耀和炫耀的资本，还有难以推卸的责任。李隆基要求帝国各级官员恪尽职守，如今面对西南危局，杨国忠就必须要有所行动，有所担当。

听到这个消息的时候，杨国忠犹如五雷轰顶，因为他知道在李林甫这个冠冕堂皇的理由背后是要将他彻底地排挤出朝廷的野心。如今他这一走，不知何年何月才能回来，甚至不知道还能否再回来！

曾经意气风发的杨国忠突然间变得垂头丧气，此时杨玉环或许是他手中唯一的救命稻草。他急忙入宫用极为悲凉的口吻说："我要走了，可妹妹莫要忘了唇亡齿寒的道理，如今我们杨家已经到了退无可退的悬崖边！"

杨玉环从本心里并不想过多地介入政治，但见到此情此景却无法不为所动，于是与杨国忠一起前去觐见李隆基。虽然杨国忠在仕途上一路平步青云，但她却很少为了他的升迁而向李隆基说情。

"三郎，哥哥能不能不走？"杨玉环开门见山地说。

李隆基为难地说："这恐怕有些困难，毕竟君无戏言！"

杨国忠跪在地上痛哭流涕地说："启禀陛下，这全是李林甫的奸计，还望陛下明察！"

李隆基颇为不悦地说："朕还没有老糊涂，分得清忠奸，也辨得了善恶！朕是要你赴阵，并不是让你去送死。有什么必要如此哭哭啼啼呢？食君之禄，为君分忧，难道这点儿道理你都不明白吗？"

李隆基态度如此坚定，必然有着诸多难言之隐。杨玉环也不便再强求，只得话锋一转说："哥哥怕在外面时间长了会被三郎遗忘！"

李隆基挥挥手，说："你放心，只要西南局势稳定了，朕自会找机会召你回来的！"

尽管李隆基的承诺给杨国忠带来了一丝慰藉，但杨国忠却难掩内心的失落之情。为了安慰情绪低落的堂哥，杨玉环特地让雪晴送他出宫，可让她始料未及的却是正是她的这个决定最终将雪晴推上了绝路。

杨国忠迈着沉重的步伐前往曾经熟悉如今却有些陌生的剑南。杨国忠渴望着雪晴能够成为他手中的那枚足以扭转乾坤的棋子，怀着热切的心情等待着，期盼着，但也在煎熬着……

当年十月，李隆基和杨玉环照例前往骊山华清宫避寒。年老体衰的李林甫自然也在随行官员的行列之中，这位政治强人不会想到自己再也回不了长安了。

就在杨玉环和李隆基在华清宫对弈之际，李林甫急急火火赶来奏报西南军报。李林甫高声诵读着奏状，可站在一旁的雪晴却突然从身后抽出一把明晃晃的匕首，朝着李林甫的后背猛地刺过去，殷红的鲜血顿时就浸透了他紫色的公服，他很快就倒在地上痛苦地呻吟着……

现场顿时就乱作一团，谁也不会想到杨玉环的贴身侍女居然会行刺当朝宰相，更不知道谁将会成为下一个攻击目标。眼疾手快的高力士顿时就将自己的身体挡在李隆基的面前，高声呼喊："羽林军，赶快抓刺客！"

几十个羽林军将手持利刃的雪晴团团围住。雪晴的脸上却没有一丝惧色，她将手中鲜血淋漓的匕首扔在地上，仰天长啸："柳郎，雪晴给你报仇了，虽死无憾！"

杨玉环从最初的惊恐中挣脱出来，为雪晴求情说："她肯定是一时糊涂，还请三郎从轻发落！"

李隆基对闻讯赶来的羽林军挥挥手说："通通退下！"那些佩剑持刀的羽林将士们急忙识趣地退下。

李隆基转而对身边的高力士说："赶紧命人送宰辅去尚药局救治。既然刺客是贵妃娘娘身边的人，那就交给她自行处理吧！此事要严密封锁消息，切不可泄露出去！"

杨玉环万万想不到一向温文尔雅的雪晴居然会做出如此过激之事。为情所困的雪晴终究没能逃脱这段孽缘！

杨玉环希望能够让这件事慢慢冷却下来，然后再找机会放她出宫，于是命人将雪晴安置到一所偏殿内"禁足"，希望她能够好好地冷静一下，认真地反思一下自己的所作所为。

可半夜时分，杨玉环却被一阵嘈杂声从梦中惊醒，于是急忙问道："出什么事了？"

"启禀贵妃娘娘，雪晴自缢身亡了！"一个宫女慌慌张张地说。

杨玉环急忙披上衣服来到幽禁雪晴的那座偏殿，只见房梁之上竟然悬挂着一个人。那人只穿着一件雪白色单衣，鬼魅似的挂在半空之中不停地晃动着。虽然散乱的头发挡住了她大半张脸，但杨玉环却一眼就能认出她就是雪晴，不过曾经俏丽的脸庞如今却变得异常狰狞。

一股刺骨的冷风从窗外袭来，使得杨玉环不禁打了一个冷战，高声喊道："都愣着干什么？赶紧救人！赶紧救人哪！"

虽然一直以来杨玉环都在尽心竭力地想要帮雪晴从阴影中挣脱出来，让她重拾生活的信心，前些日子，她觉得自己似乎做到了，却不知雪晴今日为何会性情大变。难道是……

唉——生性倔强而又用情至深的雪晴最终还是走了，对于她而言，死或许是一种解脱！

虽然李林甫流了很多血，却并没有什么致命伤，只是一些皮肉伤而已。手无缚鸡之力的雪晴此前别说杀人，就是见到殷红的血都会害怕，因此她在极度的恐慌和紧张之下并没有给李林甫造成什么实质性威胁。可古稀之年的李林甫原本就已体弱多病，如今在惊恐和外伤的双重打击之下，他的病情迅速恶化，直至病入膏肓。

李林甫随时都有可能一命呜呼，而他的死必将留下巨大的权力真空，这让李隆基一时间愁眉不展。

为了能够让李隆基开心,杨玉环特意将虢国夫人召进宫陪李隆基玩樗蒲。虢国夫人将五枚用樗木制成的骰子攥在手中,上面是黑色,画的是牛犊;下面是白色,画的是野鸡。她将骰子在手心里晃动了几下,扔到桌上,居然是全黑。她高呼着:"卢!果然是卢!我赢了!"她一边喊一边一个劲儿地朝杨玉环使眼色,希望她能够借机恳请李隆基将杨国忠速速征召回来,杨玉环却假装没有看见。

沉不住气的虢国夫人只得自行试探道:"只可惜咱们缺了个度支郎!"

李隆基并没有将手中的骰子掷出去,而是重重地摔在桌上,不悦地说:"没有谁是朕真的离不开的!"

虢国夫人顿时就吓得花容失色,原本还想再解释几句,可李隆基却并没有给她任何解释的机会,愤愤地转身离开了。

其实这些日子李隆基一刻都没有停止过思考,不过他所思考的却不仅仅是征召杨国忠回朝,而是李林甫去世之后如何进行权力布局。在这个关键时刻,他不希望受到任何人的干扰,所以他才会一反常态地对虢国夫人动怒。

几天后,杨国忠终于盼到了李隆基派来的中使。大喜过望的杨国忠随即策马扬鞭,迫不及待地返回魂牵梦绕的长安,然后又马不停蹄地赶往骊山。

在华清宫旁李林甫的私人宅邸里,病榻之上的李林甫正默默地等待着死神的来临。李隆基一直想去探望一下李林甫,毕竟他已在宰相的位置上工作了十九个年头。在李隆基的眼里,正是因为他能干事、会干事,李隆基才会有如此之多的时间来享受惬意的生活,殊不知表面上依旧繁盛的帝国早已是危机重重了。

就在李隆基决定动身的时候,袁思艺却跟他说:"老奴近日观天象,呈荧惑守心之势,看来李相公恐怕是凶多吉少了。陛下此时前去探视恐怕不祥啊!"

袁思艺不过是说出了杨玉环想说但又不便说的话。因为杨玉环担心李林甫会在生命的最后时刻做出对杨国忠甚至是对杨家人不利的事情。

李隆基一时间左右为难,经过一番内心的挣扎,最终还是打消了前去探视李林甫的念头，但他还是放心不下病入膏肓的李林甫，于是登上华清宫降圣阁遥望李林甫的宅第，同时晃动着手中的红色丝巾。

卧病在床的李林甫在家人的搀扶下拖着羸弱的身体勉强站了起来，遥望着华清宫方向隐隐闪现的一抹红色，急忙命人代替他向着华清宫的方向叩拜。

李府虽没有盼来帝国皇帝，却迎来了一个重要的客人杨国忠。杨国忠以胜利者的姿态出现在李林甫的面前。望着躺在病榻之上奄奄一息的李林甫，虽然杨国忠表面上流露出哀悯的神色，但是心中却不免满是窃喜。

可是随着交谈的深入，他的心头还是掠过一丝不安。这位执掌朝纲近二十年的政治强人虽已奄奄一息，但在行将就木之际仍旧有着相当大的威慑力。杨国忠心头的恐慌越聚越多，在这个寒冷的冬日里，他的额头上甚至渗出汗来。他不得不承认自己与李林甫在政治操控能力上实在相差甚远。

李林甫看出了杨国忠的惊恐，心头不禁泛起了一阵得意，但他也深知要想保全家人，除了要让杨国忠心存畏惧外，还要唤醒他的慈悲之心。自知将不久于人世的李林甫流着泪托付着后事，摆出一副与曾经的政治对手"一哭泯恩仇"的架势。他满怀悲凉地说："我将不久于人世，宰相之位非你莫属，在下不得不以后事累公了！"

杨国忠频频点头，渴望着早些离开那里，离开那个让他至今仍感到有些畏惧的人。

这次会面不久，一代奸相李林甫就永远地闭上了双眼。他死后仅仅五天，杨国忠便接替他出任右相。

杨国忠兴高采烈地进宫谢恩，李隆基笑着勉励道："正如拜相制书上所说，爱卿比之管乐，文多体要之词；拟於邴魏，武有韬钤之学。直方其道，简易能成。往自星郎，爰秉天宪，军国大政，宏益滋多，则造膝沃心，已期王佐，弥纶经济，同致雍熙。"

杨国忠故意装出一副诚惶诚恐的样子，说："承蒙圣上不弃，微臣定当鞠躬尽瘁，死而后已！"

杨玉环的脸上却并没有流露出多少喜悦之情，而是趁李隆基不注意时悄悄地跟他耳语道："你离京之时到底跟雪晴说了什么？"

　　杨国忠若无其事地笑笑说："没什么，只是随便寒暄了几句而已。"

　　杨玉环此时此刻猛然发觉曾经熟悉的杨国忠竟然会变得如此陌生，其实他一直都在变，只是她时至今日才意识到而已。

　　此时意气风发的杨国忠颇有几分大鹏展翅恨天低之势，可在外人看来，却不过是小马乍行嫌路窄。

　　李林甫临终之际的政治哀求并没有唤起杨国忠的恻隐之心，反而激起了他的报复之心，因为政治斗争从来都不相信眼泪！

　　杨国忠诬陷李林甫曾经与叛将阿布思约为父子勾结，意欲谋反。老谋深算的李隆基当然不会轻信杨国忠的无稽之谈，可是他后来却不得不信。

　　李林甫的女婿杨齐宣是一个见风使舵的小人，为了免受政治牵连而不惜对刚刚去世的岳父落井下石。既然杨齐宣都出面指证，李隆基便不得不信，也不能不信。他随即下诏斥责尸骨未寒的李林甫，而且追夺赐予他的所有官爵，最终以庶人的礼仪下葬。

　　曾经权势显赫的李林甫或许早已预料到死后会身败名裂，却不会想到这一切都是拜女婿所赐。

　　此时的杨国忠貌似已牢牢地掌控了朝政，殊不知在一片鲜花锦簇之中却暗藏着杀机，死神正在一步步地向他逼近，而那个将他推入死亡深渊的人就是那个与堂妹杨玉环关系暧昧的胖胖的胡人！

激烈龙虎斗

　　天宝十一年（公元 752 年）冬天，安禄山再次来到长安，不过他却发觉杨玉环对他的态度已经悄然发生了逆转，别说再次共度春宵，就是亲密的肢体接触，杨玉环都会巧妙地避开。

　　"你变了！"安禄山有些不悦地说。

　　"过去的就让它过去吧！"杨玉环淡淡地说。自从出轨以后，杨玉环一直都饱受着内心的煎熬，经过一番痛苦的内心挣扎，她最终还是决定毅然决然地了断这段孽缘，毕竟李隆基很爱自己，而自己也很爱李隆基。

"总有一天你会明白这么做的代价！"安禄山说完之后就悻悻地离开了。虽然他不便也不敢发作，但他的内心却燃烧着无尽的怒火。他觉得自己不过是杨玉环寂寞时的一个玩伴、空虚时的一枚棋子，如今她不再寂寞，也不再空虚，因此也就不再需要他了。

对于杨玉环，安禄山曾经爱得深沉，如今却恨得刻骨。

安禄山一直在反思到底是因为什么杨玉环对自己的态度竟然会发生如此之大的转变。难道是因为她的堂兄杨国忠如今已经贵为宰相，不再需要自己了？每每想到这里，他就会怒火中烧，杨国忠何德何能居然能够位居宰辅，操控帝国的权柄？

天宝元年（公元742年），安禄山出任平卢节度使的时候，杨国忠还在剑南浑浑噩噩地混日子。

天宝三载（公元744年），安禄山开始身兼平卢、范阳两镇节度使的时候，杨国忠穷苦的生活似乎仍旧没有什么起色。直到次年八月杨玉环正式被册立为贵妃，杨国忠的命运才迎来了重大转机。这年初冬时节，杨国忠受剑南节度使章仇兼琼所托，携带价值百万的金银珠宝以春贡的名义进京拉关系，虽然他靠着堂妹的关系总算在朝廷谋了个一官半职，却只是个微不足道的八品小官。

就在杨国忠为了升迁而苦苦钻营的时候，安禄山却已经赢得了帝国皇帝李隆基特殊的宠信。李隆基在长安为安禄山精心建造宅邸，不仅不惜花费重金，甚至不惜超越礼制。帷幕全是缇绣的，榜筐全是金银的，爪篱也都是金银的，豪华气派的程度甚至超越了皇家。

一个偶然的机会，李隆基发现了杨国忠在理财方面的特殊才能，于是让他在王铁手下担任判官。从此之后，杨国忠的仕途之路几乎每一年都会跃上一个新台阶。虽然两人的差距正在大幅度缩小，但差距仍旧很明显。

天宝九载（公元750年），安禄山兼任河北道采访处置使，负责监察黄河以北、太行山以东的广大地区的州县，就在这一年，他还受封东平郡王。

虽然迅速蹿红的杨国忠此时也已被火速提拔为兵部侍郎兼御史中丞，但他见到安禄山时还是毕恭毕敬的，脸上还时不时地挂着一丝谄笑。

随着李林甫的离去，杨国忠一跃成为一人之下、万人之上的右相。他越来越看不上大老粗安禄山，而安禄山对于迅速蹿红的杨国忠也是不屑一顾，因为他觉得杨国忠这个碌碌之辈之所以会爬得如此之快、如此之高，不过是凭借裙带关系而已。

李林甫能够镇得住安禄山，可继任者杨国忠却根本镇不住安禄山，因为他既没有令人仰慕的资历，更没有令人敬畏的手腕。为了对抗越来越咄咄逼人的安禄山，宰相杨国忠竭力拉拢悍将哥舒翰，因为他与安禄山兄弟的关系一向不好。敌人的敌人就是自己的朋友！

当年安禄山的堂兄安思顺和哥舒翰分任大斗军正使和副使。哥舒翰唯我独尊的性格使得他与安思顺难以相处。虽然无论从资历还是职务，哥舒翰都要逊于安思顺，可是哥舒翰却根本不把这位顶头上司放在眼里。

安禄山出面为堂兄打抱不平。虽然安禄山与哥舒翰分属平卢、河西两镇，但哥舒翰担任大斗军副使的时候，资历深厚的安禄山已经担任节度使六年之久，可是傲慢的哥舒翰却照样不给他面子。

杨国忠与哥舒翰越走越近引起了安禄山的不安。他左思右想还是进宫去找杨玉环，寄希望于杨玉环能够出面为他解围。

"我还以为你永远都不会再来了！"杨玉环温柔的话语中带着一丝不满。

安禄山却与上次判若两人，恭敬地说："一日为母，终身为母。此前多有冒犯，还望养母恕罪！"

"言重了！你何罪之有？又怎么谈得上恕罪呢？"

"如今有人正在处心积虑地搜罗孩儿的罪证，企图将孩儿置于死地！"

杨玉环闻听此言不禁花容失色，连忙问道："是谁？"

"杨国忠！如今他勾结哥舒翰，联手对付孩儿，孩儿这些日子一直为此吃不下，睡不着。"

"恐怕是你多虑了吧！不过本宫自会去找杨国忠，他定不会把你怎样。你与哥舒翰都是圣上器重的将领，恰巧他也刚刚来朝，本宫会上奏圣上，找个合适的机会让你们冰释前嫌！"

不久，驸马崔惠童府上大排筵宴，高朋满座，但这次宴会的主角却并非是崔惠童，而是高力士。正是因为高力士的缘故，哥舒翰和安禄山才终于冰释前嫌，坐到了一起。

在歌舞的伴奏下，三人推杯换盏，开怀畅饮。有些微醺的安禄山主动举杯与哥舒翰套近乎，说："我的父亲是胡人，母亲是突厥人，而你的母亲是胡人，父亲是突厥人，咱们俩的血统一样，应该亲近些才是！"

腮边泛起红晕的哥舒翰说："古人云，狐向窟嗥不祥，为其忘本故也。"哥舒翰的这句话其实是个否定句式。旷野中的狐狸对着洞窟号叫是忘本的行为，所以不应该忘本。其实哥舒翰是认同安禄山所说的话的，可是哥舒翰这句故意卖弄学问的话却引起对方的误解，又加上"狐"与"胡"同音。安禄山认为这是哥舒翰故意在讽刺他是胡人。

愤怒不已的安禄山指着哥舒翰高声骂道："你这个突厥野老竟然如此不识抬举！"

"你怎么张嘴骂人呢？你这个头钱价奴兵[1]！"不甘示弱的哥舒翰站起来撸胳膊挽袖子，想要动手揍他。

高力士见状急忙站出来劝阻道："息怒！二位息怒！二位都是有身份之人，如果因一时冲动动起手来，外人会怎么看你们？圣上又会怎么看你们？"

哥舒翰挥挥手，说："我喝醉了！"

杨玉环和李隆基精心筹划的这次宴会不仅没能缓和两人的矛盾，反而使得两人的矛盾日趋激化。当然这却是杨国忠最愿意看到的。就在哥舒翰与安禄山之间的矛盾日趋尖锐的时候，杨国忠更加不遗余力地向哥舒翰示好。

当时安禄山兼任范阳、河东、平卢三镇节度使，杨国忠就奏请李隆基让陇右节度使哥舒翰兼任河西节度使；安禄山被赐爵东平郡王，杨国忠就奏请李隆基赐给哥舒翰西平郡王的爵位。杨国忠与安禄山之间的矛盾也因此而日趋白热化。

---

[1] 唐代骂人话，就是一文不值的行伍之人。

风生水骤起

天宝十三载（公元 754 年）正月初四，杨玉环与李隆基还沉浸在春节的喜庆气氛之中，但他们原本充斥着欢笑的生活却被风尘仆仆赶来的安禄山彻底地打破了。

见到杨玉环和李隆基之后，安禄山也顾不上自己的形象，跪在地上泪流满面地对李隆基说："微臣是个胡人，也不认识什么字。承蒙陛下不嫌弃我，委以重任，可这却招致杨国忠的嫉恨。他不把我置于死地，决不肯善罢甘休啊！"

近年来关于安禄山将要发动叛乱的奏报从来没有中断过，不过李隆基却坚信那些通通都是别人臆想出来的流言蜚语，因为他觉得出身卑微的胡人安禄山如今的一切都是他给予的，安禄山根本就没有理由背叛他。

当然李隆基对自己驾驭臣子的能力也充满了自信，显然他也有着自信的资本。在开元、天宝四十年间，在他任命的八十二名节度使中，仅仅有一人敢于背叛他，那就是碛西、北庭节度使刘涣，不过刘涣发动的叛乱当月便被朝廷镇压下去了。这场短暂的叛乱对政局的影响可谓微乎其微，以至于史书对这件事语焉不详，仿佛这场叛乱从来都没有发生过似的。

对于貌似忠厚的安禄山，李隆基却亲手打破了自己确立的"不久任、不兼统"的原则。节度使的任期一般为四年，而安禄山担任平卢节度使竟然长达十四年之久。为了便于协同作战，虽然李隆基也会偶尔打破不兼统的原则，但兼统两镇及以上节度使的人数仅占节度使总数的九分之一，而且兼统的时间一般都会在三年以下。只有安禄山兼任平卢、范阳两镇节度使达十二年之久，兼任平卢、范阳、河东三镇节度使也有四年的时间。

随着奏报安禄山将要谋反的人越来越多，李隆基也渐渐有些动摇了，杨国忠趁机向他进言："陛下征召安禄山进京。如果他肯来，说明他对朝廷忠心不贰；如果他不肯来，说明他肯定心里有鬼！"

如今安禄山的到来无疑使得杨国忠先前的预言破产了！

安禄山打出的悲情牌果然收到了预期效果。李隆基的脸上挂着几丝尴尬的神情，眼中透着几分愧疚的意味，让先前还有些恐惧的安禄山彻底地释然了。

杨玉环见状急忙说："安儿，快起来！圣上一直都颇为想念你。既然来了，就好生在京城住些日子，忘却那些不愉快的事情！"

安禄山却仍旧愤愤不平地说："只怕是那些人不肯轻易收手啊！"

杨玉环将安禄山扶起来，安慰道："安儿不必忧虑。杨国忠绝对不会把你怎样。你们之间肯定有些误会！"

李隆基笑笑说："朕召你来并无他意，只是觉得爱卿镇守边陲甚是辛苦，正好借机来骊山修养修养！"

见安禄山仍旧对征召一事耿耿于怀，杨玉环笑着说："本宫新排了一段舞蹈，吸收了胡旋舞的精髓，恰巧你来了，一同欣赏一下！"

华清宫里一时间又是歌舞升平，但安禄山根本就没有心思欣赏歌舞，也没有心思品尝美酒，甚至没有心思饱览杨玉环的美貌，而是在不停地盘算着自己下一步棋该怎么走。

其实安禄山在来之前经历了一番痛苦的内心挣扎，如若不来势必会招致朝廷的猜忌，可来了又担心再也回不去了，但如今看来一切的担忧都是多余的。不过他却并没有见好就收，而是趁机向李隆基要这要那，一方面是为将来的叛乱做准备，另一方面则是让李隆基更加相信自己。

安禄山请求担任闲厩、陇右群牧使，由于马匹在军事上具有重要战略价值，因此这个职务就显得举足轻重了。李隆基想都没想就欣然应允了，但让他始料未及的是这些战马最终却成为安禄山险些摧毁大唐帝国的利器！

安禄山还恳请李隆基将自己军中五百名将领都提升为将军，二千名将领提升为中郎将，李隆基也都欣然应允了，这些军官日后也成为安禄山险些摧毁大唐帝国的帮凶！

心满意足的安禄山知道自己该走了。虽然安禄山竭力掩饰着内心的惶恐，可此时的他却犹如一只惊弓之鸟，只要听到一阵弓弦响，就会吓得心惊胆战。在他看来，能否全身而退仍旧是一个大大的疑问。

　　盎然的春意及和煦的阳光将冬的痕迹一扫而尽，经过一场春雨的洗礼，空气显得更为清新。长安城东十里的灞桥素有"年年伤别，灞柳风雪"之称。

　　身披黄袍的李隆基拉着安禄山的手亲密地说："真舍不得你走啊！若不是因镇守边关责任重大，朕还想再留你暂住几日。"

　　安禄山故意摆出一副感恩戴德的样子，说："圣上的恩情，臣哪怕死一万次都报答不了。"

　　李隆基再一次被安禄山憨厚的语言逗乐了，将自己身上的那件黄披风披在了安禄山身上。受宠若惊的安禄山急忙跪倒谢恩，感动得涕泪横流。杨玉环连忙将其挽起，安慰道："圣上一直对你深信不疑，不必顾及那些流言蜚语！"安禄山点点头，飞身上马，向东疾驰而去，将长安城远远地抛在了身后。

　　这是杨玉环与安禄山最后一次会面。面对安禄山的时候，她的心始终是纠结的，感念他曾填补了内心的感情空白，却也觉得那段孽情必须适可而止，否则她面对李隆基的时候总会有一种负罪感。

　　为了防止有人半途拦截，安禄山行至淇门时改乘轻舟顺流而下。沿途郡县，成千上万的纤夫静候在岸边，等候着安禄山乘坐的那只官船的到来。

　　安禄山如愿以偿地回到了自己的老巢范阳。他这次之所以不惜以身犯险不过是为即将发动的叛乱赢得宝贵的时间。

　　安禄山暗暗发誓，下次再去长安，他将不再只是一个过客，而要成为那里的主人，到那时他不仅会夺取江山，还会拥有美人。

　　安禄山走远之后，李隆基语重心长地说："玉环，你最好找个机会跟杨国忠好好谈谈，将相和则天下安！"

　　"玉环也觉得有这个必要！"杨玉环附和道。

　　让杨玉环始料未及的是，如今大权在握的杨国忠早已不再是昔日那个对她言听计从、百般逢迎的杨钊了。

　　杨国忠振振有词地说："安禄山反叛之心尽人皆知！我杨国忠忠贞之心天地可鉴！"

　　杨玉环知道自己再多说无益，有些不悦地说："哥哥，玉环该说的都说了，你还是好自为之吧！"

杨国忠暗暗下定决心绝不能就这样善罢甘休，安禄山已经使得他在李隆基的面前颜面尽失，他必须要让安禄山为此付出惨重的代价！

可此事之后，李隆基对安禄山更加深信不疑。如果谁要再说安禄山谋反，李隆基会将他绑上之后送到安禄山那里，一时间群臣无人敢言。在这种情况之下，杨国忠竟然产生了逼迫安禄山早日造反的险恶念头，因为安禄山一日不反，他将一日无法抬头。此时的他还没有意识到这对唐帝国将会意味着什么，对他自己将会意味着什么！

杨国忠一不做二不休授意京兆尹包围安禄山在长安的私宅，大肆搜罗安禄山谋反的证据。其实精明的杨国忠自然不会不知道，生性狡诈的安禄山绝对不会愚蠢到在长安宅邸内留下什么叛乱的证据，他这么做只是希望收到敲山震虎的效果。搜查人员最终逮捕了安禄山的门客李超等人，送往御史台缢杀。

杨国忠的步步相逼无疑极大地加速了安禄山反叛的进程。其实安禄山原本想趁李隆基去世后再举起反叛大旗，毕竟李隆基曾经待他不薄，况且年事已高的李隆基恐怕也活不了几年了，在新旧皇帝交替的权力真空期，他再起事，胜算恐怕会更大一些，但严峻的形势却迫使他不得不加快了叛乱的步伐。

当唐帝国大厦将倾之时，李隆基却仍沉迷于声色犬马，杨玉环却仍沉浸在花前月下，她的三姐秦国夫人和哥哥杨铦的相继病逝让她开始感叹人生的短暂，命运的多舛。其实对于她而言，灾难不过才刚刚开始！

直到叛乱发生的那一刻，李隆基仍旧对安禄山抱着最后一丝不切实际的幻想，仍旧幻想着这一切不过是一场误会。他甚至没有进行任何实质性的防御，因为他觉得这样做反而会进一步加深朝廷与安禄山之间的隔阂，迫使可能原本并没有反叛之心的安禄山走上反叛之路。

李隆基用最后一丝虚无缥缈的自信驱散了内心的猜忌和不安。这无异于一次危险的政治赌博，而赌注就是他自己、他心爱的女人和他心爱的帝国。

第六章
渔阳鼙鼓动地来

逃亡的车队急匆匆地驶过延秋门。李隆基和杨玉环都不曾想到这座曾经见证过汉代兴衰、南北乱世的城门也将会成为他们命运的转折点。一个人再也回不来了，一个人虽然回来了，但心却永远地留在了马嵬坡！

掠过天际的烽烟

每当酒酣之际，李隆基和杨玉环总会按捺不住酒精的躁动，玩一种名为"风流阵"的游戏。微醺的杨玉环会带领一百多个宫女，醉眼蒙眬的李隆基则会带领一百多个宦官，双方在宫中排列好阵型，有的用霞帔当作旗帜，有的用被面作为旗帜。随着一声令下，双方的打斗便开始了。落败的一方要罚一大杯酒。

森严肃穆的皇宫之中居然传来阵阵打斗之声。世人都觉得这是不祥之兆，难怪术士金梁凤在安史之乱爆发前一年曾大胆地预言："玄象有变，半年间有兵起。[1]"

谁游戏了人生，谁就必将会被人生所游戏，即便他是贵为九五之尊的皇帝，即便她是集万千宠爱于一身的贵妃！

天宝十四载（公元755年）十月，若无其事的李隆基像往常一样领着杨玉环前往骊山避寒。在热气腾腾的温泉中感到无限惬意的杨玉环不会想到这将成为她最后的幸福时光。那个曾经跟她肌肤相亲的胖男人即将把她推进万劫不复的痛苦深渊。

十一月初九清晨，范阳城外校军场内旗帆招展，鼓声如雷，战马嘶鸣，军士众多。整装待发的十五万大军即将给予和平日久的唐帝国致命的一击。

---

[1] 《旧唐书·方伎传》。

安禄山用力拔出自己的佩刀。一缕朝霞映照在锋利的刀刃之上，闪着慑人的寒光。他将佩刀高高地举过头顶，大声喊道："诛杀杨国忠，清君侧！"

十一月十五注定是一个让杨玉环终生难忘的日子。华清宫后殿之内，云袖轻摆招蝶舞，纤腰慢拧飘丝绦，舞姬们身姿软如云絮，玉臂柔若无骨，时而抬腕低眉，时而轻舒云手，玉袖生风，纤足轻点，裙裾飘飞。她们娇美若粉色桃瓣，举止有幽兰之姿，清雅如夏日芙蓉。曼妙的舞姿让众人看得如梦如幻，动人的旋律让众人听得如痴如醉。

李隆基不禁笑逐颜开，杨玉环也是嫣然一笑。谁承想这个欢乐而又祥和的画面，却被一份八百里加急的奏报硬生生地打碎了。

匆匆看完之后，李隆基脸上的笑意顿时就消失得无影无踪。垂暮之年的他原本早就该颐养天年了，可这场骤然而至的叛乱却使得他不得不面对人生之中最为严峻的一次考验。

"出什么事了？"杨玉环关切地问。

"安禄山果真反了！"虽然李隆基竭力使自己保持着镇定，但他的话语中却仍旧带着无尽的惶恐。

自从太平公主死后，李隆基已经当了四十二年太平天子了。在如此漫长的时间里，他虽然也曾经历一些风风雨雨，却从未经历过如此猛烈的政治暴风雨。或许他早已习惯了从前那种波澜不惊的舒心日子，当危机真正来袭的时候，曾经气吞山河的李隆基难免会有些乱了方寸。

杨玉环不禁花容失色，反问道："怎么会这样？"她无法相信那个脸上总是挂着憨憨微笑的养子如今居然就像变脸一样刹那间就变得如此狰狞和可怕。她不禁感慨这还是她曾经见过的那个安禄山吗？真不知道到底是他变了，还是自己从来都没能认清他的真面目！

"该来的总会来！"李隆基长叹道。他再也无心歌舞，而是在不停地反思，在不断地悔过，也在不住地踟蹰。

望着面色严峻的李隆基，杨玉环能够真切地感受到他目前正在承受的巨大压力，而不谙政治的她唯一能做的或许就是用自己的温柔的话语和体贴的行动来缓解李隆基内心的焦虑和不安。

"我要去与宰相们商议一下该如何应对当前的危局！"话音未落，李隆基就迈着有些蹒跚的步伐离开了。望着他日渐苍老的背影，杨玉环的心头不免泛起一阵酸楚，不知道上天为何会如此薄待这位日渐迟暮的老人！

华清宫前殿，憔悴的李隆基端坐在御座之上，再也没有了往日的意气风发。杨国忠和韦见素则默默地站立在李隆基的面前。韦见素的脸上堆满了愁苦，而杨国忠的脸上却隐隐地显露出扬扬得意的神色。他觉得自己终于可以在李隆基面前扬眉吐气了。在他看来，如今安禄山的谋反无疑印证了他当初是何等睿智，何等有远见！

"陛下不必太过忧虑！陛下乃是天命所归，叛贼安禄山执意逆天而为，势必遭到众将士的唾弃！"此时的杨国忠显然对形势的估计太过乐观了。他觉得那些曾经效忠唐帝国的将士们绝对不会死心塌地跟随着安禄山，这场叛乱将会很快被平定，可让他万万没有想到的是这场战争居然会变得旷日持久，而他的生命也从这一刻起就进入了倒计时。

杨国忠乐观的情绪显然感染到了李隆基。一向自信的李隆基也沉浸在叛乱可以迅速平定的不切实际的幻想之中。

自从唐帝国建国以来，曾经发生过不计其数的军事叛乱，无论最初是多么轰轰烈烈、多么声势浩大，但最终却都不过是昙花一现。李隆基觉得用不了多长时间，安禄山就会像过去许许多多的反叛者那样成为历史的弃儿，被永远地钉在历史的耻辱柱上。

虽然李隆基被盲目的乐观主义情绪所支配，但他也深知当前的形势已经变得异常严峻，再也没有心思继续待在温泉环绕的华清宫。

那夜是如此的漫长，月色雪影透过窗子洒在御塌上。李隆基虽然闭着眼，心却醒着；杨玉环虽然睁着眼，眼前却是一片迷茫。

"明天一早我们就回长安吧！"李隆基若有所思地说。

"好！三郎不必太过忧心，一切都会好起来的！"杨玉环安慰道。

李隆基却并没有回答，殿内突然间变得死一般的寂静。

慵懒的太阳歪歪斜斜地挂在天边，凛冽的风肆虐着，漫天的雪飘舞着。杨玉环痴痴地望着风雪之中的飞霜殿，久久地驻足。不知为什么，她忽然生出一种诀别之感。这些年，她已经习惯了在这座暖意融融的大殿之中度过漫漫寒冬，如今她却不得不急匆匆地离开这里。

杨玉环情不自禁地吟诵道："飞霜殿，凌霄间；罗袖动，忆华年。花不似，人憔悴。红蕖裒，袭心间；汉宫燕，风流传。风雪寒，梅花绽；鹧鸪飞，已不还。晨起舞，枉少年！"

李隆基将她紧紧地拥入怀中，安慰道："玉环，我们很快就会回来的！"

杨玉环勉强挤出些许微笑，但笑容中却充满了无奈和苦涩。

杨玉环陪着沉默寡言的李隆基回到了格外冷清而又萧瑟的长安城。凛冽的风肆意地吹打着这座饱经风霜的古城，如同在哀号，又好似在悲鸣。古城仿佛一位白发苍苍的耄耋老人，冷眼旁观着这里发生的一切。它见证了一个个王朝在这里崛起，也见证了一个个王朝在这里走向衰落，甚至走向灭亡。

回到熟悉的兴庆宫，杨玉环望着干巴巴的树枝和残留的几片枯叶，不禁打了一个冷战，感到一阵刺骨的寒意。她透过窗子望着萧瑟的龙池，曾经的青青河畔草如今都已化为一抔抔黄土，曾经的郁郁园中柳如今都已化作一段段枯枝。

杨玉环急切地渴望着这个冬天早点过去，渴望着这场战争早些结束，可最终却事与愿违。

在生死攸关的关键时刻，唐帝国需要掌舵者李隆基依靠自己出众的能力和高超的技巧来妥善处置这场危机，可他却在这个最需要智慧的时候显得有些愚蠢，在这个最需要冷静的时候显得格外冲动。

李隆基回到长安之后就迫不及待地将安禄山留在长安充当人质的长子安庆宗送上了断头台。其实他这么做除了宣泄心中的愤懑之外毫无益处。这只会激起安禄山对李隆基以及唐帝国更深的仇恨，只会让原本就已颇为严峻的局势变得更糟。

在十五万精锐部队的簇拥下，坐在舆车上的安禄山一路南下，烟尘千里，鼓噪震地。他渴望着能够像李隆基那样永远地、光明正大地拥有杨玉环这个倾国倾城的绝色美女，而不是暂时地、偷偷摸摸地！

河北地区的官员和百姓们已经在和平之光的沐浴下平静地生活了一百余

年，当这场突如其来的叛乱突然降临在他们头上的时候，他们感到惶恐不安，也感到措手不及。很多郡县的武器库内的兵器与盔甲因年深日久而锈蚀不堪，将士们被迫拿起木棒迎敌。

兵临城下的时候，唐帝国的郡守和县令们知道必须在自己效忠的唐帝国和曾经的上司安禄山之间做出抉择。此时的安禄山已不再是唐帝国河北道采访使，而他率领的那支所向披靡的军队也从帝国的守护者迅速蜕变为帝国的毁灭者。

平坦而又宽阔的华北平原成为安禄山率领的那只铁骑纵横驰骋的舞台。或许只有奔腾的黄河水才会稍稍迟滞叛军南下的脚步，可就在一夜之间，"千里冰封，万里雪飘"，天堑竟然刹那间变成了通途。此时再也没有什么可以阻挡这支部队前进的步伐。

一座座城池相继陷落，一个个将领要么战死，要么投降，要么逃亡。

十二月十二日，杨玉环曾经生活过十年之久的洛阳城失守了。当无数的叛军士兵如潮水般涌入城中的时候，这座曾经繁华无比的大都市刹那间就变为了人间地狱！

杨玉环没有想到安禄山仅仅用了一个月的时间就从边陲杀到了中原。她更不明白帝国的毁灭者安禄山为何会如此骁勇善战，而帝国的捍卫者们为何会如此不堪一击！

通向毁灭的救赎

李隆基坐在沉香亭里痴痴地望着已经积了一层薄冰的龙池。这座由沉香木修建而成的沉香亭散发着淡淡清香，可如今在李隆基看来却已索然无味了。

"玉环，你知道这龙池的来历吗？"李隆基突然问道。

"玉环只是略有耳闻而已。则天皇后当政时，隆庆坊王纯家的一口水井里突然莫名地冒水不止，很快就浸润成数十倾的大池，后来引龙首渠水入池，一时间碧波荡漾，画舫摇曳，帆影绰绰。岸边更是杨柳成荫，野雁出没，百花似锦。龙池成为众人心中的一块风水宝地，王公贵族竞相在池边修建府邸。三郎也将自己的王府建在了这里。"

"玉环说得不错！当年我的伯父中宗皇帝听风水先生说这里有龙气，便率领文武百官来到这里，命人用彩带将很多船只联结在一起，然后将一头大象牵到船上，遍游整个龙池。他还让兵部、户部诸司在龙池之上百舸竞渡。他不遗余力地想要破坏这里的龙气，却终究是徒劳的！"

杨玉环急忙说："三郎乃是天命所归，凡是逆天之人都会遭遇天谴！"

中宗李显最终被妻女毒杀，而安禄山的下场又将会如何呢？李隆基似乎又重拾了自信，坚定地认为上天依旧会眷顾他这个真命天子。

或许是真的受到了上天的眷顾，捷报一个接一个传来，尤其是老将哥舒翰将叛军牢牢地挡在了潼关之外。

为了欢庆胜利，杨玉环特地找来了斗鸡奇人贾昌。李隆基早在还是藩王的时候就酷爱斗鸡，即位之后更是命人在长安城内遍寻千余只红冠高耸、羽毛披金、利爪如钩的雄鸡豢养在宫外的鸡坊之中，还特地从禁军之中选拔出五百名青年将士专门负责训练这些斗鸡，可那五百将士却居然抵不过一介书生贾昌。贾昌的身上似乎有着某种特殊的魔力，能够让那些桀骜不驯的斗鸡们彻底地臣服。

贾昌头戴雕翠金华冠，身穿锦绣褛裤，一手执金铃，一手拿拂尘。面对着眼前的那一群斗鸡，他顾盼有神，神情专注，指挥若定。一只只斗鸡羽毛怒张，呼扇翅膀，磨喙砺爪，跃跃欲试。随着贾昌一声令下，那些早已迫不及待的斗鸡们就开始捉对厮杀。决出胜负之后，斗鸡们按照顺序排好队，胜者走在前，得意扬扬，高声鸣叫；败者走在后，低头垂尾，无精打采。无论是胜者还是败者都紧紧跟随在贾昌身后有秩序地返回鸡坊。

现场顿时爆发出雷鸣般的掌声。李隆基也会心地笑了，笑得那样爽朗、那样舒心。杨玉环的脸上也终于露出了欣慰的笑容。

杨国忠趁机走过来，说："就连斗鸡在圣上面前都如此恭顺，此乃天子之神威啊！"他一边说着一边将一份来自前线的奏报递给李隆基。李隆基接过来之后看了看，反问道："难道目前驻守陕郡的崔乾祐的手中真的只有区区四千士卒，而且全都羸弱不堪、防备松懈吗？"

杨国忠说："如今安禄山四面楚歌，四处告急，尤其在河北又接连损兵折将，而潼关又固若金汤，戍守陕郡的叛军自然会被陆续调离。"

望着低头沉思的李隆基，杨国忠慷慨激昂地说："如今可是收复东都的千载难逢的机会！"

这段时间，一个接一个的捷报从帝国的四面八方纷纷传来，让李隆基激动不已，也躁动不安，使得他丧失了最起码的鉴别力。急于求成的他并没有想到其实欲速则不达。他即将做出一生之中最为愚蠢也是最为后悔的一个决定，这个决定会让之前用无数将士的鲜血换来的胜利全都化为泡影！

其实那份奏报是杨国忠一手炮制的，目的就是要将哥舒翰置于死地。他再一次将自己的利益凌驾于帝国的命运之上。为了一己私利，他曾经处心积虑地逼反了安禄山，因为只有安禄山反了才能证明他当初的英明；如今他又想逼死哥舒翰，因为只有哥舒翰死了才能保障他自己的安全。

当初为了抗衡安禄山，杨国忠曾经不遗余力地拉拢哥舒翰，可特立独行的哥舒翰却似乎并没有因此而对他感恩戴德。

最关键的是，此时杨国忠的内心是敏感而又脆弱的。从古至今，叛乱者往往会给自己披上一件貌似正义的外衣——"清君侧"。叛乱比拼的是军事实力，更是人心向背。为了将叛军披着的那件貌似正义的外衣撕去，西汉景帝曾残忍地将自己的老师晁错推上了断头台。随着晁错的死，"清君侧"便失去了存在的意义。如今的安禄山同样打着"诛杀杨国忠，清君侧"的旗号。杨国忠无时无刻不担心李隆基会效仿汉景帝，将他作为政治妥协的牺牲品。杨国忠可以通过虢国夫人严密监控李隆基的动向，可他对于手握重兵的哥舒翰却无可奈何。一旦拥兵自重的哥舒翰迫使李隆基效法汉景帝，那么他的死期恐怕也就不远了。

唯一能够稍稍缓解杨国忠内心惊恐的办法就是掌握一支忠于自己的军队。他随即上奏李隆基以构筑第二道防线为名训练一支军队，让亲信李福德统率一支由"监牧小儿"组织起来的军队。"监牧小儿"原本是担当养马场警戒任务的卫兵。这支中看不中用的部队还不能让杨国忠那颗始终悬着的心彻底地放下，于是又命亲信杜乾运统率一万余人的雇佣军屯守在灞上。名义上是防备叛军，可明眼人一看就知道他防备的人究竟是谁。

没有安全感的杨国忠遇到了同样没有安全感的哥舒翰。杨国忠在哥舒翰背后搞的这些小动作也同样引起了哥舒翰的不安。哥舒翰随即上表请求将灞上守军隶属于自己，李隆基为了前方战事的需要，自然没有理由不答应。

六月，在骄阳的炙烤下，杜乾运急匆匆赶到潼关参加军事会议，可让他没有想到的是潼关内早已磨刀霍霍。他再也没能离开杀机四伏的潼关，但他的死也成为哥舒翰一生之中最大的败笔，从某种程度上说这个错误铸就了他悲剧性的人生结局。

杜乾运被杨国忠视为危急情况下的一根救命稻草。尽管这根稻草在危机时刻根本就救不了他，可是杨国忠紧紧地攥着这根稻草无疑会给他带来一种虚无缥缈的安全感。可如今哥舒翰却硬生生地将他手中的那根稻草夺走了，于是他不惜铤而走险，孤注一掷了！

杨国忠不会不知道潼关的安危关乎唐帝国的存亡，可他却仍执意要这样做，因为他早已为自己想好了退路，那就是前往他曾经长期生活过的剑南。不过让他始料未及的却是他最终不仅将对手送上了不归路，也将自己送上了黄泉路！

虽然在杨国忠的鼓动之下，李隆基有些头脑发热，但哥舒翰却是头脑清醒的，然而李隆基决意要做的事情任何人都阻拦不了。这种性格可以让他力挽狂澜，也可以让他刚愎自用。

天宝十五载（公元756年）六月初四，哥舒翰被迫率军出关。他深情地回望着渐渐远去的潼关，眼中的泪水不禁夺眶而出，既是为了他自己，也是为了他所效忠的唐帝国！

惶恐不安的逃亡

潼关告急的文书源源不断地送达长安，但此时的李隆基还没有意识到局势的严峻性，并没采取任何实质性的军事补救措施，仅仅是派遣李福德率领监牧兵赶赴潼关，但那些从未经历过大阵仗的警卫部队在战场上根本发挥不了什么实际作用。

每当夜幕降临的时候，潼关守军都会燃起象征着平安的烽火。在漆黑的夜幕下，点点火光通过相隔三十里的烽燧一直传到都城长安。李隆基每到这个时候总会登高眺望来自东方的光亮，可六月初九这天的夜空却始终是漆黑一片，李隆基此时才真正意识到危险即将来临，恐惧在他的心底深处迅速地滋长着、蔓延着。

杨玉环还从来没有见到过一向沉稳老练的李隆基竟然会如此惊慌失措，如此进退失据。她知道前方肯定是出大事了！

次日，李隆基紧急召见宰相杨国忠和韦见素，大殿内的空气紧张得仿佛快要凝固了，因为唐帝国真的到了生死存亡的关键时刻！

面对当前的危局，韦见素感到无能为力，心里漫起深深的自责，眼角滴落的冰冷泪水是对曾经的悔过，也是对自我的赎罪。

此时杨国忠的心却是纠结的。他期盼着能够借机彻底除掉哥舒翰这个心腹大患，但满目疮痍的唐帝国却随着哥舒翰的被俘而被推到了生与死的边缘。好在他早就给自己留下了一条后路，情急之下可以投奔剑南节度留后崔圆。

望着脸色阴沉的李隆基，杨国忠试探道："目前潼关失守，长安危矣，圣上还是暂且避一避锋芒？"

"如今朕又能避到哪里呢？"李隆基叹息道。

"剑南！那里江山险固，物产丰盈，进可攻，退可守！"杨国忠掷地有声地说。

剑南曾是杨国忠长期生活的地方，也是他拥有巨大政治影响力的地方。他的心腹鲜于仲通曾任剑南节度使，后来他又亲自兼任剑南节度使，并且推荐司勋员外郎崔圆担任剑南节度留后，实际主持剑南的军政事务。

虽然李隆基早已失去了抵抗的决心，但他一时间却对帝都长安难以割舍，因为这里有着太多太多令他不舍的东西。这里有列祖列宗的陵墓，这里有气势恢宏的宫殿，这里有雄伟壮丽的官署，这里有开元盛世的记忆……

六月十一日，宰相杨国忠在朝堂之上召集百官，流着泪询问对策，可他等来的却是无尽的沉默。宝贵的时间最终在漫无目的的沉默与争吵中白白浪费掉了，因为绝大多数人早就没心思考虑如何抗敌，而是思索着自己的退路。

这些日子，杨国忠都是在惊恐不安中度过的。他知道在长安多待一刻，危险就会增加一分！

韩国夫人和虢国夫人带着杨国忠的殷切希望进宫了。此时的杨玉环早已心乱如麻，如今见到两个姐姐来了，急忙迎了过去。

韩国夫人并没有寒暄就直截了当地说："如今形势危急，不知妹妹有何打算？"

杨玉环却叹息道："事到如今，还能有什么打算？听天由命吧！"

韩国夫人高声说："妹妹怎么能这般自暴自弃呢？虽然长安不保，可我泱泱大唐疆域辽阔，何愁找不到一处容身之地呢？"

虢国夫人也随即附和道："是啊！当断不断，反受其乱。切不可对长安太过留恋，只要我们能够逃过这一劫，终究还会回来的。"

杨玉环却说："去与留不仅仅关系到个人的生死，还事关帝国的存亡。这等大事还是让三郎自己去决断吧！"

韩国夫人在杨玉环耳边低声说："玉环，你可不要犯糊涂！如今圣上都已经七十二岁高龄了，而你却只有三十八岁，未来的路还很长。他可以选择留下来，为他深爱的社稷殉葬，但你却没有这个必要，更没有这个义务。你最好还是劝劝圣上，不要太过感情用事，江山可以失而复得，但人却不能死而复生！"

杨玉环沉默良久才开口说："我去试试吧！"

心事重重的杨玉环来到了龙池北岸的新射殿。李隆基正在那里弯弓搭箭，头顶贯平，两肩靠平，两手抬平，两足踏平，弓靠箭，箭靠弦，弦靠脸，只听"嗖"的一声，那支箭便射了出去，不过却再次偏离了靶心。

"看来我是真的老了！"李隆基无奈的话语中带着哀伤，也透着绝望。

"谁都会有老去的那一天，但魏武帝曹操就曾经说过，'老骥伏枥，志在千里；烈士暮年，壮心不已'！"

"不要忘了，曹操还曾说过，'神龟虽寿，犹有竟时；腾蛇乘雾，终为土灰'。"李隆基的话语中带着无尽的悲凉，将杨玉环心头残存的那一丝暖意也无情地吞噬了。

两人面面相觑，沉默不语，不知该说些什么，也不知该从何说起，最终还是李隆基率先打破了沉默。

"当初我还是临淄王的时候就疯狂地迷上了射箭，但又怕被生性多疑的祖母怀疑，只得在殿内练习射箭。那时血气方刚的我百步穿杨，箭无虚发，如今连拉弓都有些吃力了，真是岁月不饶人啊！"

杨玉环动情地说："岁月无情，人却有情！玉环知道，三郎对这里的一草一木、一砖一瓦都有着很深的感情。三郎舍不得这里的花花草草，这里的花花草草当然也舍不得三郎，但如今却到了不得不与这里告别的时刻了。今日的离开是为了明日的回归！"

李隆基低声说："舍不得，舍不得，不舍怎能得？舍了难道就能得吗？"这句话既像说给杨玉环听，又像说给他自己听，更像说给上天听。

六月十二日，李隆基亲临勤政务本楼，此时前来朝见的官员却"十无一二"。望着寥若晨星的几个臣子，李隆基的心中充满了伤感，却刻意保持着镇定，表现得从容。他信誓旦旦地说："朕决意亲征叛军，同仇敌忾，挽救社稷于危亡，拯救黎民于水火！"

虽然潼关的失守使得长安危在旦夕，但如果长安军民通力死守，或许真会赢来转机，可是那些朝臣们却早已透过李隆基貌似坚定的外表看到了他那颗苍老而又虚弱的心，事实上李隆基也的确不值得信任。

就在李隆基慷慨激昂地表示要同仇敌忾、御驾亲征的同时，他却在暗中紧锣密鼓地安排逃亡事宜。

安史之乱爆发不久，李隆基就任命颍王李璬为剑南节度大使，剑南节度留后崔圆为剑南节度副大使，同时免去了杨国忠的剑南节度使职务。虽然李隆基表面上不露声色，但他的态度却也在悄然发生着变化。

安禄山的谋反，哥舒翰的惨败，杨国忠恐怕都难辞其咎。曾经歌舞升平的唐帝国如今却已是刀兵四起，他这个皇帝有责任，但杨国忠这个宰相却更有责任。不过碍于杨玉环的面子不便发作，他只得将所有的不满和愤怒默默地埋藏在心底。

如今李隆基命令颍王李璬立即赴任。按照惯例，无论是节度大使还是大都护都只是"遥领"，仍旧会待在京城，并不实际管事，可李隆基却一反常态，要求儿子李璬立即前往剑南赴任。李隆基还诏命沿途郡县准备接待颍王李璬一行人等。其实不过是在为了迎接他的到来而做准备！

心事重重的李隆基缓缓地走下勤政务本楼，来到旁边的花萼相辉楼，抚栏远眺兴庆宫的秀美风光，极目遥望长安城的繁华景致，深情环顾楼内的华丽陈设。当他意识到明天这一切将不再属于他的时候，浓烈的凄楚之情便萦绕在他的心头，久久都不曾散去。

不知什么时候，杨玉环已经悄然来到李隆基的身旁，安慰道："圣上不用太过悲伤，我们很快就会回来的，到那时这里的一切还是如今这般模样。"

李隆基凝重的脸上勉强挤出几丝微笑，其实他也知道杨玉环不过是在故意安慰他，什么时候才能回来，甚至还能不能回来现在都是一个未知数。

李隆基深深地叹了一口气，说："玉环，不论人生是得意还是失意，须尽欢。你命人把梨园子弟们都叫来，今日不醉不归！"

"好，今朝有酒醉今朝！"杨玉环知道李隆基要用这种特别的方式与曾经的美好告别，甚至是诀别！

曾经喧嚣的花萼相辉楼刹那间又恢复了往日的生机。李隆基苍老的脸上挂着浅浅的微笑，但那些跟随他多年的乐工们却仍旧能感受得到他微笑背后的苦涩。就在众人把酒言欢的时候，李隆基却不知为何突然想起了早已故去许多年的父亲李旦，或许是出于对父亲的忏悔吧！

李隆基让乐工贺怀智速速到长乐宫去取父亲李旦生前最喜爱的那把琵琶。自从父亲去世后，这把琵琶就被黄色秀帕包裹起来束之高阁，再也无人问津。如今再次见到这把琵琶的时候，李隆基真是百感交集。他让贺怀智调准了音，命善弹琵琶的和尚段师弹奏一曲《水调歌》。梨园子弟中一个擅长唱歌的少年伴着如此哀伤的乐曲唱道：

山川满目泪沾衣，富贵荣华能几时？

不见只今汾水上，唯有年年秋雁飞。

在低沉的乐曲伴奏下，那个少年犹如天籁般的声音在金碧辉煌的花萼相辉楼里久久地回荡着，仿佛是对美好往昔的回忆，又好像是对命运无常的慨叹。

"此歌是何人所作？"一直默不作声的李隆基突然打破了沉默。

"此乃李峤所作！"杨玉环脱口而出。李峤曾在武后、中宗朝数度拜相，但他最令后人称道的却是他在诗歌方面的高超造诣。杨玉环最喜爱他所写的那首《风》："解落三秋叶，能开二月花。过江千尺浪，入竹万竿斜。"李峤将无形的风化作有形，使读者能够在抑扬顿挫间听到飒飒的风声。

"真是才子啊！"李隆基不禁感叹道。李峤最后两句引用了汉武帝的典故。秋高气爽之际，汉武帝乘船在汾水之上欣赏沿岸美景，有感而发的汉武帝吟诵道："秋风起兮白云飞，草木黄落兮雁南归。"如今气吞万里的汉武帝早已化作一抔黄土，唯留下年年南飞的秋雁。李峤借此感叹是非成败转头空，只有青山依旧在，唯有夕阳依旧红。

曾经与李峤相处的点点滴滴突然袭上李隆基的心头。李峤曾经给中宗李显秘密地上过一道奏章，请求将相王李旦的儿子们全都赶出京城，以防后患。李隆基登基称帝后，这份奏章恰巧被他看到了，于是将这份奏章交给近臣们阅览，很多人提议诛杀李峤，但张说却说："吠非其主，不可追讨其罪。[1]"

虽然张说将李峤比喻成狗，却意在救他。狗向当时并不是自己主人的人狂吠，怎么能因此而向狗兴师问罪呢？正是在张说的竭力劝解下，当时被愤怒冲昏头脑的李隆基才没有因意气用事而一意孤行，只是以"不知逆顺，状陈诡计"的罪名将李峤赶出了长安。虽然李隆基将李峤的建议定性为诡计，但他却深知如果当时中宗皇帝李显真的采纳了李峤的建议，或许李隆基就再

---

[1] 《旧唐书》卷九十四。

也不会有发动政变的机会了。

此时此刻的李隆基忽然想起了张说，想起了姚崇，想起了宋璟，更想起了张九龄。如果执掌帝国权柄的是他们，而不是口蜜腹剑的李林甫，而不是心胸狭隘的杨国忠，那么或许能够避免这场突如其来的灾难！

可这又怪得了谁呢？李隆基亲手将他们送上了宰相之位，又亲手将他们赶下了宰相之位，唯独让李林甫身居相位达十九年之久。

李隆基的眼睛突然间变得湿润了。他的双颊挂满了泪痕，再也无心歌舞，再也无心饮酒，怅然若失地转身离开。杨玉环猛然发觉在刚刚过去的短短数月之中李隆基仿佛一下子老了好几岁，于是急忙起身搀扶着步履有些蹒跚的李隆基离开了这座曾经充满欢笑、如今却满是忧伤的花萼相辉楼。

当初李隆基之所以给这座楼起这个名字是希望自己的兄弟们就像花萼那样拱卫着他这朵尽情绽放的花，两者和谐相处，相映生辉。如今兄弟们却都已相继故去，他这朵花只得独自面对这场暴风雨的侵袭。

李隆基和杨玉环留给花萼相辉楼的是两个苍凉的背影，但两个人的手却挽得更紧了，一起走向灯火暗淡的前方。

对于身边的这个男人，杨玉环曾经恨过，也曾经爱过，如今她对他早已超越了爱恨，只想与他一起携手走过这场突如其来的风雨。

随着两人的远去，花萼相辉楼瑰丽的容貌即将被叛军践踏得面目全非。即使李隆基后来得以重返长安，他因担心睹物思人也不再登临此楼。这座铭记着开元盛世景象的花萼相辉楼就这样渐渐湮没在历史尘埃之中。

当天晚上，杨玉环跟随李隆基移驾北内。唐朝政府将汉代未央宫旧址辟为皇家园林，称为"北内"，不过唐帝国的皇帝们却很少光顾那里，虽然那里也会时不时地进行修缮，却依旧抵不过岁月的侵袭，难掩破败之感。

对于李隆基的异常举动，或许只有包括杨玉环在内的为数不多的几个知情人才会知道他这么做的真实意图。位于宫城之外的北内无疑是踏上秘密逃亡之路的最佳选择，从这里悄悄地离开不会惊动城中的官员和百姓。

与长安道别的日子马上就要到了，一种不祥之感却始终萦绕在杨玉环的心头。她总是感觉自己恐怕再也回不来了。

虽然平时有专人负责打扫照料，但暮气沉沉的北内却依旧显得有些萧瑟。在这座陌生的寝殿里，杨玉环久久无法入睡，而李隆基却很快就鼾声大作。近来杨玉环觉得李隆基一下子憔悴了许多，也苍老了许多，不忍心惊扰他，只得一动不动地默默躺在床榻之上。

微微的月光透过帘栊，闪闪的荧光穿透碧空，远方的夜色变得缥缈，近处的树影一片摩挲，无论是鸾鸟飞过井旁的桐树，还是清风掠过院中的竹子，都没能打破这里的宁静，但又有几人知道这个看似安静而又祥和的普通夏夜过后，无数人的命运将会改变，无数人的人生将会重写。那时和平将不在，安宁将不在，有的只有血腥的杀戮和残酷的掠夺。

这天晚上，杨玉环愁得一夜无眠，而龙武大将军陈玄礼却忙得一夜未睡。他逐一视察禁军各个军营，而且并不是空着手来的，而是从国库里拿出来大把大把的铜钱和大捆大捆的布帛赏赐给将士们。将士们不解陈将军为何突然间变得如此慷慨，纷纷猜测肯定有重大行动等着他们去完成。

逃跑前的一切准备都是在秘密中进行的，以至于很多近臣都不知道他们即将被自己效忠的皇帝无情地抛弃。

六月十三日凌晨，天色刚刚蒙蒙亮，熟睡的长安城还没有被朝霞彻底地唤醒，蒙蒙的细雨就犹如滚落的颗颗泪珠，滴落在即将遭受前所未有浩劫的都城。

李隆基醒来的时候，发觉杨玉环已经不见了。李隆基急忙问宫女："贵妃娘娘去哪里了？"宫女毕恭毕敬地回禀道："贵妃娘娘去前殿了！"

前殿是利用南北向的龙首山修建的高台建筑，站在殿内可以俯瞰整个未央宫。不过淅淅沥沥的小雨却使得杨玉环的眼前变得一片迷茫，如同她此时飘忽不定的命运。

李隆基缓缓地走过来，站在杨玉环的身旁，凝望着一脸憔悴的杨玉环。她那如同百合般清秀的脸庞如今却充斥着无尽的愁容，眉带烟，唇沾露，眼神中尽是绵绵的幽怨和深深的忧伤。风吹动她如丝般的长发，如同她的思绪一样凌乱不堪。

"玉环，看什么看得如此入神？"

"看过去，也是在看未来！太宗皇帝曾经说过，'以铜为鉴，可正衣冠；以古为鉴，可知兴替；以人为鉴，可明得失'。赵飞燕就曾在这座宫殿里翩翩起舞，可如今却早已灰飞烟灭了。"

李隆基沉默许久才说："玉环，不要太过悲伤，我们很快就会回来的。时间不早了，我们还是出发吧！"

杨玉环被侍女扶上马车，不由自主地撩起车帘，最后看了一眼这熟悉的都城。

花溅泪，雨盈浓，细雨蒙蒙中的湖畔长亭再也没有了昔日的灵动，迷雾重重里的烟柳夹堤再也没有了往日的生机。曾经的翠绿，曾经的嫣红，曾经的蔚蓝，如今都变得灰蒙蒙一片。她就这样与这座生活了近二十年的城市痛苦地告别了，长路漫漫却不知何时再重逢！

在一路颠簸之中，她在静静地思索，曾经繁华无比的唐帝国如今为何会遭遇前所未有的劫难，到底是谁之非？到底是谁之过？在这硝烟四起的乱世，她这个弱女子又将何所依？何所靠？可是天无语，地无言。

逃亡的车队急匆匆地驶过延秋门。李隆基和杨玉环都不曾想到这座曾经见证过汉代兴衰、南北乱世的城门也将会成为他们命运的转折点。一个人再也回不来了，一个人虽然回来了，但心却永远地留在了马嵬坡！

第七章

马嵬坡下摧红颜

驿站外，禁军将士磨刀霍霍，怒目相向；佛堂里，杨玉环泪流满面，痛不欲生。杨玉环的要求仅仅是能够继续活下去，可如今那个曾经能够给予她一切的男人连这个如此简单的要求都无法满足。

漫长的一天

李隆基派遣宦官王洛卿先行告谕沿途郡县置备酒席，准备迎接圣驾的到来。辰时 [1]，当逃亡的队伍抵达咸阳望贤宫的时候，不仅没有见到咸阳县令的身影，甚至连宦官王洛卿也消失得无影无踪。李隆基遭受到前所未有的冷遇，只得三番五次地派遣中使征召附近的官吏百姓，居然没有一个人前来应召。

看着父亲众叛亲离，看着父亲焦头烂额，太子李亨原本就不太平静的内心突然间泛起了阵阵波澜，那股蛰伏已久的不安分再度变得蠢蠢欲动。

这次逃亡的目的地是剑南，可那里是杨国忠的地盘。在剑南生活并经营多年的杨国忠在那里的势力可谓盘根错节，就连如今实际主持当地军政事务的剑南节度副大使崔圆都是他的亲信。如果真的逃到那里，寄人篱下的李亨肯定会更加受制于人！

李亨想要改变自己的命运，可他又没有拼死一搏的勇气，只得将希望寄托在别人的身上，而他自己则借机坐收渔翁之利。

由于队伍行进的速度太过缓慢，高力士策马催促前军加速前进，恰巧路过李亨身边。李亨向他示意自己有话要说，高力士急忙勒住缰绳，飞身下马。李亨将他带到路边无人处低声试探道："二兄，你对当下的时局如何看？"李亨早就隐约感到高力士对弄权误国的杨国忠已隐忍多时，潼关失守和国都

---

[1]　上午九点左右。

陷落更是使得高力士心中对杨国忠的愤恨堆积到了极点。

这些年来谨言慎行的李亨一直刻意地与政治纷扰保持着适度的距离，如今却主动谈论时局，让高力士感到有些惊讶。面色凝重的高力士有些动情地说："百年来未有之大劫难啊！"

"当局者迷，旁观者清。庆父不死，鲁难未已！"

高力士自然知道李亨口中的庆父究竟指的是谁。其实陈玄礼早在出发之际就曾想过要借机除掉杨国忠。随着潼关的失守，杨国忠已经彻底沦为人人喊杀的国贼，如果不是他逼反安禄山，报复哥舒翰，局势绝对不会恶化到如今这般不可收拾的地步。不过陈玄礼却被高力士拦住了，因为他担心这样可能会引起不必要的恐慌和混乱。其实他的内心无疑是纠结的，因为他知道自己这么做或许是在养虎为患，一旦抵达了蜀郡[1]，可就到了杨国忠的地盘，不要说自己，恐怕连李隆基可能都会受制于他。

"江山社稷既是父亲的，也是你我的！穷则变，变则通，通则久！"李亨掷地有声地说。

高力士久久地咀嚼着李亨所说的这句话，内心再也无法平静。目前多灾多难的唐帝国的确已经到了山穷水尽的穷途末路，为了自己效忠的君王，为了自己深爱的帝国，他决意不计后果、不顾一切地挽狂澜于既倒，救社稷于危亡！

让老辣的高力士没有想到的是自己其实是被善于作秀的李亨利用了！

中午时分，在炎炎烈日的烘烤之下，杨玉环早已饿得饥肠辘辘，可午饭至今还没有着落。她早就过惯了锦衣玉食的生活，还从未经历过饥饿的煎熬，但她却故意装出一副若无其事的样子，因为她知道自己的男人比自己还要焦虑，比自己更加难受。

面色凝重的李隆基仰天长叹："真没想到朕居然会沦落到如今这般田地！"

杨玉环第一次感觉到身旁的这个男人竟然也会如此无助、如此沮丧，于

---

[1]　今四川成都市。

是急忙安慰道："三郎，一切都会好起来的！"但她心里却暗自忖度，不知前方正在等待着他们的磨难还会有什么。

一脸谄笑的杨国忠递给李隆基和杨玉环几个胡饼，说："这是微臣刚刚买来的胡饼，不敢私自享用，特地来进献给圣上和娘娘！"

李隆基咀嚼着来之不易的胡饼，泪水滴落在胡饼之上，缓缓吞下沾着苦涩泪水的胡饼，心却仿佛在滴血。此时依偎在李隆基身边的杨玉环本来还想再多说几句安慰的话语，但早已泪眼蒙眬的她却哽咽得说不出话了。

好在几个闻讯赶来的好心百姓献上了一些粗茶淡饭。那些平时养尊处优的凤子龙孙们此时已经完全顾不上礼仪，竟然用手抓着吃，一会儿就吃得盆儿干碗儿净。李隆基重重地酬谢了那些雪中送炭的老乡，可那些朴实的老乡却都留下了伤心的泪水。

此情此景让李隆基禁不住再度掩面而泣。望着眼前如此凄凉的情景，默不作声的杨玉环留给历史的只是一个苍凉的背影。

未时 [1]，李隆基一行人顶着似火的骄阳继续西行，直到夜半时分，李隆基一行人才抵达金城县 [2]，但李隆基等到的仍旧是无尽的失望。驿站里早已空无一人，不过好在驿站的驿丞和驿夫们仓皇逃走时并没有来得及带走驿站之中的食物和餐具。李隆基和杨玉环这才勉强吃了一顿晚餐。

李隆基发觉身边的人越来越少，甚至连自己最为宠信的宦官袁思艺也逃走了。袁思艺和高力士堪称他最为信赖和器重的两个宦官，因此他的离去对李隆基的打击之大可想而知。

袁思艺临走的时候给李隆基留下了一封信。李隆基急忙命人点灯。一个宫女拿出火折子，用嘴吹了一下就着了，然后点燃了屋内残存的半截蜡烛。蜡烛燃尽之际，李隆基也看完了这封长信，他的脸色顿时就变得异常凝重，甚至有些扭曲变形。

烦闷不安的李隆基在驿站之中愤懑地踱着步。杨玉环唯恐他会出事，寸步不离地跟在他的身后。碰巧看到寿王李琩和庆王李琮在驿站的床榻之上相

---

[1] 下午三四点钟。

[2] 今陕西兴平。

互枕着休息，李隆基顿时就怒火中烧，呵斥道："李瑁，你这样不检点，还成何体统！"

李瑁不知道父亲为何会没头没脸地斥责自己。这里又不是等级森严、仪容严整的皇宫，而是一座狭小的驿站。如此庞大的一支逃亡队伍纷纷涌进这里，哪里还有什么贵贱之分？更让他感到困惑的是父亲为何只是苛责他一个人？

尽管想不通，李瑁依旧诚惶诚恐地站起来，跪倒在父亲面前谢罪。

虽然这些日子李隆基的心情一直很差，但他却很少没来由地跟身边人乱发脾气，越是到了危急存亡的关键时刻，能够继续留在他身边的人就越显得弥足珍贵。杨玉环不明白李隆基为何会莫名地暴怒，想要劝劝盛怒之下的李隆基，但又觉得李瑁的身份太过敏感，一时间陷入两难的境地。

李隆基看出了她脸上流露出来的尴尬的神情，随手将袁思艺留给他的那封信递给了杨玉环，然后一言不发地转身离开了。杨玉环走到院中借着依稀的月光隐约辨认着信上颇为潦草的字迹。她的心中不觉一惊，一直困惑着她的一个疑问也就此解开了。

废太子李瑛之所以明知危机四伏，却依旧不顾政治大忌披甲带兵入宫，原来是受到袁思艺的诱骗！

袁思艺原本是李瑛母亲赵丽妃身边的一个小宦官，正是在赵丽妃的竭力提携之下，他才得以受到皇帝的宠信，一路扶摇直上，飞黄腾达。出于感恩，袁思艺一直对李瑛颇为照顾，李瑛也一直对他心存感激。武惠妃正是看中了这一点，才将袁思艺作为自己整个阴谋之中的关键棋子。

其实袁思艺也想到过拒绝，但他深知拒绝的后果。虽然他与高力士表面上称兄道弟，但暗地里却一直钩心斗角，一旦武惠妃与高力士联手对付他，他的厄运恐怕也就不远了，况且李瑛的太子之位早就摇摇欲坠了，他还有什么必要如此不计后果地保全李瑛呢？

经过一番痛苦的内心挣扎，袁思艺决定为了利益而背叛自己的内心。

在那天晚上，他悄悄出宫跟李瑛说，一股不明身份的盗贼潜入宫中，李隆基命李瑛赶紧率兵前去救驾。如果换作是别人，李瑛或许会仔细盘算一下去还是不去，或许还会谨慎地核实一下这件事到底是真还是假，可他眼前的却是相交多年的袁思艺，他是皇帝身边的红人，他的话无疑也就代表着皇帝的话。更为重要的是李瑛觉得袁思艺根本就没有理由骗自己，况且在当时如此紧急的情形之下也容不得他多想。

李瑛出发前特意命人叫上了鄂王李瑶和光王李琚，然后率领着东宫卫队浩浩荡荡地前往兴庆宫。他本意是想与李瑶、李琚分享这次难得的立功机会，重新赢得父亲的赏识，殊不知却将两个最为亲近的弟弟推进了万劫不复的深渊。

李瑛凝视着熟悉的金明门，自从李隆基在兴庆宫听政之后，文武百官入宫候朝时都会经过这里，却不知为何夜色掩映之下的金明门竟然会显得如此阴森可怖。这里无论是白天还是夜晚总会戒备森严，但今晚却只有为数不多的几个禁军将士。

金明门缓缓地打开，李瑛策马入宫，但他内心深处那丝莫名的恐慌却始终挥之不去。他也知道不管前面将发生什么，他此时都已经没有了回头路！

就在此时，沉重的金明门"吱"的一声突然关上了，袁思艺也不知什么时候已消失在茫茫夜色之中。此时的李瑛才意识到自己或许已经落入了他人精心设计的圈套之中。驻守在"金花落"[1]的禁军将士从四面八方赶来，将他们团团围住。李瑛就这样从一个太子沦为了一个"逆子"。

杨玉环艰难地将自己的思绪从十九年前拉回到现实之中。她终于理解了李隆基为何会莫名地对李瑁动怒。她早就隐隐感到这些年李隆基一直都在反思，当年如此冲动地将自己的三个亲生儿子都残忍地赐死，是不是太过冷酷无情了。

袁思艺留下的那封信无疑彻底洗刷了李瑛、李瑶和李琚三人身上的不白之冤，李隆基心中的悔恨自然如同潮水般向他袭来，不过始作俑者武惠妃如今却已故去多年，李隆基只能将满腔的愤怒撒向她的儿子李瑁。

杨玉环悄悄走到李隆基的身边，轻声说："过去的就让它过去吧！况且

---

[1]　兴庆宫新射殿以东的一片禁军营房。

寿王对此事又不知情。"

李隆基也渐渐冷静下来，曾经犯下的错如今已经无法弥补，况且现在又正值兵荒马乱，只有父子同心、群臣协力才能光复河山，中兴社稷！

"此事就到此为止吧！我们先回去休息，明天还要赶路呢！"李隆基拉着杨玉环的手缓缓走到陈玄礼和高力士特地为他们预留的那间上厅，虽然房间内有些凌乱，却是驿站之中最好的房间。皇子们则只能一起挤在别厅之中，而一般官员则只能睡在回廊之上。

由于驿站内没有灯火，李隆基和杨玉环回屋之后只能宽衣休息。李隆基很快就进入了梦乡，而杨玉环却久久无法睡去。透过模糊的直棂窗能够依稀看到漆黑一片的窗外，不知道吉凶未卜的前方等待自己的将会是什么，甚至不知道明天自己将会睡在哪里。

她静静地品味着夜的凄凉，不禁回忆起兴庆宫内灯火通明、歌舞升平的情景，这些情景如今都已随风而去。生父杨玄琰、养父杨玄璬、李瑛、李琩这些在她的生命历程中曾经占据过重要地位的人如今要么阴阳相隔，永难再见，要么近在咫尺，却远在天涯！

特殊的夜晚

杨玉环隐隐感到今夜高力士的行踪似乎有些反常。高力士刚刚经过了一番激烈的内心挣扎，终于做出了一个改变历史进程的决定，却并不是为了他自己，而是为了大唐的江山社稷。

这天深夜，高力士与陈玄礼密谋了许久，他们都知道这可是事关自己身家性命的重要抉择，彼此之间却依旧能袒露心扉，因为他们早已是共生死、同富贵的兄弟。

景龙四年（公元 710 年）六月二十日二更时分，夜空的流星散落如雪。就在这天夜里，随着李隆基一声令下，这场改变唐帝国历史进程的政变悄然拉开了帷幕。那一夜是李隆基最为紧张的一夜，也是高力士最为不安的一夜。

当一缕朝霞散在长安城的时候，高力士才长出了一口气。正是这场成功的政变将李隆基的父亲李旦送上了皇位，也将李隆基送上了太子宝座。

可就在那个彻底改变李隆基命运的夜里，一直负责与万骑营将领联络的王毛仲却突然间不见了踪影，因为他知道政变可是掉脑袋的事情。不过李隆基却并没有因此而嫌弃他、怨恨他，仍旧破格提拔他为将军，倘若没有他前期卓有成效的联络工作，政变是不可能成功的。

在接下来二十年的时间里，王毛仲始终掌管着禁军，不过他却在权力的旋涡中逐渐迷失了自己，在桀骜不驯的路上越走越远，或许他忘了自己的一切都是李隆基给予的，李隆基随时都可以夺走。

虽然李隆基的内心深处已经下定决心要彻底铲除王毛仲，但他却有些投鼠忌器。经过二十年的经营，王毛仲在禁军之中拥有的巨大影响力甚至让帝国皇帝李隆基都无法小觑，因为王毛仲那帮铁哥们儿纷纷在禁军之中担任要职，葛福顺担任左领军大将军，卢龙子、唐地文担任左监门将军，成纪侯、李守德担任右武卫将军，王景耀、高广济担任右威卫将军。如果李隆基处理不当很可能会引发剧烈的政治动荡。

就在局势日趋紧张的时候，高力士在夜色的掩映之下来到陈玄礼的府上，那夜也像这夜一样谈了许久许久。高力士最后说："既然陈将军对圣上如此忠诚，对朝廷如此忠贞，那么圣上如今可就将自己的身家性命和江山社稷都系于你一身了！"

陈玄礼诚惶诚恐地跪在地上说："玄礼肝脑涂地，在所不辞！"

以正常调防的名义，陈玄礼所部进驻兴庆宫"金花落"，承担起拱卫皇帝、保卫皇宫的重任。李隆基随即将王毛仲及其党羽全部贬往外地。陈玄礼的部队配合新任主帅顺利接管了各支原本操控在王毛仲党羽手中的部队。不可一世的王毛仲最终在流放途中被赐死。

那些曾经在诛杀韦皇后的政变中立下赫赫战功的万骑营将领们几乎都因受到王毛仲的牵连而遭到残酷的政治清洗。唯独俭朴谨慎的陈玄礼继续肩负着拱卫皇帝的重任。李隆基在位长达四十四年之久，而陈玄礼也执掌禁军长达四十四年之久。在如此漫长的时间里，不知有多少禁军将领被撤换，甚至被处死，唯独他在禁军之中的地位始终都岿然不动。

就在那个夜晚。高力士和陈玄礼终于达成了共识，当即派人去叫太子李亨前来商议，但他们等来的却不是李亨，而是李亨身边的宦官李静忠。

"二位将军，太子殿下身子有些不适，如今已经睡下了。如若二位将军有什么吩咐，静忠愿意代劳！"

高力士知道李亨又在关键时刻要滑头，但事已至此他又不便说些什么，只得说："你暂且回去吧！明日只需保护好太子安全即可！"

其实李亨一直在暗中窥探着高力士的动静，但他又没有勇气参与其中。三起震惊朝野的大案、三次险些被废的经历、两次被迫离婚的痛楚，使得他早已心力交瘁，两鬓泛白。他生怕说的某句话、做的某件事触动了父亲内心最敏感的那根神经。尽管他总是谨小慎微，却始终没能彻底打消父皇对他的猜忌。李林甫和杨国忠正是利用李隆基的猜忌才得以对他进行肆无忌惮的打压和迫害。

为了生存，李亨爱演戏，爱作秀，只要能够博得父亲的欢心，他什么都做！他特狠心，特冷酷，只要能够消除父亲的疑心，他什么都做！他为了自保可以绝情地与太子妃韦氏离婚，残忍地与太子良娣杜氏离婚，然后冷漠地看着政敌李林甫对韦家人和杜家人进行血腥的政治迫害。十八年如履薄冰的太子生涯使得他遇事常常患得患失。他和父亲李隆基最大的差距就是缺乏干事的魄力，因为他的内心远远没有父亲那么强大。

李亨一直静静地等待着，等待李静忠能够给他带来他所期待的好消息。

"太子殿下，成了！成了！"姗姗来迟的李静忠难掩自己的兴奋之情。

这是一个普通的夜晚，却决定了杨玉环的生与死，也改变了历史的进程！

不过此时呼呼大睡的李隆基对此还全然不知，此时辗转反侧的杨玉环也对此全然不知！

骤起的动乱

一夜未眠的杨玉环感觉更漏中的水滴快要滴尽了，可不知为什么心头却莫名地涌起阵阵悲伤。

远处传来辘轳的转动声以及吊桶撞击井口的声音，这也宣告新的一天的到来。这天是公元756年六月十四日，是逃亡生涯的第二天，却是杨玉环生命中的最后一天，也是李隆基人生中最悲伤的一天。

李隆基终于从梦乡中醒来，突然发现杨玉环俊俏的脸上满是泪痕，竟然湿透了枕中的红绵。他急忙将杨玉环拥入自己的怀中，安慰道："一切都会好起来的！"

用了整整一个上午，这支无精打采而又狼狈不堪的队伍却只走了二十八里路，来到了一个让李隆基刻骨铭心的地方——马嵬坡。

时至中午，饥饿再次纠缠着这支队伍，使得无边的怒火在禁军将士的心中熊熊燃烧起来。

逃亡队伍中的二十余名吐蕃使者再也忍受不了这种忍饥挨饿的日子，纷纷拦住杨国忠的马，要求返回吐蕃。正在这时，一拥而上的禁军将杨国忠团团围住，大声喊道："杨国忠勾结胡人谋反！"

话音未落，一支箭"嗖"的一声就向着杨国忠射来。杨国忠一闪身，箭射中了马鞍。求生心切的杨国忠落荒而逃，可禁军将士怎么可能会让他逃脱呢？

在禁军将士的刀枪之下，一代权相杨国忠倒在了一片血泊之中。他曾经创造了官场升迁的神话，仅仅用了六年的时间就从一个郁郁不得志的小官僚成为一人之下、万人之上的宰相。他通过自己的钻营改变了自己的命运，却没能改变帝国的命运，即使在帝国命运生死攸关的关键时刻，他依旧斤斤计较于个人利益的得失。当帝国大厦濒于崩塌的时候，他的人生路自然也就走到了尽头。

　　这支逃亡队伍绵延数里，虢国夫人及其子女、杨国忠的妻子裴柔并没有跟随杨国忠走在队伍的最前面，而是位于队尾。当事变突起的时候，他们策马扬鞭仓皇逃往陈仓[1]。陈仓县令薛景仙闻讯后亲自率人前来追赶。他们在茫茫的竹林之中狂奔，可身后紧追不舍的马蹄声却越来越近。

　　虢国夫人索性勒住了马，注视着自己的一双儿女。她曾经带给他们无限的荣光，儿子裴徽一路升迁至殿中丞，而且还迎娶了太子李亨的女儿，也就是后来的郜国公主；女儿裴萱嫁给了宁王李宪的儿子。如今所有的荣华富贵都成了过眼云烟。

　　"落到今日这般田地，你们怪母亲吗？"虢国夫人含着泪问道。

　　惊吓过度的裴萱啜泣不止，泪水浸湿了她华美的衣襟。裴徽却强忍着泪水，咬着牙说："不是母亲的错，是孩儿们没有福分享受这等荣华富贵！"

　　"好！不愧是母亲的好儿子！如今一切都做个了断吧！"虢国夫人抽出腰间的佩刀，手起刀落，儿子和女儿的两颗人头顿时就滚落在地上，染红了她脚下那片苍茫的大地。

　　"你也给我来个痛快吧！"裴柔低声说。这些年，她和虢国夫人的关系既脆弱，又敏感。没有哪个女人愿意看到自己的男人移情别恋，可身份卑微的她却只能默默承受着丈夫出轨带给她的巨大伤害，或许死对于她来说是一种解脱。

　　"嫂嫂切勿怪我！"虢国夫人的话语中带着无限的悲凉，也夹杂着一丝忏悔。她手起刀落，裴柔也是人头落地。虢国夫人虽是女流之辈，但在生离死别的关键时刻却没有一丝的犹豫和胆怯。她知道让他们死个痛快或许是对他们最大的尊重，最痛苦的莫过于求生不得，求死不能。

　　如今她与世间的一切都做了个了断，她也该走了，举起手中的刀向着自己的颈部割去，但剧烈的疼痛却使得她的手稍稍迟疑了一下。就在她迟疑的那一刹那，呼啸而来的追兵已经来到她的近前，迅速夺下她手中的刀，将奄奄一息的虢国夫人绑起来投进了大狱之中。

―――――――――――――

[1]　治所在今陕西宝鸡市东渭水北岸。

经历过生与死考验的虢国夫人颇有几分视死如归的意味。面对审讯，她竟然毫无惧色，反问道："你们到底是什么人？是官军还是贼寇？"

其实虢国夫人也知道不管是官军还是贼寇，她最终的命运其实都是一样的。虽然那帮人给她进行了简单的包扎，但鲜血仍旧呼呼地涌出，最终淤积在她的喉咙，使她窒息而死。

老天太不公平，垂死之际仍旧在残酷地折磨着她；老天又是公平的，今日的恶果其实是因为往日的孽因。

那些杀了杨国忠的禁军将士们用枪挑着他的首级来到驿站门外。狭小的驿站外顿时就聚集起越来越多的士卒，一时间围得水泄不通。

巨大的喧哗声传进了驿站内。御史大夫魏方进艰难地推开门，杨国忠血淋淋的首级吓得魏方进不住地颤抖着，但他仍旧强装镇定，厉声喝道："你们太胆大妄为了，竟敢谋杀当朝宰相！"

"不光杀他，我们还敢杀你呢！"早已杀红眼的禁军将士们一拥而上斩杀了魏方进。

外面的喧哗声让一直惶恐不安的李隆基顿时就警觉起来，决定到门口去看看。杨玉环却抱住他说："三郎，外面这么乱，你在这个时候离开我，我真的好怕！"

李隆基缓缓地挣脱开她的怀抱，安慰道："玉环，放心吧！不会有什么事的，我去去就回！"

李隆基转而对高力士说："将军，陪我到外面走走！"高力士已经跟随他不知走过了多少风风雨雨，只要高力士在他的身旁，他就会觉得多了几分安全感。

李隆基迎面碰上了陈玄礼，焦急地问："外面到底发生什么事了？"

"禁军将士们说杨国忠蓄意造反！"陈玄礼高声回答。

"杨国忠怎么可能会谋反？"李隆基铿锵有力的话语和锐利无比的目光像刀子一样狠狠地扎向陈玄礼。陈玄礼不得不稍稍低下头，避开李隆基锐利的目光，说："具体情况末将也不是太清楚。"

"但愿你是真的不清楚。"李隆基说完之后，拄着拐杖缓缓走出驿站大门，当他看到杨国忠血淋淋的人头的时候，他知道局面已经彻底失控了，唯一能做的或许只有安抚。

　　"将士们，安静一下，安静一下！"李隆基高声喊着。从前只要他一开口，别人都会屏息凝视，认真倾听着他所说的每个字，认真地观察着他的每个表情，如今即使他用尽了全身的力气去喊，下面仍旧是一片乱糟糟的。

　　见场面依旧混乱不堪，李隆基只得继续喊道："如今蓄意谋反的杨国忠已经被你们处决了，你们暂且先回去吧！"

　　李隆基的话语中充满了妥协的意味，可皇帝的让步却并没有换来将士们的理解。那些聚集在门口的禁军仍旧不肯轻易离去。

　　"他们到底想干什么？"李隆基曾经充满威严的话语中居然带着一丝颤抖。那帮士卒手中闪着寒光的利刃上还淌着殷红的鲜血，李隆基不知道他们的下一个目标会是谁，会不会是他？

　　陈玄礼高声说："将士们要清君侧！"

　　李隆基自然知道陈玄礼口中的"清君侧"究竟指的是谁。他转身默然地离去，留给他们一个苍老而又悲凉的身影。

　　李隆基离开的那短暂时间，对于杨玉环而言却极为漫长。一直生活在歌舞升平之中的杨玉环第一次真切地感受到了其实危险就在身边。

　　"三郎，外面到底出什么事了？"

　　面对杨玉环焦虑而又惶恐的询问，面容憔悴的李隆基却始终沉默不语。杨玉环不得不将渴求的目光投向了高力士，一脸漠然的高力士同样以沉默来应对。杨玉环预感到事态或许已经严峻到连李隆基都无计可施的地步。

　　"贵妃娘娘，圣上有重要的事情要在此处处理，请您暂且移驾佛堂小憩！"高力士朝两个小宦官使了个眼色。心领神会的两个人要搀扶着杨玉环离开，虽然杨玉环有些不舍，但她却也无可奈何。她不停地回头，期待着那个曾经可以给予她一切的男人能够告诉她未来的命运究竟将会怎样，不过她最终还是失望了。此时的李隆基不仅无法预知杨玉环的命运，而且连他自己的命运都没能操控在他的手中。

　　就在她的脚刚刚迈过门槛的那一刹那，她回过头用尽全身的力气喊道：

"三郎，无论如何你都不要抛下我！"

杨玉环的离去使得屋内的空气几近凝固了。李隆基率先打破了沉默，说："将军，你去和他们谈谈，只要要求不是太过分，朕都可以答应！"李隆基的话语中带着几分哀求，因为他实在割舍不下心爱的女人，但严峻的局势又迫使他不得不为自己目前的处境而担忧。

"放心吧！老奴肯定会尽力而为！"就在高力士转身离开的那一刹那，他的眼角闪动着晶莹的泪滴。他不知道自己这样做究竟是对还是错。

其实李隆基也知道这么做或许是徒劳的，但他还是对高力士抱有最后一丝幻想，不过这丝不切实际的幻想很快就破灭了。

"启禀圣上，将士们说贼本尚在！"高力士低声说。

李隆基将手中的茶杯重重地摔在地上，那声震天动地的响动仿佛是他心碎的声音。

正在这时，一身戎装的陈玄礼大步流星地走了进来。他的话语可不像高力士那样曲折婉转，而是更为直截了当。

"如今杨国忠已经谋反，贵妃实在不宜继续侍奉在陛下身边，愿陛下忍痛割爱！"

李隆基张开颤抖的双唇，含着泪说："这件事朕自然会处理的！"言外之意是这是我的家事，外人没有资格对此说三道四。

陈玄礼却并没有走，而是突然跪在地上，恳请道："请陛下速速决断，否则后果将不堪设想！"

李隆基并没有接话，而是质问道："你这是在逼宫啊！朕倒要看看能有什么不堪设想的后果。别忘了朕也是在腥风血雨中走过来的！陈玄礼，朕一向待你不薄吧！"

"玄礼出身卑微，承蒙圣上不弃让玄礼执掌禁军四十四年之久。玄礼正是因为对圣上的恩典没齿难忘，才敢于说肺腑之言。庆父不死，鲁难不平啊！"

李隆基颤巍巍地站起来，高力士想要扶他，却被他一把推开，他指着陈玄礼质问道："你给朕说清楚，到底谁是庆父？"

见剑拔弩张的气氛大有一触即发之势，高力士急忙说："这都是将士们的要求，陈将军不过是转述而已！"

李隆基久久地凝视着高力士，然后又看看跪在地上的陈玄礼，似乎明白了什么。他忽然感觉自己一下子就从四海归心的圣主沦为了众叛亲离的昏君。他不明白自己到底做错了什么，上天抛弃了自己，边将背叛了自己，如今连自己最信赖的将领和最倚重的内臣都与他离心离德！

虽然此时李隆基的内心已经虚弱到了极点，但他却故作强硬，希望借助皇帝的余威来为爱妃争取最后一丝生的希望。

李隆基举起手中的拐杖重重地跺在地上，厉声说："既然已经出了一个安禄山，朕就不怕再出第二个！"

高力士和陈玄礼事先都没能料到事到如今李隆基的态度居然还会如此强硬。李隆基实在太爱杨玉环了，从未想过失去杨玉环的日子将会怎样。尽管他也知道这样继续僵持下去对自己将会意味着什么，但他却依旧硬撑下去。

既然局面一时间僵持不下，陈玄礼继续留在这里不仅没有任何意义，反而还会激化矛盾。高力士示意他离开，他也就识趣地走了。

其实他们发动这场政变并不是针对李隆基，而是针对祸国殃民的杨国忠，至于杨玉环则完全是受到堂哥的牵连。既然高力士和陈玄礼联手诛杀了杨国忠，就不能再让杨玉环留在李隆基的身边了，虽然他们也觉得这么做未免有些残酷，但政治本身就是无情的。

如果继续这样僵持下去，其实对谁都不利，混乱的局面随时都有失控的危险。高力士暗中策动京兆府司录韦谔前来觐见。韦谔原本是帝国庞大的官僚群体中一个并不起眼的小官。他之所以能够跟随在李隆基的身边完全是因为他是当朝宰相韦见素的儿子。虽然出身名门，但品级却并不高，可恰恰因为他超然于世的身份，他的话才会对李隆基产生某种特殊的作用。

"如今众怒难犯，安危在此一举，愿陛下速速决断！"韦谔不停地叩头，以至于额头上鲜血直流。

"贵妃常居深宫，怎么会知道杨国忠造反的阴谋呢？"李隆基依旧顽强地坚持着，仍旧想为自己的爱妃争取最后一丝活下去的机会。

在这个千钧一发的关键时刻，一向谨小慎微的高力士壮着胆子说："贵妃确实没有什么过错，可是将士们已经杀了杨国忠，如果贵妃继续留在陛下左右，他们怎么会安心呢？愿陛下明断，将士安则陛下安啊！"

韦谔紧接着说："如今帝国的存亡系于陛下一身，而陛下的安危又取决于您的这个决断。臣知道这对于陛下而言将是一个极为艰难的抉择，但如今国都沦陷，社稷蒙难，前方的将士们在流血，贵妃是不是也应该舍生取义，杀身成仁呢？"

虽然李隆基并没有立即表态，但他内心的防线却已轰然崩塌。杨玉环在屋内残留的一缕余香掠过他的鼻畔。曾经生死不离的山盟海誓言犹在耳。他不禁老泪纵横，领悟到一个拥有天下的君主可以得到想要的一切，而一个失去天下的皇帝将会一无所有！

"希望你们能让她体面地走！"李隆基用尽全身的力气说完这句话，老迈的身体一下子就瘫倒在胡床之上，夺眶而出的泪水在他满是皱纹的脸上肆意横流。

驿站外，禁军将士磨刀霍霍，怒目相向；佛堂里，杨玉环泪流满面，痛不欲生。杨玉环的要求仅仅是能够继续活下去，可如今那个曾经能够给予她一切的男人连这个如此简单的要求都无法满足。

望一眼黄泉路，喝一碗孟婆汤。尘世间无语，沉默中垂泪。就在生与死的那一刹那，她忽然想到了许多许多，谁曾经从她的生活里走过，留下过难以抹去的笑靥；谁曾经在她的生活里停留，让冰冷的想念充满了温暖；谁又曾经在她的生活里消失，使泪水曾不争气地奔涌而出。

历史走到此处突然间变得迷雾重重，杨玉环的人生结局也突然间变得扑朔迷离。

有人说杨玉环是饮毒酒而死，刘禹锡在《马嵬行》中说："贵人饮金屑，倏忽舜英莫。"金屑酒是古代帝王赐死大臣和妃子的专用酒，里面含有大量的重金属，毒性很大。

有人说杨玉环惨遭血腥的杀戮，李益在《过马嵬二首》中说："路至墙垣问樵者，顾予云是太真宫。太真血染马蹄尽，朱阁影随天际空。"贾岛也在《马嵬》中说："一自上皇惆怅后，至今来往马蹄腥。"杜甫在《哀江头》

中说："明眸皓齿今何在，血污游魂归不得。"

不过上述两种说法却都不是主流观点，虽然刘禹锡和杜甫与杨玉环几乎是同时代的人，但他们却并非《马嵬之变》的亲历者，他们关于杨玉环的种种记载恐怕主要来自道听途说，而且他们在描述"马嵬之变"的时候采用的是文学性的语言，可信程度并不高。

正史众口一词地说杨玉环是自缢而死。她的尸体停放在驿站的庭院之中。陈玄礼等禁军将士获准入内观看。既然目的已经达到，陈玄礼等禁军将领急忙脱去甲胄，顿首请罪，山呼万岁，再拜而出。

李隆基还能说些什么呢？他只得含着泪慰劳禁军军士，因为这些人是他在乱世之中最后的也是唯一的依靠。

杨玉环以如此悲凉的方式退出了历史舞台，就当人们以为这位绝代佳人将会彻底消失在历史深处的时候，她却始终都未曾被后人所遗忘，因为当年她在马嵬坡到底是生还是死至今仍牵动着人们的心。

唐至德二年（公元 757 年）十二月初四，在瑟瑟的寒风之中，李隆基经过三十多天的艰苦跋涉终于抵达了令他魂牵梦绕的长安。一年前那个火热的夏天，他如同丧家之犬般仓皇逃离这里。那时的他还不知道未来的命运将会如何，如今的他仍旧不知道未来的命运将会如何，因为此时帝国的皇帝已经不再是他，而换成了他的儿子李亨。

此时饱经风霜的李隆基颇有些无欲无求的意味，却始终牵挂着一件事。当年因情势急迫不得已草草安葬了爱妃，如今他却想要风风光光地安葬无辜惨死的杨玉环，孰料却遭到强烈的抵制，只得暗中派遣心腹宦官前往马嵬坡秘密改葬杨贵妃。

在夜色的掩映下，几个形迹可疑的宦官蹑足潜踪地来到马嵬坡。经过一番查找，他们终于找到了当年埋葬杨玉环的地方，谁知这次改葬却引发了一起千古谜案。

成书于五代时期的《旧唐书·卷五十一》这样记载这件事："初瘗时以紫褥裹之，肌肤已坏，而香囊犹在。""肌肤已坏"说明杨贵妃的尸体还在，只不过已经深度腐烂了。

可北宋史学家欧阳修等人编撰的《新唐书》却留下这样的记载："启瘗，故香囊犹在。"根本就没有提"肌肤已坏"的事情。

难道欧阳修发现了什么新的史料，或者有了什么新的考古发现？否则他怎么会刻意删去"肌肤已坏"这句极为重要的话语呢？难道坟墓中除了香囊之外根本就没有杨玉环的尸体？如果真是这样，杨玉环是不是当年并没有死在马嵬坡呢？

第八章

结局扑朔亦迷离

　　世人对香消玉殒的杨玉环无限的缅怀和追思，从心底里不希望她就这么匆匆地离去了。或许正是出于这种心理，后人为不幸的杨玉环杜撰或者附会了多种版本的人生结局，以至于使得她最终的归宿显得扑朔迷离！

她是否"死而复生"

唐代大诗人白居易创作的诗歌《长恨歌》和唐代文人陈鸿创作的小说《长恨歌传》可谓是最早记述杨玉环与李隆基爱情故事的文献资料。20 世纪 20 年代,红学家俞平伯通过探究《长恨歌》和《长恨歌传》背后的"隐事"得出一个爆炸性的结论:杨玉环死于马嵬坡其实是一个天大的政治骗局!

俞平伯觉得生活在唐代的白居易和陈鸿迫于政治压力并不敢直接说出真相,只得通过曲笔委婉地表达出来。

《长恨歌》中有这样的诗句:"马嵬坡下泥土中,不见玉颜空死处。"这是不是说明那个所谓的杨玉环的坟墓其实只是一座空坟呢?"君王掩面救不得"说明李隆基并未亲眼看到杨玉环自缢身亡,此后他还曾派人四处搜寻杨玉环的下落,他是不是也怀疑杨玉环尚在人间呢?"六军不发无奈何,宛转蛾眉马前死。花钿委地无人收,翠翘金雀玉搔头。"说明当时的场面十分混乱,杨玉环会不会趁乱逃过一劫呢?

最关键的是《长恨歌》中有这样一句:"上穷碧落下黄泉,两处茫茫皆不见。"碧落是仙界,黄泉是地府,既然在这两个地方都没能找到杨玉环,会不会预示着她尚在人间呢?如果真是那样,杨玉环又是如何死里逃生的呢?

第一种传说,当年被杀的并非杨玉环本人,而是她身边的侍女张云容。虽然两人地位有别,但杨玉环却与她情同手足,形影不离。张云容擅长跳霓裳羽衣舞,舞姿轻盈飘逸,柔美却不失韵律感。杨玉环叹为观止,随即在黄绫上挥毫写就一首七绝《赠张云容舞》：

> 罗袖动香香不已，红蕖袅袅秋烟里。
>
> 轻云岭上乍摇风，嫩柳池边初拂水。

受宠若惊的张云容当即跪下发誓道："贵妃娘娘的大恩大德，奴家日后定当以死相报！"

正在这时，李隆基顺手拿过侍女手中捧着的云龙纹铜镜，放在她们的面前，说："你们二人如同孪生姐妹，如果不是你们俩的服饰有别，朕恐怕真的分不清哪个是贵妃，哪个是云容了！"

"马嵬之变"时，李隆基迫于压力只得同意通过牺牲杨玉环来保全自己。此时的杨玉环因为惊恐和悲愤变得面如土灰，瑟瑟发抖。张云容见状高声喊道："启奏陛下，贵妃娘娘需要更衣！"李隆基随即朝她挥了挥手。张云容拉着杨玉环疾步走向佛堂边的茅屋，在那里强行与杨玉环调换了衣服和首饰，又抓起一把黄土抹在杨玉环的脸上说："奴家愿意替娘娘去死。娘娘暂且扮作奴身，受几天委屈，待局势安定下来时再奏明圣上恢复本身。"话音未落，张云容就迈着坚定的步伐走出茅屋，从容地替主子受死。

在当时混乱的局面下，到底有没有可能趁机将杨玉环调包呢？

姚汝能的《安禄山事迹》记载："（杨玉环）遂缢于佛堂，舁置驿庭中。令（陈）玄礼等观之，（陈）玄礼等免胄谢焉，军人乃悦。"

《资治通鉴·第二百一十八卷》记载："上（即李隆基）乃命（高）力士引（杨）贵妃于佛堂，缢杀之。舆尸置驿庭，召（陈）玄礼等入视之。（陈）玄礼等乃免胄释甲，顿首请罪，上慰劳之，令晓谕军士。"

杨玉环当时被缢杀之后，她的尸体被摆放在驿站的庭院之中，等待着禁军将领们验明正身。注意上述两个文献用的都是"玄礼等"，说明当时在场的并不是仅仅只有陈玄礼一人，还有其他禁军将领，甚至可能还包括一些普通士兵。如果杨玉环身边真有一个和她容貌极为相似的张云容，负责皇宫保卫工作的陈玄礼等禁军将领不可能不知道，在他们眼皮子底下上演这出调包计怎会不被识破呢?

第二种可能就是高力士当年缢杀的的确是杨玉环,不过她后来却又奇迹般地活了过来。在古代,"死而复生"可不是什么新鲜事。

《太平广记》收录了从汉代至宋初的各类野史小说,其中就有大量的关于死而复生的记载。虽然很多死而复生的故事太过离奇,可信程度并不高,但却可以说明我国古代关于"死而复生"的故事可谓源远流长、家喻户晓。无论是小说还是传说,虽然都因为进行过艺术加工或者掺杂进杜撰的成分而与真实之间存在一定的差距,但却并非无本之木、无源之水,总会有着生活的影子。

人类走向死亡需要经过濒死期、临床死亡期和生物死亡期。只有进入生物死亡期才算真正意义上的死亡。一个人脉搏消失、呼吸停止、各种反射完全消失便可认定进入临床死亡期,但此时人体内仍旧残存着少量氧气,可以支撑体内维持微弱的代谢活动,身体组织并没有遭受重大的不可逆的损伤,因此器官的机能仍有恢复的可能。

临床死亡期一般情况下仅仅能够延续短短的几分钟,为什么有人死了好几天还能活过来呢?其实那些死而复生的人并没有真正地进入临床死亡期,只是进入了濒死期。处于濒死期的人并不是完全没有呼吸和心跳,而是呼吸和心跳微弱得难以被人发现,加上当时的医疗水平又很落后,才会将濒死期的人误认为死亡。

通过梳理古代那些千奇百怪的死而复生的故事,可以发现关于死而复生的两个规律:第一个就是主角多是女人,这或许是因为男女的体质差异导致的;第二个就是上吊后复生的故事特别多,说明这种死法生还率比较高。在马嵬坡自缢的杨玉环无疑完全符合这两个特征。她会不会非常侥幸地"死而复生"了呢?如果果真如此,她后来又去了哪里呢?

她是否远去东瀛

早在日本镰仓时代（公元 1185 年至 1333 年），《溪岚拾叶集》中便有了关于杨贵妃的记载，到了江户时代（公元 1603 年至 1867 年），《今昔物语》等书对杨贵妃的记述就更为详细，也更为丰富了。日本关于杨玉环的种种传说大致可分为两个版本——一个是热田神宫版本，一个是久津地区版本。

在热田神宫版本中，杨玉环是日本名古屋热田神宫中供奉的热田大明神的化身。为了阻止李隆基对日本的征讨，她毅然决然地前往唐帝国，用自己的美色迷惑了李隆基，使得李隆基逐渐打消了讨伐日本的念头。杨玉环在马嵬坡被赐死后，魂魄又飞回日本的热田神宫。据说，热田神社内曾经有杨贵妃的坟冢，不过现在已经不复存在了。

在久津地区版本中，"马嵬之变"时，素来倾慕杨玉环的禁军将军陈玄礼从心底里不想置她于死地，于是与宦官高力士合谋将她和她身边的一个侍女调包。杨玉环随后在陈玄礼部下的护送下逃往日本久津。

返回长安后，李隆基曾经派方士到久津寻找杨玉环并送给她两尊佛像，而杨玉环则将两人当年定情的头簪让使者带走交给了李隆基。虽然两人仍旧难忘旧情，但杨玉环却并没有返回唐帝国的意思，而是决意在久津了却残生。至今山口县久津仍有一座五轮塔被当地人称之为"杨贵妃之墓"。

1963 年，一位日本少女在电视上露面自称是杨贵妃的后裔，并出示了自己的家谱文件。

据有些媒体报道，日本著名影星山口百惠也声称自己是杨贵妃的后代，却并未得到当事人的证实。

如果杨玉环果真东渡日本，那么她又是如何去的呢？难道她是跟随日本遣唐使的船队前往日本的吗？

各批日本遣唐使情况一览表

序列	出发时间	中国纪年	航线	回国时间	中国纪年	航线	说明
第一批	630年	贞观四年	北路	632年	贞观六年	北路	
第二批	653年	永徽四年	北路	654年	永徽五年	北路	一艘走南路沉没
第三批	654年	永徽五年	北路	655年	永徽六年	北路	
第四批	659年	显庆四年	北路	661年	龙朔元年	北路	
第五批	665年	麟德二年	北路	667年	乾封二年	北路	送唐客大使
第六批	667年	乾封二年	不详	668年	总章元年	不祥	达到新罗
第七批	669年	总章二年	不详	不详	不详	不详	
第八批	702年	长安二年	南岛路	704年	长安四年	南岛路	
第九批	717年	开元五年	南岛路	718年	开元六年	南岛路	
第十批	733年	开元二十一年	南岛路	734年（第一船）736年（第二船）	开元二十二年（第一船）开元二十四年（第二船）	南岛路	
第十一批	752年	天宝十一年	南岛路	753年（第三船）754年（第二船）	天宝十二年（第三船）天宝十四年（第二船）	南岛路	
第十二批	759年	乾元二年	渤海路	761年	上元二年	南岛路	迎入唐大使
第十三批	761年	上元二年					中止
第十四批	762年	宝应元年					中止
第十五批	777年	大历十二年	南路	778年	大历十三年	南路	
第十六批	779年	大历十四年	南路	781年	建中二年	南路	送唐客大使
第十七批	804年	贞元二十年	南路	805年	贞元二十一年	南路	
第十八批	838年	开成三年	南路	839年	开成四年	南路	
第十九批	894年	乾宁元年					中止

　　关于日本派遣遣唐使的次数，史学界一直有着种种不同的说法，主要是认定标准存在差异。在长达二百六十多年的时间里，日本政府曾经先后任命了十九批遣唐使，但是实际成行的却只有十六次，另外三次因为船只损毁、等候的季风未到和政策性因素而中途搁浅。在出发的十六批中，有一次仅仅抵达新罗，并没有真正抵达唐帝国，因此真正踏上大唐国土的遣唐使仅有十五批，其中第五批和第十六批是为了护送前往日本的唐帝国的大使回国而任命的"送唐客大使"；第十二批则是为了迎回因卷入安史之乱而迟迟没有回国的第十一次遣唐大使藤原清河而派遣的"迎入唐大使"，因此严格意义

上的遣唐使只有十二批。

高宗李治在朝鲜半岛大肆用兵期间，中日两国之间的交往的确很是频繁，但那时的日本却是别有用心的。日本派遣使者频繁来唐既是为了刺探唐帝国的政策走向，也是为了救援百济而在外交上对唐帝国进行某种牵制。这段时间日本频繁来唐并非主要为了学习，而是为了维护自身在朝鲜半岛的利益。第四批遣唐使就因涉嫌擅自收集唐帝国对百济用兵的军事情报而被软禁于长安。在唐帝国灭亡百济之前，日本使者一直被扣留在都城长安。随着朝鲜半岛的局势渐渐稳定，日本来唐的频率也明显地下降了。

在李隆基在位的四十四年时间里，日本仅仅派出过三批遣唐使，平均14.7年才派出一批。此时的日本向唐帝国学习的紧迫性已经大不如前了。在李隆基统治时期，日本向唐帝国学习的重点已经从典章制度逐渐演变为先进文化。制度的模仿可以在短时间内完成，但文化的学习却绝非一朝一夕之功。虽然日本来唐的频率不算高，但每次来访的人数却不少。在初期，日本每批往往只有两艘船，而到了开元、天宝年间，每批增为四艘船，人数多达五六百人。

晁衡无疑就是其中的佼佼者。他本名阿倍仲麻吕，"晁衡"这个名字是他来唐帝国之后起的。他年纪轻轻就来到唐帝国学习先进文化，在唐帝国为官几十年，深受李隆基的器重，曾在中央机关担任过秘书监、卫尉卿等要职。在京城当了几十年文官的晁衡在六十三岁高龄之际，突然被肃宗皇帝李亨派到遥远的安南去任职。安南都护府的辖区包括今越南北部和广西壮族自治区部分地区，治所交州（即今越南河内市）。安南地区国际矛盾尖锐，民族矛盾复杂，叛乱层出不穷，自然条件恶劣，气候炎热潮湿，瘴疫横行，无论是生活环境、文化氛围还是工作条件都远不如唐帝国的政治文化中心长安。

这项人事任命背后到底隐藏着什么不为人知的深意呢？有的学者认为年事已高的晁衡之所以会千里迢迢地前往遥远的安南赴任其实是想要借机护送杨玉环前往日本。他的确是执行这次任务的不二人选，此前他曾经去过安南，虽然那是一段死里逃生的经历，但他也因此对那片陌生的土地有所了解。

天宝十三载（公元754年）十一月，也就是安史之乱爆发前一年，日本第十一批遣唐大使藤原清河邀请五次东渡均以失败而告终的鉴真一同回日本。已经六十六岁高龄并且双目失明的鉴真慨然允诺，可让藤原清河始料未及的是鉴真的东渡之梦最终成真了，而他的噩梦却开始了。

眼见故国在望的时候，藤原清河和晁衡乘坐的那艘船却被剧烈的海风吹离了原来的航道，最终飘到了安南的驩州 [1]。这群刚刚从喜怒无常的大海上死里逃生的人登陆后又惨遭当地土著的血腥残杀。全船一百七十多人，仅有藤原清河、晁衡等十几个人幸免于难。他们历经艰险，辗转跋涉，终于在次年六月重返大唐帝国首都长安，此时距离安史之乱只有五个月的时间。

突如其来的安史之乱彻底改变了藤原清河和晁衡的命运。帝国蒙难，长安沦陷，踏上逃亡之路的藤原清河感觉回国似乎成了一个遥不可及的梦。

由于藤原清河的家族是日本皇室外戚，对他念念不忘的淳仁天皇特地派出以高元度为大使的遣唐使团前去迎回滞留在唐帝国的藤原清河，可高元度率领的使团竟然在唐帝国滞留了三年之久！

有的学者认为高元度率领的遣唐使团是有意在苏杭一带滞留，等待着晁衡的到来，然后在茫茫的大海之上再将死里逃生的杨贵妃接到遣唐使团的大船上来。唐帝国派去护送高元度回国的军官沈惟岳实际上肩负着暗中护送杨玉环安全渡海的神秘使命，并且负责打理她前往日本后的生活，因为沈惟岳事后并没有回国，而是留在日本为官，还取了个日本名字"宿海浮弥"。在日本民间传说中，沈惟岳更是成了杨贵妃的重要助手。

如果当年杨玉环真的逃亡日本，搭乘遣唐使的船只无疑是最为便捷的，也是最为安全的。杨国忠的儿子杨昢曾任鸿胪寺卿，负责外事接待工作，曾经给予日本遣唐使高规格的礼遇。既然杨家人与日本使者之间一直以来都有着深厚的情谊，当落难的杨玉环向他们寻求帮助的时候，日本遣唐使高元度应该不会坐视不管。

公元 761 年，高元度踏上了回国之路，那时距马嵬坡之变已经过去五年之久。杨玉环这样一个身处乱世的女子怎么能够安然度过这段动乱的岁月

---

[1] 今越南中部海岸。

呢？况且李隆基早已在四年前返回了光复后的长安。如果她此时还活在人间，为什么不回到丈夫李隆基的身旁呢？即使她觉得如今登基称帝的李亨因为过去的恩恩怨怨而容不下她，而已经退位的丈夫李隆基又保护不了她，她也完全可以在李隆基的暗中庇护之下在唐帝国随便找个僻静的地方安度余生，没有必要非要冒着生命危险前往日本。

关键是高元度滞留唐帝国的真正原因并不是在等待晁衡的到来，而是另有原因！

跟其他的日本遣唐使有所不同，高元度并没有率领庞大的船队来唐，而是先行前往渤海国。在渤海国使臣杨承庆的带领之下，高元度一行人从山东半岛的登州登陆后经陆路抵达长安，在路上自然会耽搁一些时间，直到次年才来到长安。

他长期滞留唐帝国最主要的原因是迎回藤原清河的计划严重受阻。他在长安待了一年多都未能得到肃宗皇帝李亨的接见。面对当时内忧外患的局面，焦头烂额的李亨一刻不停地在盘算着、思考着、奔波着、忙碌着，但他再忙也不至于连见个面的机会都没有吧！其实他是不想见，当然那时他的健康状况也开始迅速恶化。

公元761年初，一直在焦急中等待的高元度终于等来了李亨的敕书："特进、秘书监藤原清河当依请归，而恐残贼未平，道路多艰。（高）元度宜取南路，先归复命。"李亨也觉得自己没有理由再挽留归国心切的藤原清河了，所以违心地说"当依请归"，但他却突然间话锋一转说，担心"残贼未平，道路多艰"，先让高元度回国复命。

公元761年的确是让李亨心惊胆战、惶恐不安的一年。他因为轻信陕州观军容使鱼朝恩的话强令唐军统帅李光弼收复东都洛阳，结果导致唐军遭受重创，彻底打破了官军与叛军的相持态势，李亨眼睁睁地看着战场局势从胜势变为优势，从优势转为相持，又从相持变为劣势。气吞万里的史思明再度问鼎中原，剑指潼关，历史似乎又将重演，长安失陷的痛苦回忆再度袭上李亨的心头。

虽然李亨对藤原清河此时归国的种种担忧看似合情合理，可是只要细细想想却又会觉得似乎其中另有隐情。当时是不是真的如李亨所说的那样"恐残贼未平，道路多艰"呢？

唐帝国与日本之间的航线主要有三条：

前期，主要走北路，从日本三津浦出发，沿獭户内海西进，经大津浦、壹岐、对马抵达朝鲜南岸，然后，沿朝鲜半岛的西海岸北上或从辽东半岛的西端，抵达山东半岛的登州。登陆之后，陆路经莱州—青州—兖州—汴州（即河南开封）—洛阳—长安。初期日本遣唐使几乎走的都是北路。虽然这条航路最为安全，但花费的时间也最多。

中期，主要走南岛路，从日本的博多出发，沿九州西岸南下，经萨摩、种子岛、屋久岛、奄美大岛横越东海，经扬州—邢沟—淮水（隋唐大运河段）—泗州—通济渠—郑州—洛阳—长安（今西安市）。南岛路要从九州南下经停很多小岛，不仅耗费时间长，而且危险性也不小。

后期，主要走南路，从日本的博多出发，然后在平户或五岛列岛暂泊，等待顺风时横渡东海，在长江口登陆并经明州（今宁波市）西进，或者在杭州湾附近登陆经杭州西进，经明州（今宁波市）—杭州—楚州（今淮安市）—汴州（今开封市）—洛阳—长安（今西安市）。

后期的日本遣唐使偏向于走南路，虽然南路的陆路部分要比北路好走，花费的时间也最短，但因为需要横越大洋，这条路也是最凶险的！

就在胸怀壮志的史思明准备继续西进的时候，他却被自己的儿子史朝义残忍地杀害，叛军顿时就变得犹如一盘散沙，所拥有的战略优势刹那间便丧失殆尽，战局出现了重大逆转。其实即便史思明没有死，叛军也很难越过淮河防线。

鉴于当时的战争形势，除了北路之外，无论是从南岛路还是从南路回日本都不会受到叛乱的影响，因为战略重镇扬州、苏州、明州、杭州均控制在官军手中，未曾遭受过叛军铁骑的践踏，而且长安通往这些城市的道路也都是畅通无阻的。高元度跟随渤海国使臣杨承庆从烽烟四起的北方前往长安都安然无恙，要是从官军控制的淮南地区或者江南地区走海路回国岂不是更为安全，因此藤原清河回国之路最大的障碍并不是叛乱未平，而是李亨不愿意放他走！

李亨这么做的真正用意又是什么呢？其实李亨扣留藤原清河是为了将他扣为人质，成为换取日本援助的筹码。

据《续日本纪》记载，唐帝国交给即将回国的高元度"甲胄一具，伐刀一口，枪一竿，矢二只"。这些物品其实就是武器制造的样品。高元度回国后，淳仁天皇随即令安艺国[1]制造遣唐使船四艘，令东海、东山诸国进贡牛角七千八百只，可是运送牛角的遣唐使团刚一出发就因为触礁导致船体破裂，后来又因为风向问题被迫中止，日本援助唐朝的计划最终并没有实现，而藤原清河回国的梦想也就再度破灭了。

既然李亨将日本援助唐帝国的希望寄托在即将归国的高元度身上，那么他肯定会高度关注高元度的回国之旅。实际上李亨特地派遣宦官谢时和陪同高元度一同前往苏州，诏令苏州刺史李岵建造一艘大船。越州[2]折冲府沈惟岳等九名小军官担任押领官，别将陆张什等三十人充当水手，护送着高元度返回日本。

这一切都在李亨的掌控之中，那么杨玉环要想借助高元度的力量前往日本自然是很困难的。鉴于杨玉环特殊而又敏感的身份，高元度肯定不敢擅自带着她前往日本，那样很可能会给两国关系带来难以想象的负面影响。即使高元度真的想要带杨玉环一同回日本，恐怕也无能为力，因为在整个回国过程中，他的一举一动都在唐帝国将领们的密切监视之下。

至于沈惟岳为何没有回国反而会留在异国他乡度过余生，恐怕也不是因为偷运杨玉环去日本，而是因为他没有脸再回去了。

在抵达日本九州后，唐帝国的使团闹出了一桩外交史上罕见的丑闻。出于对唐帝国的尊重，日本政府热情地款待了沈惟岳等人，还给使团的每个人都发放了丰厚的赏赐，但贪婪的沈惟岳却想多吃多占，甚至想要全部据为己有，这下其他三十八个人可就不干了，因为这些赏赐都是他们拿命换来的。

[1] 今日本广岛。
[2] 今浙江绍兴。

这三十八个人联名向日本政府告状，提出由副使纪乔容取代沈惟岳的大使之职。因赏赐分配不公而自行更换大使的事情简直是闻所未闻，日本政府经过一番权衡做出裁决，大使、副使都是唐帝国皇帝任命的，不可轻易更改，但赏赐却可以按原定标准发放，每个人都有份。

高元度回国一年后，太上皇李隆基和皇帝李亨相继去世，陷入权力真空的唐帝国出现了剧烈的动荡。由于对唐帝国当时的形势不甚了解，日本在随后十几年的时间里都未曾派出过遣唐使。

思乡心切的藤原清河托新罗使者给日本光仁天皇捎去了一封信。日本这才派出了第十五批遣唐使，不过抵达长安时已是公元 778 年正月，年迈的藤原清河已无力承受海上风浪的颠簸，只好让女儿喜娘代替自己走完这漫漫回国之旅。喜娘走后不久，藤原清河就永远地闭上了双眼，不知临终之际的他还会不会想起自己曾经写下的那首对故乡充满眷恋的诗歌：

> 妖娆春日野，祭祀祈神援；
> 社苑梅花绽，常开待我还。

娇艳的梅花再也等不到主人的归来，而藤原清河恐怕只有在梦里才会看到绽放的梅花、熟悉的故乡和久别的亲人。对于归国无望的他而言，这或许算是一种解脱。

喜娘跟随这批遣唐使返回日本的时间是公元 778 年 4 月，如果那时杨玉环还活着，也已经六十岁了，连时刻梦想着归国的藤原清河都承受不了海上的颠簸，从来都没有海上经历的杨玉环无疑就更加难以承受了。

日本学者渡边龙策在《杨贵妃复活秘史》中考证说，杨贵妃在马嵬坡逃过一劫后辗转抵达扬州，在那里不仅见到了堂兄杨国忠长子杨暄的妾和幼子，还见到了日本遣唐使团的藤原制雄，在藤原的协助下，杨贵妃搭乘日本使团的船到日本久津登陆，时间为公元 757 年。到达日本后，杨贵妃受到天皇孝谦的热诚接待。后来，杨贵妃以她的智谋帮助孝谦挫败了一次宫廷政变，从此在日本名声大震。

不知渡边龙策考证时依据的是哪些史料，现存的无论是中国正史还是日本官方史料均没有留下过日本遣唐使船队在公元 757 年回国的记载，第十一批遣唐使船除了藤原清河乘坐的那艘船因为逆风漂流到安南之外，其他的船只分别在公元 753 年和公元 754 年相继回国，在高元度率领第十二批遣唐使于公元 759 年来唐之前，两国之间的官方交流一度中断，杨玉环是不可能乘坐日本遣唐使的船只前往日本的。

如果杨玉环跟随日本遣唐使的船只逃亡日本的可能性基本上可以被排除，那么她有没有可能跟随民间贸易的商船前往日本呢？

当时的人们对于季风的认识和掌握还不够全面，造船技术还没有发展到可以抵抗海上风浪侵袭的地步，无论走哪条路前往日本其实都充满了危险，经常发生船毁人亡的惨剧。即使到了唐朝后期，日本遣唐使的船只也很难安全往返，平均每四艘船中总要有一艘遇难沉没。政府花费巨资建造的大型船队尚且如此，中日之间的民间交往无疑就更为危险了。

鉴真六次东渡的经历堪称是天宝年间中日民间海上交流的缩影。鉴真比杨玉环大三十一岁。天宝元年（公元 742 年），日本僧人荣睿、普照受日本佛教界和政府的委托延请鉴真去日本传教。那时的鉴真已经五十五岁了，可他却欣然应允了。鉴真从当年就开始筹划着东渡，一直到天宝七载（公元 748 年），在这七年之中，鉴真先后五次率众东渡，要么是受到地方官员的阻挠，要么遇到飓风，要么遇到巨浪，要么遇到海盗，触礁、沉船和死亡不断地在他的眼前真实地上演着。要不是他命大，恐怕早就葬身鱼腹了！

尤其是第五次东渡的时候，遭到恶风怒涛侵袭的鉴真在海上漂了足足十四天之久，最后漂到了振州[1]。在返程途中，屡遭磨难的鉴真突发眼疾导致双目失明，虽然他再也看不见前进的方向，但他东渡日本的决心却从未动摇过。

天宝十二载（公元 753 年）十月二十九日夜，鉴真在日本遣唐使藤原清

---

[1]　今海南三亚市。

河、副使吉备真备等人的邀请下迈着坚定的步伐踏上了第六次东渡之旅。这一次他终于抵达了魂牵梦绕的东瀛土地。

鉴真六次东渡的坎坷经历生动地阐释了中日之间民间交流是何其艰难。直到9世纪以后，中日之间的民间贸易才逐步发展起来。到了宋代，随着造船技术和航海技术的进步，中日之间的民间交流才真正地成熟起来，因此杨玉环跟随民间商船前往日本的可能性更是微乎其微。

久津地区版本应该源自中国，因为这个版本与中国诸多关于杨玉环东渡日本的传说一脉相承。在中国关于杨玉环东渡日本的诸多传说中，大致分为两种：第一种是"调包重生东渡日本"，侍女张云容替杨玉环慷慨赴死，李隆基草草安葬了张云容就上路了，伤透了心的杨玉环对那个男人彻底地失望了，于是毅然决然地踏上了东渡日本的漫漫旅程；第二种是"死而复生东渡日本"，被缢死的杨玉环后来奇迹般地复活了，舞女谢阿蛮和乐师马仙期将奄奄一息的杨玉环救起，迅速逃离了马嵬坡，前往大海的另一端——日本。

久津地区版本选取了"调包重生东渡日本"这个可信程度相对更高的传说，却不知这个传说也经不住推敲。陈玄礼是马嵬兵变的行动总指挥，高力士是马嵬兵变的幕后总策划，怎么可能会帮着杨玉环逃脱呢？

虽然杨玉环并不是一个专权弄权的女人，即使他们心中也会对杨玉环有着些许的同情，但他们也深知政治的残酷性，既然他们联手除掉了她的堂兄杨国忠，如不趁势将她一起除去，一旦形势逆转，她在李隆基身边吹点儿枕边风，他们很可能会有性命之忧，因此斩草必须除根。即使他们动了恻隐之心，当时在场的禁军将领中想必也会有很多人曾经见过杨玉环，在他们眼皮子底下上演调包计很容易被识破。

热田神宫版本则是杨贵妃故事日本本土化的产物，最早的文献记录是镰仓时期的《溪岚拾叶集》，这部书的编撰工作开始于1311年，完成于1348年。在这部书编撰之前，日本曾经历过一次生与死的考验。横扫亚欧大陆的蒙古人曾于公元1274年和公元1281年两次大规模征讨日本，但最终却都被恶劣的天气所击败，因此很多日本人坚信这是神明的力量。为了宣扬神明的伟大并促使民众皈依，便衍生出这个版本。

杨玉环是热田大明神化身的说法纯属无稽之谈，如此之多的史籍证明杨玉环生于中国，相比之下，杨玉环出生于日本的说法显然缺乏史料依据。李隆基虽然有些穷兵黩武，但他却从未产生过征伐日本的想法，一方面因为两国长期以来都是友好邻邦，虽然在高宗李治征讨朝鲜半岛时，两国为了各自的利益曾经兵戎相见，特别是日本在白江口之战惨败后，日本确实曾担心如日中天的唐帝国会兴兵伐日，但两国关系很快就修复了。李隆基在位时，两国关系一直很融洽，并没有产生过什么摩擦；另一方面是条件不允许，虽然中日之间的交往未曾中断过，但在两国来往的交通线上却总是险象环生、危机重重，经常发生船毁人亡的悲剧。要想派遣一支军队横渡大洋攻打遥远的日本，在李隆基生活的那个时代显然是难以实现的。即使五百多年后，造船技术和航海技术有了突飞猛进的进步，雄心勃勃的元世祖忽必烈两次征伐日本却都无奈地铩羽而归，被滔天的波浪吞噬的士兵要远远地超过战死沙场的士兵。

由于后期日本遣唐使将学习的重点转向了文化领域，大唐文化在日本土地上蔚然成风，白居易的《长恨歌》和陈鸿的《长恨歌传》也逐渐在日本流传开来。日本人既对杨玉环倾国倾城的容貌充满了遐想，又对杨玉环悲惨的人生结局唏嘘不已。或许正是在这片情感土壤之上，杨玉环逃亡日本的传说在日本民间开始悄然流行起来。

她是否流落风尘

陈鸿的《长恨歌传》中曾有这样的记载，有个从四川来的道士得知太上皇李隆基一直思念着杨贵妃，便毛遂自荐说自己拥有招魂之术。喜出望外的李隆基随即让他前去寻找杨贵妃的魂魄。那个方士使出浑身解数又是上天，又是入地，却始终都找寻不到杨玉环美丽的身影。他一直向东，越过蓬莱发现了一座烟雾缭绕仙山。"上多楼阙，西厢下有洞户，东向，阖其门，署曰'玉妃太真院'。"这个名叫"玉妃太真院"的女道士院与唐代妓院的名称极为相似，这是不是在暗示杨贵妃已经流落风尘了呢？试想她这样一个无依无靠的女子要想在乱世之中生存下来也只得如此！

如果杨玉环真的流落风尘，那么李隆基重返长安后，她为何不去长安投奔李隆基呢？学者周煦良还认为："杨妃已堕落风尘，自然无颜再见君王。"如果在明清时期，这个论断或许是正确的，因为程朱理学已经在人们的心中深深扎根，别说皇室就是普通家庭恐怕都容不下一个存在污点的女人，可是在兼容并包的唐代，当时的人们对女人却颇为宽容。李隆基的孙子李俶的妃子沈氏的人生际遇无疑就是对此最好的解读。

长安陷落前夕，李隆基携带嫔妃、皇子皇孙和亲信大臣秘密踏上了逃亡之路。沈氏来不及逃走就被叛军俘获，囚禁于东都洛阳的掖廷之中。光复洛阳后，李俶与死里逃生的沈氏再度相逢，但沈氏却并没有跟随夫君返回长安，而是继续留在洛阳。谁知形势突变，洛阳再度陷落，沈氏从此杳无音讯。李俶登基称帝后公开下诏四处寻找沈氏的下落。李俶与沈氏的儿子李适继承皇帝位后依旧在不遗余力地寻找母亲的下落。落入叛军之手的沈氏难免会惨遭凌辱，境况估计比那些堕落风尘的女子还要糟，可她的丈夫和儿子却仍旧在不遗余力地寻找她。杨玉环因曾堕落风尘就无颜再见李隆基的说法恐怕是站不住脚的。

即使李隆基已经沦为太上皇，丧失了手中的权力，担心接回杨玉环会遭到儿子李亨的坚决反对，也依旧可以暗中派人将她妥善安置好，使其不会继续沦落风尘。

她是否隐遁空门

既然杨玉环并没有东渡日本，那么她会不会找个偏僻的地方过着隐居的生活呢？在陈鸿的《长恨歌传》中，那个精通招魂术的道士找到杨玉环的地方是蓬壶仙山。蓬壶与蓬莱是一个意思，莫非陈鸿笔下的蓬壶并非指遥远的日本，而是唐帝国境内某个不为人知的地方。

大蓬山（又名太蓬山）"状如海中蓬莱[1]"。这座位于今天四川南充营山县的大蓬山在唐代时就是一座佛教与道教并存的名山，偏僻而又清幽，的确是隐居的好去处。白居易曾任忠州[2]刺史，或许在任期间听到过什么，并将所见所闻告诉了好友陈鸿，陈鸿才会在《长恨歌传》中这么写。

其实纵观整个唐帝国，四川无疑是杨玉环避难的上佳去处。杨玉环在那里出生，在那里成长，自然对那里的风土人情、山川地貌再熟悉不过了，而且她的家族在四川又有着很大的政治影响力。

祖父杨志谦和父亲杨玄琰都曾在四川为官。堂兄杨国忠也曾长期在四川生活，发迹后推荐好友鲜于仲通担任剑南节度使，后来干脆自己遥领剑南节度使。在卸任节度使之后，相继出任剑南节度使的崔圆和崔光远也都是杨国忠一手提拔起来的亲信，因此如果杨玉环真的逃到那里，或许会得到这些人的庇佑。加之四川地形复杂，有很多像大蓬山这样人迹罕至的僻静之所，便于隐藏自己，而且四川临近南诏和吐蕃，一旦政治形势紧张还可以迅速逃离唐帝国。

当然这些只是推测，杨玉环隐居大蓬山有直接的证据吗？最有力的证据或许就是透明岩上惊现的《安禄山题龛》。唐代人喜欢在山上建造佛像为自己祈福，用以寄托自己的美好愿望，更有甚者将自己造像的心路历程用文字的形式留在崖壁之上，称之为"题龛"。可史书上却从未留下关于安禄山曾经到过此处的只言片语，而且安禄山发动叛乱后触角也不可能延伸到这里。这个《安禄山题龛》又是从何而来呢？

备受关注的《安禄山题龛》刻着这样的话：

> 大唐先天二年（公元713年），岁在辛癸丑七月朔十五日，弟子安禄山稽首，和南尽虚空、遍法界，常住一切诸佛。但弟子业缘五浊，受荫阎浮。恒为二竖相摧，四蛇所逼。加以法王垂泽，梵帝流恩。伏闻大圣大慈，能救众生之苦，真实不虚。遂发微心，于此蓬山敬造弥勒像龛一铺。合家心愿，上为帝主人王，七代父母，下

---

[1] 《方舆胜览》卷六十八。

[2] 今重庆忠县。

及法界苍生，普同供养，谨白。

在距离《安禄山题龛》不远的地方就留有宋代诗人清远居士所写的一首《透明岩壁安禄山题记》：

> 妖胡作逆罪滔天，翠辇仓皇幸蜀川。
> 千载业缘磨不尽，却来邀福向金仙。

清远居士认为这个题龛就是那个臭名昭著的叛贼安禄山所留，持这种观点的人并不仅仅只有清远居士一人，宋代进士雍沿也是如此，留有一首《安禄山弥勒像龛》：

> 全狼犬态固难防，犯上谁能不败亡。
> 何事像龛题志处，谩将真恳佞空王。

虽然早在宋代就有很多文人学者坚定地认为这个《安禄山题龛》就是唐帝国的千古罪人安禄山所留，但细细品味题龛中的文字仍不禁会生出诸多疑问。

公元713年这一年中曾出现了两个年号，一个是人们熟知的开元元年，另一个就是鲜为人知的先天二年。在这一年，安禄山可能会来到这里吗？

"开元初，（安禄山）与将军安道买男俱逃出突厥中。（安）道买次男（安）贞节为岚州别驾，收获之。（安禄山）年十余岁。"[1] 安禄山在开元初年的时候才从突厥逃到中原，那时十岁左右的安禄山应该不太可能从如今的山西千里迢迢跑到遥远的大蓬山，而且还专门修造一尊弥勒佛像，那可是很费钱的事。那时的安禄山仍旧过着寄人篱下的生活，恐怕承受不起如此沉重的经济负担。况且安禄山根本就不信奉佛教，而是信奉祆教。安禄山的母

---

[1] 《旧唐书》卷二百一十三。

亲改嫁之后，年幼的安禄山便跟随着母亲生活在突厥，突厥人信奉"轧荤山神"，也就是祆教所崇拜的光明之神。从小就耳濡目染的安禄山自然也会信仰光明之神。

"每商至，则（安）禄山胡服坐重床，烧香列珍宝，令百胡侍左右，群胡罗拜于下，邀福于天。（安）禄山盛陈牲牢，诸巫击鼓、歌舞，至暮而散。"[1]身为混血胡人的安禄山亲自主持辖区境内的祆教祭祀活动。他之所以想竭力成为胡人们的宗教领袖，是想用宗教力量来团结身边的胡人。

种种迹象都表明题龛中提及的这个"安禄山"似乎并不是我们熟知的那个安禄山，因此有的学者认为这个题龛是一个与安禄山同名同姓的人所留，而且此人可能比安禄山还要年长一些。

这个观点貌似有些道理，可安禄山这个名字毕竟太特殊了。"禄山"并非纯粹的汉语，而是从粟特词中翻译过来的，是"光明、明亮"的意思。鉴于这个名字的特殊性，汉人与安禄山重名的概率几乎为零，而粟特人又活跃于唐帝国的北部边陲，不太可能跑到遥远的四川，即使因为商贸活动的需要偶然入川，也不太可能跑到偏僻的大蓬山来，更不可能在一个如此僻静之处修造了一尊弥勒像。

如果不是安禄山本人所留，也不太可能是与安禄山重名的人所留，那么到底会是谁留下的呢？

这个题龛中有一个耐人寻味的"错误"，那就是先天二年并非"辛丑"年而是"癸丑"年。一个人记忆力即使再差也不会不知道今夕是何年吧！即便当事人因为某些特殊的原因确实记错了，负责雕刻的工匠肯定也会提醒他呀！对此合理的解释恐怕就是要么是当事人故意为之，要么是纯属后人所刻。

距此不远的大蓬山杨柳湾有一座充满神秘色彩的古墓，墓碑上写着"杨氏之墓"。一些学者据此做出一个大胆的判断：流亡到此并出家为道的杨玉环为了缅怀早已逝去的情夫安禄山，于是在大蓬山为其造了一尊弥勒像，可她又担心公然为叛贼造像祈福会给自己惹来政治麻烦，为了混淆视听故意将

---

[1] 《安禄山事迹》。

雕凿的时间提前到先天二年。这样那个奇怪的纪年无疑就解释通了。或许是因为年代久远，她记不清先天二年对应的干支纪年是什么了，或许是她有意为之。

这个说法貌似合理，其实却经不住推敲。杨玉环信奉的是道教而不是佛教，正式进宫之前就曾出家为道。假如她果真流落到这里出家，笃信道教的杨玉环为什么不修造一座道教神像，反而要修一座弥勒佛造像呢？况且安禄山本人又不曾信过佛教，而是信奉袄教。

既然杨玉环和安禄山都不曾信仰过佛教，那么杨玉环花费巨资为安禄山修建一座弥勒像岂不是太匪夷所思了吗？

虽然关于杨玉环与安禄山的绯闻在当时可谓甚嚣尘上，但两人之间真的存在过感情吗？

安禄山起兵时就打着诛杀杨国忠的名义，而且公开斥责杨贵妃以及她的姐姐们犯下的种种罪行，丝毫看不出他对这位昔日的养母杨玉环还怀有旧情。

如果杨玉环果真在马嵬坡逃过一劫，那么她对安禄山也不会有爱，只会有恨。

如果不是因为安禄山悍然起兵企图篡夺大唐江山，或许她还将会延续着过去那种奢华而又惬意的生活，但她所有的美好生活却都被举兵南下的安禄山给无情地打碎了。她的两个姐姐以及堂兄杨国忠相继惨死。试想在这样一番情景之下，假如杨玉环真的还活着，她怎么还会为造成自己人生悲剧的罪魁祸首安禄山造像祈福呢？

况且修造佛像又是一项费时、费力又费钱的事，假如杨玉环真的流落到此，恐怕也是艰难度日，又怎么能够一下子拿出那么多钱来修造佛像呢？

既然如此，那么这个《安禄山题龛》到底是何人所留呢？

我们再来看看那个有些匪夷所思的纪年"辛丑"。距离先天二年最近的辛丑年应该是唐肃宗上元二年（公元 761 年）。此时安禄山已经死去了四年之久。此时叛军的领导权已经传到了史思明的手中。彪悍的史思明彻底扭转了安禄山死后急剧恶化的战场形势，将败势变为守势，守势变为攻势。

邙山一战，史思明再次攻占洛阳，问鼎中原。一代名将李光弼从此彻底退出了历史舞台的中心位置，可就在这时，骤变的事态却出乎了所有人的预料——气吞万里如虎的史思明居然死在了儿子史朝义的手中。紧接着一场血腥的大清洗开始了，周挚等一大批高级将领被清除了。这无疑是安史叛军的又一次大分裂，一些将领被迫或者主动地离去了，因为他们看不到继续坚持下去的希望。那些手握重兵的节度使都曾是安禄山的旧将，本来就与史思明的地位差不多，怎么会心甘情愿地为侄子辈的史朝义卖命呢？

由于叛乱的前景变得越来越暗淡，很可能有人逃到了人迹罕至的大蓬山，在这个偏僻寂静地了却残生。他们或许会不自觉地想起曾经的老长官安禄山，一方面是感念他的恩情，因为安禄山很会笼络部下；另一方面是感伤他的早逝，如果不是他过早地死在儿子安庆绪的手中，或许如今将会是另外一番局面！

当然还有另外一种可能。那就是这个题龛是田乾真以老上司安禄山的名义所留。文武双全的田乾真可谓安禄山的心腹爱将。

公元 757 年九月二十七日，唐军与叛军在长安城西的香积寺附近展开一场惨烈的激战，战场的主动权几度易手，在付出了惨重的代价之后，唐军终于将骁勇善战的叛军彻底地击溃。

就在那天夜里，安守忠、李归仁、张通儒等叛军高级将领仓皇逃离了长安城，田乾真就在这个夜晚神秘地消失了。在随后的历史舞台上，再也没有出现过田乾真的身影。他到底去了哪里一直是一个未解的谜团。

如果田乾真被揭竿而起的军民杀死，这种值得大肆宣扬的事情不可能不写进史书，最大的可能或许就是田乾真因丧失了"叛乱意志"，从此以后过上了平常人的生活。

如果真是那样，当他听说叛军在如此大好的形势之下居然因为再次发生父子相残的惨剧而导致分崩离析的时候，田乾真肯定会痛心疾首，扼腕叹息，也自然会想起善于把控政局走向的老长官安禄山。

公然为罪魁祸首安禄山造像祈福无疑要冒巨大的政治风险，因此造像之人刻意将时间前置到先天二年，但又巧妙地留下了"辛丑"这个有些不伦不类的奇怪纪年。

　　既然安禄山题龛并不是杨玉环所留，那么关于她隐居于大蓬山的说法也就不攻自破了。

　　四川境内关于杨玉环曾流落于此的地方并非只有大蓬山一处。位于如今德阳市的大霍山也相传是杨玉环的避难地。大霍山之所以与大名鼎鼎的杨玉环扯上关系是因为一个名叫罗公远的道士。

　　《新唐书·方技传》中就留有关于术士罗思远的记载。这个罗思远最大的本事就是隐身术。李隆基特地向他学习隐身术，但罗思远却故意留了一手。李隆基表演的时候衣带常常裸露在外边。李隆基为了能够学到全套隐身术，不惜在他的身上大把大把地花钱，却始终都未能如愿。恼羞成怒的李隆基命人用一块布单将他团团裹上，然后将他压到一根木头之下，企图将他置于死地。

　　几天后，一个中使从四川回京的路上居然与罗思远不期而遇。罗思远的脸上并没有充斥着怨恨，反而挂着浅浅的微笑，说："皇上就为了那点小把戏竟然如此残暴地对待我！"

　　唐代文人郑綮的《开天传信记》也有过类似的记载，不过主人公却换成了罗公远，看来正史中的罗思远与民间大名鼎鼎的罗公远应该是一个人。

　　罗公远表演的那些在外人看来颇为神秘的法术其实都是魔术手法，在唐代称之为"幻术"。诸如吞刀吐火、入壶遁缸之类的幻术经常在街头出现。

　　神通广大的罗公远曾在大霍山修道。《通志》记载："（罗）公远……修道于漓沅，尝往来青城、罗川（即罗江）间。"《名胜志》更是明确记载："大霍山，罗公远修道处。"

　　一些学者猜测杨玉环很可能跟随罗公远藏匿于大霍山。山中有一座历史悠久的寺庙宝峰寺，"马嵬之变"的时候，这座古寺就已经有百余年的历史了。如今寺院最后一进观音殿，原名叫作"娘娘殿"，据说逃难到此的杨玉环曾在此居住，殿前左右各有一株千年古柏，相传为杨玉环当年亲手所植。宝峰寺外左侧不远处有一个古龙洞，据说是罗公远修道之处。

　　有的学者曾经做出这样的推断：当年"马嵬之变"时，无路可走的李隆基只得向精通幻术的罗公远求助。罗公远施展手段帮助杨玉环成功地逃过一劫，然后带着杨玉环远走高飞，来到大霍山。在此后的几年时间里，杨玉环在李隆基以及杨国忠亲信崔圆的暗中庇护之下安然度过，其间她可能还曾与李隆基见过几次面，至少通过罗公远这个中间人，彼此之间始终保持着联系。都城长安光复之后，李隆基决意回京，但杨玉环却深知帝国新皇帝李亨对她和杨家人充满了仇恨，跟随朝不保夕的李隆基贸然回京很可能会遭遇不测，因此杨玉环决意留下来。两人从此天各一方，只得枉自慨叹"此恨绵绵无绝期"。

虽然很多学者认定杨玉环并没有像正史记载的那样真的在马嵬坡香消玉殒，很多推断貌似合理，很多传说颇为精彩，但历史的真相却只能有一个！

她最可能的归宿

《分门古今类事·卷二》引《唐阙史》记载："遂赐（杨）贵妃死于古佛庙，以帛缢之，陈尸寺门，既解帛而气复来，遂再缢之，乃绝。"起初杨玉环并没有被勒死，但被发现后接着再勒。看来参与政变的那些禁军将士绝对不会给杨玉环留下任何生还的机会！

包括红学家俞平伯在内的很多学者试图从《长恨歌》的字里行间找出诗歌背后隐藏的真相。他的很多经典的解读虽然耐人寻味，但恐怕却是偏离了白居易的创作本意。

《长恨歌》中的"马嵬坡下泥土中，不见玉颜空死处"的诗句是不是真的在暗示找寻不到杨玉环的尸体呢？再次开棺之时，杨玉环的尸体是否真的像很多学者猜测的那样不翼而飞呢？

其实白居易并没有那层意思，只不过他艺术化的表达方式容易使人浮想联翩。白居易所作的《新乐府·李夫人》无疑可以消除人们对《长恨歌》的种种误读。

"又不见秦陵（即玄宗陵墓）一掬泪，马嵬坡下念杨妃。纵令妍姿艳质化为土，此恨长在无销期。"白居易借此诗表达对红颜易逝的哀悼之情，杨玉环的妍姿艳质最终都化为了一抔黄土。《长恨歌》中的"不见玉颜空死处"的诗句其实也是想表达香消玉殒之意。

《长恨歌》作于元和元年（公元806年）十二月。仅仅两年以后，白居易在新创作的诗歌《新乐府·胡旋女》中就有这样的诗句："贵妃胡旋惑君心，死弃马嵬念更深。"白居易明白无误地说杨玉环就是死于马嵬坡，如果他在写《长恨歌》时真的像俞平伯猜测的那样对杨玉环死于马嵬坡的官方说法有所怀疑的话，他为何还会轻易地自我否定呢？

大约在杨玉环死后一百年的时候，唐代诗人郑嵎曾经写了一首诗《津阳门》。他在这首诗的自注中对开棺之事有过详细叙述："时肃宗诏令改葬太真（即杨玉环），唯高力士知其所瘗在马嵬坡驿西十余步，当时乘舆卒遽，无复备周身之具，但以紫褥裹而窆之。及改葬之时，皆已朽坏。唯有胸前紫绣香囊中尚有冰麝香。持以进上皇（即李隆基），上皇泣而佩之。"棺椁之中的确有杨玉环的尸体，不过昔日倾国倾城的美人如今却变成累累白骨。至于北宋史学家欧阳修为何在编撰《新唐书》时去掉了"肌肤已坏"这句话，则因为年代久远而不得而知了，或许是他无意为之，或许是他不忍面对一代佳人化作一具枯骨的残酷现实吧！

虽然杨玉环的确在"马嵬之变"死去了，但很多人难以接受这样一位绝代佳人在马嵬坡不幸遇难的残酷现实，难免会生出无限的遐想。唐代李肇的《唐国史补》中记载了这样一个故事。

当年"马嵬之变"时，高力士奉命将杨玉环缢死于佛堂前的梨树下。在当时如此混乱的场面之下，杨玉环的一些遗物被遗留了下来。驿站中的一个老太太偶然得到了杨玉环曾经穿过的一只锦靿靴。

唐代女子常穿的鞋主要有两种：一种是高墙履，尖头并且微微向上弯；另一种就是唐代独有的锦靿靴，软底透空，与翻领小袖齐膝袄和条纹小口裤搭配在一起，别有一番女扮男装的异域韵味。

如果那只锦靿靴被老太太束之高阁，或许将会永远地沉寂在历史的最深处，可那个老太太却并没有那么做，而是发现了其中蕴含的巨大商机。

每天进出马嵬驿的人很多，老太太决定将这些南来北往的客商和行人发展成自己的客户。谁要想把玩一下杨玉环曾经穿过的鞋需要花上百钱。尽管如此，人们依旧纷纷慷慨解囊，因为他们觉得这只饱经沧桑的鞋似乎还带着主人的气息，通过它可以去近距离感受一下那位早已逝去的传奇女子杨玉环的风韵。

那个老太太借助名人效应迅速暴富，其中固然体现了她善于营销的智慧，但更体现出了世人对香消玉殒的杨玉环无限的缅怀和追思，从心底里不希望她就这么匆匆地离去了。或许正是出于这种心理，后人为不幸的杨玉环杜撰或者附会了多种版本的人生结局，以至于使得她最终的归宿显得扑朔迷离！

尾声
故人散去曲未终

　　虽然改葬杨贵妃一事让李隆基收获的是无尽的落寞和苦涩，但回京后在兴庆宫度过的那两年半的时光总体上还是惬意而又舒适的，不过突如其来的"西苑宫变"却让李隆基突然间就失去了自由。李隆基与李亨这对原本看上去其乐融融的父子为何会突然反目呢？

　　这一切都源于李亨安全感的丧失！

　　乾元二年（公元759年）正月初一，史思明自称"大圣燕王"，南下援救安禄山之子安庆绪。

　　安庆绪弑父之后继承了安禄山的衣钵，却并没有父亲那般掌控全局的能力。在唐军凌厉的攻势之下，叛军一时间四分五裂，安庆绪被唐军紧紧地围困于邺城，可谓是岌岌可危。

　　关乎唐帝国前途命运的邺城之战却因为史思明的突然南下发生了重大逆

转。三月，曾经占据绝对优势的唐军在安庆绪和史思明的前后夹击之下彻底地崩溃了。九月，气势汹汹的史思明逐鹿中原，攻陷洛阳，剑指长安。李亨感受到空前的压力。随着许叔冀等一大批高级将领的叛逃，李亨的个人威望也降到了历史最低点，对他执政能力的质疑之声一时间此消彼长。

在这个颇为敏感的时候，李隆基的一些不经意的举动却引起了李亨的不悦和警觉。

由于兴庆宫地处长安闹市区，喜欢热闹的李隆基经常登临兴庆宫长庆楼，默默注视着眼前的市井景象。他站在楼上看风景，而他却成了别人眼中的风景。他的每次出现都会引起百姓们的骚动，因为执政近五十年的李隆基早已被深深地印刻在百姓们的心中。从四面八方聚拢过来的百姓们急忙跪下叩头。高呼万岁的声音在大街之上久久地回荡着。

李隆基没有想到自己退位之后竟然还会有如此之高的人气，于是急忙命人在楼下设置酒宴款待那些质朴的百姓。看到已经退位的父皇居然还会拥有如此巨大的号召力与影响力，李亨的心中自然会感到不悦，但他也仅仅是将这种不悦深深地埋藏在心底，因为这些还不会对他的权力造成任何实质性的威胁。

剑南道进京奏事的官员途经兴庆宫时特地拜见了李隆基。在他最困难的时候，剑南道的百姓敞开温暖的怀抱接纳了他这位流亡皇帝，所以他对剑南道始终怀着一种特殊的情愫。对于一位行将就木的人来说，别人的惦念与挂牵会使得他的心里感到暖暖的。他随即让玉真公主与如仙媛设宴招待这位远道而来的客人。李隆基接待的客人从普通百姓升格为朝廷官员。这不仅引起了李亨的不满，更引起了他的警觉

可此时的李隆基对此还全然不知，居然还邀请羽林军大将军郭英乂来兴庆宫小酌，可让他们始料未及的是他们的命运都将会因为这次普通的饭局而彻底地改变了，因为郭英乂的身份太过敏感了。

李亨于乾元三年四月将郭英乂调离禁军，外任陕州刺史、陕西节度使、潼关防御使，将他派到了军事斗争的最前沿。

很快，也就是闰四月十九日，李亨突然毫无征兆地将年号改为"上元"。

他改元"至德"是因为在灵武登基称帝；改元"乾元"则是因为光复两京；这次突然改元"上元"颇有些耐人寻味的意味。"上元"这个年号，李亨的曾祖父高宗曾经使用过。同一个朝代，两位皇帝使用同一个年号是极为罕见的。

改元前的那段日子可谓是"星文变异"。四月的时候，"丁巳夜，彗出东方，在娄、胃间，长四尺许"；仅仅过了一个月，"闰四月辛酉朔，彗出西方，长数丈"。彗星的频频光顾使得李亨变得更加没有安全感，而这一切并不真的是因为天象，而是因为父皇，更是因为他自己的内心还不够强大。

李亨在《改元"上元"赦文》中将社稷中兴归结于"上元垂福，宗庙降灵，百辟卿士，同心戮力"，更归结于他"励躬于帝图""取则于天道"。虽然他也故作谦虚地说自己"承累圣之鸿业"，不过却颇为罕见地对父皇避而不谈，而在之前的重要制书之中，总会充斥着李亨对父亲的尊崇和敬仰。

> 今两京无虞，三灵通庆，何以昭事，宜在覃恩。待上皇到日，当更处分。"（《御丹凤楼大赦制》至德二年十一月）
>
> 赖天地疾威，社稷凭怒，上皇丕烈，万国永怀。（《收复两京大赦文》至德二年九月）
>
> 太上圣皇天帝，功格天地，道迈胥庭。（《乾元元年南郊赦文》乾元元年四月）

《改元"上元"赦文》中居然对太上皇李隆基只字未提，最惹眼的词汇反而是"革故""惟新""更始"等带有强烈变革色彩的词汇。李亨这么做的目的就是试图将自己开创的新时代与父亲执政的旧时代硬生生地分隔开来。

紧接着，李亨不顾父皇的感受下令废除了父皇创立了近半个世纪的大规模祭祀龙池祠的活动。龙池堪称兴庆宫的画龙点睛之笔，而举办隆重的祭祀活动无非是要借此巩固兴庆宫的政治中枢的地位。李亨废止祭祀活动则是为了强调自己所居住的大明宫才是权力和礼仪的中心。

李亨还将司天监由原来秘书省的南面迁到了永宁坊张守珪故宅，与地势低洼的兴庆宫近在咫尺。"（司天）监内有灵台，以候云物，崇七丈，周八十步。"[1]李亨的心腹可以站在灵台之上窥测兴庆宫里的一举一动，从而达到监视、防范和控制李隆基的目的。

既然种种迹象都显露出李亨对父皇李隆基的态度正在悄然发生着重大转变，因此三个月后的"西苑宫变"也就不会显得太过突然了！

《西苑宫变》的发生其实就是因为急剧恶化的局势使得父子之间原本就已存在的裂痕变得更深、更大。

兴庆宫原本有三百匹马，李辅国却声称奉皇帝之命将那些马都调走了，仅仅留下了十匹。李隆基神情黯然地对高力士说："因听信李辅国的谗言，我儿恐怕不能自始至终地对我尽孝了。"虽然李隆基已经预感到了什么，但他却仍旧不遗余力地想要去挽回。

上元元年（公元 760 年）七月十九日，李隆基在高力士的陪同下迈着蹒跚的步子前往大明宫，想找李亨好好谈谈，但李亨却以身体不适为由拒绝与他见面，不过李亨还是安排手下人留父皇吃饭。吃完饭，李隆基有些失望地准备返回兴庆宫。

可行至夹城的时候，李隆基却忽然听到一阵急促的马蹄声由远及近，原来是李辅国带领数百名铁骑突然冲了过来。李辅国就像一阵风般疾驰到李隆基的身边，顺势抢过了李隆基手中的缰绳。高力士见状急忙跳下马，大声喊道："大胆！竟敢惊扰御驾！"他一边高喊一边与李辅国争抢李隆基所骑的那匹御马的缰绳，因为谁掌握了缰绳谁就可以操控李隆基的命运！

李辅国大声呵斥道："你这个老头，怎么这么不懂事？赶紧退下！"恼羞成怒的李辅国随即斩杀了高力士身边的一个随从。面对赤裸裸的恐吓，见过大世面的高力士却没有丝毫的退让，终于掌握了事态的主动权。

在李辅国等人的注视下，高力士牵着李隆基乘坐的御马缓缓地向前走去，不过却不是回熟悉的兴庆宫，而是识趣地前往毫无生机的太极宫，因为那里是李辅国想让他们去的地方。

曾经高高在上的李隆基失去了美人，失去了江山，如今又失去了自由，

---

[1]　徐松《唐两京城坊考》。

虽然令人痛惜，可这又怪得了谁呢？

李隆基的生活随着居住地的改变发生了翻天覆地的变化，李隆基身边的人无一例外都遭到了残酷的大清洗。高力士被流放巫州[1]，陈玄礼被勒令退休，李隆基另外两个亲信宦官王承恩和魏悦分别被流放播州[2]和溱州[3]。

李亨让自己的两个妹妹万安公主和咸宜公主负责李隆基的日常起居。就连李隆基的亲妹妹玉真公主也不准再进宫了，仅仅过了两三年，郁郁寡欢的玉真公主就与世长辞了。

那些熟悉的面孔如今全都消失不见了，闷闷不乐的李隆基从此变得沉默寡言。他无法理解儿子为什么不能让自己平静地走完人生中最后的这段岁月。难道权力真的可以让人变得如此冷酷无情吗？

唯一能让李隆基聊以自慰的就是曾经最宠爱的女儿咸宜公主还可以陪他说说话。无论是咸宜公主还是她的哥哥李琄都没有继承母亲武惠妃的聪颖，但聪明反被聪明误的武惠妃却只活了三十九岁。

忍辱负重的李琄一直活到大历十年（公元 775 年）。此时，横刀夺爱的父亲李隆基已经死去了十三年，半路改嫁的前妻杨玉环也已经死去了十九年，抢班夺权的哥哥李亨也已经死去了十三年。

咸宜公主更是一直活到兴元元年（公元 784 年），不过她的晚年却有些凄凉。她那个不安分守己的丈夫杨洄因为牵涉进嗣岐王李珍谋反案，于上元二年（公元 761 年）被李亨赐自尽，而她只得改嫁崔嵩。

难怪北宋大文豪苏轼曾经留下这样一首名叫《洗儿》的诗："人皆养子望聪明，我被聪明误一生。惟愿孩儿愚且鲁，无灾无难到公卿。"

虽然随着年龄的增长，病痛时常纠缠着李隆基，但精神上的痛楚却要远比肉体上的痛苦更加让人难以承受。随着高力士、陈玄礼等一帮老哥们儿的离开，已经很少有人再真正地关心他了，因此他感到格外孤独。孤独并不是身边没有人陪伴，而是没有人可以吐露衷肠。

---

[1] 今湖南怀化洪江市。

[2] 今贵州遵义。

[3] 今重庆市綦江区。

　　李隆基开始辟谷，不再进食五谷。别人辟谷是为了得道成仙，追求长生，而他却是为了早日升天。其实他是在用这种决绝的方式来反抗，因为他早已厌倦了这种残酷的精神禁锢，早已厌倦了这种死寂而没有生机的日子。

　　李隆基低吟着自己所写的诗句："刻木牵丝作老翁，鸡皮鹤发与真同。须臾弄罢寂无事，还似人生一梦中。"

　　他感觉自己早已沦为了儿子李亨手中的一个木偶，尽管他也曾默默地配合着儿子卖力地表演，可他却仍旧没能摆脱被抛弃的命运。如今他已经没有了任何利用价值，自然也就会被儿子残忍地扔进了寂静的角落里。李隆基早已习惯了站在舞台中央的感觉，如今他却不得不看着别人粉墨登场。

　　曾经的美好、曾经的荣耀如今却都化作一缕青烟，飞到了遥远的天际。如今的他只是一个幽闭在太极宫之内的高级囚徒，高耸的宫墙就像一座座难以逾越的屏障，将外面的世界与他硬生生地分割开。

　　上元二年（公元 761 年）九月，李亨干了一系列看似有违常理的事情，显得很是任性。

　　就在一年之前，李亨在改元"上元"时表现出一副天下之大、唯我独尊的姿态，坚决地同父皇进行政治切割，恨不得将父皇留给这个帝国的所有印记都抹去，可如今他的态度却来了一百八十度大转弯。

　　在《去"上元"年号大赦文》中，李亨又对父皇李隆基充满了尊崇，"圣皇纳人寿域，游意道源，神器之重，传归于朕"，特别是极为谦卑地说："其乾元大圣光天文武孝感等尊崇之称，何德以当之？"

　　李亨还在《去"上元"年号大赦文》中说："自乾元元年已前，开元已来，应反逆连累，赦虑度限所未该及者，并宜释放。有官者降资与官，无官者依本色例收叙。"这无疑就意味着包括杨国忠和李林甫的亲属和下属在内的一大批受到牵连的人都可以得以赦免，而且朝廷还会降级授予他们官职。

　　那些在"马嵬之变"中侥幸逃过一劫的杨家人再也不用终日提心吊胆了，标志性事件就是万春公主下嫁杨玉环的堂哥杨锜。杨锜原来的老婆是李隆基的另外一个女儿太华公主，不过在天宝年间就死了。万春公主原本也有老公，就是杨国忠的次子杨昢，因此她也算是杨锜的侄媳妇，但她的丈夫杨昢却被叛军俘获后杀害了，万春公主年纪轻轻就开始守寡。两个丧偶的人终于走到了一起，颇有几分肥水不流外人田的意味。公主的婚配问题可是事关政治风向的大事，这桩婚事表明李亨对杨家人的态度有了极大的转变。

在如此之短的时间之内，李亨的态度为什么会发生如此之大的转变呢？

第一，政治上内忧外患。李亨当初突然改元"上元"是因为在乾元年间战争形势发生了重大逆转，他希望通过改元来扭转运势。但改元后战场形势却并没有实质性的改变，不仅结束战争变得遥遥无期，朝廷内部的争斗也变得越来越尖锐。曾经默默无闻的李静忠如今已经成为权倾天下的李辅国，变得越来越飞扬跋扈；曾经温良恭俭的张良娣如今已经成为权势煊赫的张皇后，变得越来越贪得无厌。两人的明争暗斗逐渐升级，为此而焦头烂额的李亨感到心力交瘁。

第二，天象上再现异端。七月份的时候发生了日全食。"秋七月癸未朔，日有蚀之，既，大星皆见。"[1]九月，江南、淮南地区出现了罕见的饥荒，人吃人的惨剧再次上演。相信"天人合一"的唐人认为这是上天在示警。李亨也为此感到了深深的不安。

第三，健康上每况愈下。李亨的身体早已亮起了红灯，但他却一直硬撑着，感到越来越力不从心了。虽然"一日三省吾身"经常挂在嘴上，可是一个人如果不是真正到了身临绝境或者身患绝症的时候是不会真正地自省的。李亨开始认真反思自己曾经走过的路，希望通过改变得到上天的眷顾，战场形势能够有所好转，身体状况也能够有所好转。

唐上元三年（公元761年）十一月十七日是冬至，也是一年之中黑夜时间最长的一天。幽闭在太极宫之中的李隆基不知何时才能度过这段暗无天日的日子。年老体衰的他对所剩无几的日子充满了绝望。

次日，李亨终于迈出了关键性的一步，前往太极宫拜见久未谋面的父皇。这是"西苑宫变"之后两人的首次会面。这对父子见面的时候恐怕都想不到两人的生命仅仅剩下五个月的时间了。

---

[1] 《旧唐书·肃宗本纪》。

　　在这场父子暗战中，李隆基和李亨无疑都是输家。李亨一生之中最得意的事情恐怕要数他在那场惨烈的太子争夺战中出人意料地胜出了，可事到如今他才明白，如果一个人拥有意想不到的收获，或许当喜悦还未散去的时候，意料之外的痛苦便会接踵而至。

　　李隆基的生活却并没有因为这次会面而有任何实质性改观，他依旧被软禁于太极宫之内，重获自由的日子依然遥遥无期。

　　李隆基终于病倒了，而且这次倒下之后便再也没有起来。病榻之上的他开始彻底反思自己走过的这七十八个春秋，最强烈的感受就是悔恨。他在《遗诰》中说："常惧有悔，以羞先灵。"他从即位之初的诚惶诚恐、兢兢业业，到中期的志得意满，再到后期的纵情声色，唐帝国也经历了从乱到治，再从治到乱的历史进程。

　　他最痛心的莫过于在马嵬坡永远地失去了这辈子最心爱的女人。虽然曾经两情相依、两情相悦，但得来却又无奈地失去，所有的美好不过是水中月、镜中花，不能长相守，只能长相思。这难道不是人生一梦吗？只可惜他醒得太晚了。

　　宝应元年（公元 762 年）四月初五，孤寂迟暮的太上皇李隆基在太极宫神龙殿走完了自己的漫漫人生路。李隆基带给唐帝国的印迹实在太深了，举国上下无不为之哀悼。四百多名少数民族官员甚至用划破面孔、割掉耳朵的独特风俗来缅怀这位极具传奇色彩的皇帝。

　　文武大臣们纷纷前往太极宫悼念李隆基，可李亨却因恶疾缠身而没有力气送父亲最后一程，只得在内殿之中为父亲的离世举哀。

　　四月十五日，病情越来越重的李亨改年号为宝应。如果没有遇到重大事件，一般只在万象更新的正月初一才更换年号，除非有大事降临！这次莫名其妙的改元似乎预示着一场更为猛烈的政治暴风雨即将席卷这个早已满目疮痍的帝国。

　　已经无力控制政局的李亨下令太子李俶（也就是后来的代宗李豫）监国。这无疑使隐含的矛盾迅速尖锐化。各种政治势力都在为了能够在日后的政治格局中占据有利地位而拼死一搏。

　　张皇后一直希望自己的儿子能够在李亨百年之后成为帝国的新皇帝。正当她为此而处心积虑地谋划时，上天却跟她开了一个天大的玩笑。她的长子兴王李佋突然病逝了，而年幼的次子李侗根本就没有问鼎皇位的资格。张皇后的政治梦想彻底地破碎了，可她却并不甘心，将宝压在了越王李系的身上。

　　权力的争夺已经使得张皇后和李辅国这对曾经相互勾结的狼和狈之间的裂痕越来越深，直至势同水火。

　　四月十六日，太子李俶急匆匆赶往父亲的寝宫，因为病重的父皇要召见他，不过却被焦急地守候在陵霄门的宦官程元振拦了下来。

　　"殿下万万不可去。这是个彻头彻尾的阴谋！"程元振近乎歇斯底里地喊道。

　　"如今父皇召见我，难道我就因怕死而不去吗？"虽然李俶执意要进宫，但是他的心中其实也充满了矛盾。

　　"社稷事大，太子万万不可入宫！你个人的安危可以置之度外，但社稷的安危难道也可以置之不顾？"

　　程元振的话无疑为李俶找到了一个光鲜亮丽的下台阶，他可以顺着这个台阶堂而皇之地远离危险。程元振随即派人护送着李俶前往飞龙厩，那里尽是全副武装的士兵。

　　当天夜里，一场血腥的政治杀戮就拉开了序幕！

　　李辅国、程元振率领禁军明目张胆地入宫逮捕越王李系及其党羽。惊慌失措的张皇后瑟瑟发抖地守在奄奄一息的李亨身边。她寄希望于病榻之上的丈夫能够凭借最后残存的一丝皇帝的余威来挽救自己的生命。

　　李辅国率领禁军包围了李亨的寝宫长生殿。巨大的喧哗声将时而清醒、时而昏迷的李亨从昏迷之中惊醒。病入膏肓的李亨用尽最后一丝力气睁开紧闭的双眼。

　　李辅国大步流星地走进长生殿，象征性地向李亨拜了拜，高声说："奉太子之命请皇后迁居别殿！"李辅国抛下这句冰冷的话语后便想将惊魂未定的张皇后强行拖走。张皇后哀号着，挣扎着，因为她知道一旦脱离了丈夫的视线便意味着生命的终结，可此刻的李亨却对这突如其来的一切无能为力了。

在这个充满血腥的夜晚，阴森可怖的皇宫内陷入一片混乱。惊恐不安的宦官和宫女们纷纷四散奔逃。

两天后，惊吓过度的李亨就在惶恐不安中永远地闭上了双眼。李亨只比他的父亲多活了十三天。李亨跌宕起伏的一生最终以悲剧告终，其实是性格使然，他只有小聪明，却缺乏大智慧！

高力士行至巫州[1]，见当地荠菜遍地而无人去食，而荠菜在长安和洛阳可是争相食用的养生佳品。他不禁感伤地歌咏道："两京作斤卖，五溪无人采。夷夏虽不同，气味终不改。"他其实是在感伤曾经权势煊赫的自己如今却无人问津，更是在昭示自己忠贞不渝的决心。其实他原本有机会避免今日的结局，不过他却因为心中不变的信念毅然决然地选择了放弃。

李俶即位后大赦天下，高力士也得以北归，等到他行至郎州的时候偶然从那些流放之人的口中得知了京城近况。这时他才得知太上皇李隆基已经驾崩了。他听到这个消息犹如五雷轰顶，遥望着北方不禁失声痛哭，悲痛欲绝，最终吐血而死。李俶钦佩高力士的气节，特地追赠他为扬州大都督，陪葬于泰陵。

李隆基的曾祖父唐太宗李世民去世后，为他陪葬的有七位藩王、八位嫔妃、二十二位公主、五十三位高官、六十四位功臣，可谓声势浩大。李隆基一生风流成性，妻妾无数，先后生了三十个儿子和二十九个女儿，可等到他去世之后，却仅仅有高力士一人为他陪葬。

后世的宦官无论多么声名显赫，死后谁又会享有这等殊荣呢？明代思想家李贽这样评价："高力士真忠臣也，谁谓阉宦无人？内侍如力士者甚少。"或许只有高力士真的做到了"近无闲言，远无横议"。

一个个曾经在历史上留下浓墨重彩一笔的大人物的人生相继落幕了，但历史却不会因为他们的离去而变得索然无味，反而会因有其他人的粉墨登场而有了别样的风采！

---

[1] 今湖南怀化洪江市。